비즈니스 모멘트

EBS
비즈니스 리뷰

기업 성장의 결정적 순간들

비즈니스 모멘트

EBR 제작진 지음
팩트스토리 오리지널 스토리

넷플릭스의 CEO 리드 헤이스팅스는 한때 넷플릭스를 매각하려 했던 적이 있습니다. 상상이 되시나요? 지금은 글로벌 OTT 시장의 선두주자로 달리고 있는 넷플릭스도 경영난을 겪었던 적이 있습니다. 보잉은 제2차 세계대전 때 전쟁 특수로 부흥기를 맞이했다가 전쟁이 끝나자 날개를 잃은 것처럼 추락했습니다. 하지만 그 후 보잉은 보잉 707을 개발해 민간 항공기 시장의 판도를 바꾸며 전 세계 여객기 시장을 석권했지요. 자동차 회사 토요타는 일본 도로에 특화된 자동차로 미국 시장 진출을 노리다가 크게 실패한 적이 있습니다. 그런 토요타가 지금은 세계 자동차 판매량 1위를 기록하고 있습니다.

이 책은 EBS에서 방영된 프로그램 〈모멘트〉의 내용을 바탕으로 만들어졌습니다. 〈EBS 비즈니스 리뷰EBR〉 제작진이 만든 〈모멘트〉는 "기업의 모든 것은 그해 결정되었다"라는 아이디어에서 출발했습니다. 특정 기업과 기업인, 상품을 성공으로 이끌거나 위기를 극복하도록 한 결정적인 '그해'를 집중적으로 조망한다는 콘셉트로 구성했습니다. 앞서 예를 든 넷플릭스와 보잉뿐만 아니라 삼성과 애플, 현대자동차와 토요타 등 국내외 쟁쟁한 여러 기업들을 다루었습니다. 장수 기업, 정상에 선 기업, 성공한 브랜드에는 모두 터닝 포인트가 되는 '그해'가 있었습니다. 그 기업들의 터닝 포인트는 언제였을까, 그들은 왜 터닝 포인트를 만나게 되었을까, 그들은 터닝 포인트를 지나 어떻게 달라졌을까, 여기에 주목했습니다.

프로그램의 기획 과정에 대해 언급하자면, 〈모멘트〉는 전·현직 경제

부 기자들과 EBS의 PD, 방송작가들이 협업해 만든 프로그램입니다. EBR 제작진은 르포, 실화 스토리 전문기획사 팩트스토리와 계약을 체결하고 취재 및 대본 작성 과정에서 협업을 했습니다. 팩트스토리가 섭외한 '오리지널 스토리 기자단' 열 명이 방송의 핵심 내용과 주제가 담긴 '오리지널 스토리'를 작성했습니다. 이는 시나리오나 웹툰 스토리의 '원안'과 비슷합니다. 기자단이 작성한 '오리지널 스토리'에는 기업의 터닝 포인트, 터닝 포인트 전후의 역사, 기업에 관한 자료와 취재 결과 분석 등의 핵심적인 내용을 담았습니다.

EBR 〈모멘트〉는 이 오리지널 스토리를 바탕으로 EBS의 PD와 방송작가들이 기자단과 논의하면서 대본을 집필하고 영상을 촬영했습니다. 이런 작업 방식을 택한 이유는 다름 아닌 '콘텐츠의 신뢰도'였습니다. 유튜브를 포함해 수많은 온라인 매체에는 얕고 넓은 지식 콘텐츠로 가득합니다. EBR 〈모멘트〉의 차별점은 '내용의 믿음직함'이라고 저희는 생각했습니다. 쉽게 말해 '나무위키에 없는 내용', '나무위키보다 믿을 만한 내용'을 추구하려 했습니다. 보잉의 히스토리가 대표적입니다. 한국의 많은 사람들이 보잉이라는 기업을 알지만 현재 보잉의 역사를 다룬 국내 도서나 번역서는 존재하지 않습니다. 팩트스토리 기자단은 보잉의 역사를 다룬 외서를 직접 찾아 읽고 이 내용을 참조했습니다. 항공업계를 출입한 해당 기자의 식견으로 정보를 거르고 팩트를 분석했습니다. 이케아도 마찬가지였습니다. 스웨덴 기업이라 영문 자료나 기사가 많지 않았습니다. 이케아가 미국 진출을 한 이후에 나온 수십 년 전 《워싱턴포스트》의 기사를 참고했습니다.

유튜브 등 뉴미디어의 공세로 인해 지상파 다큐의 위기라는 말도 나오고 있습니다. 〈EBS 비즈니스 리뷰〉는 이런 상황에서 스토리 공급 라인을 새롭게 확보함으로써 위기를 돌파하려 했습니다. 이 협업의 아이디어는

EBS 오정호 부장에게서 시작되었습니다. 오정호 부장은 "PD와 기자는 공존하기 어려운 직군이라고 하지만, 서로가 기대하지 않았던 높은 지점에서 만나고 있음을 확인할 수 있다"는 의견을 주었습니다. 이런 참신한 협업의 결과는 프로그램의 격으로 드러났고, EBR 〈모멘트〉는 방영 이후 깊이와 재미를 모두 확보했다는 안팎의 평을 들었습니다.

EBR 〈모멘트〉는 새로운 방식의 스토리가 시작되는 '모멘트'이기도 합니다. 이 책을 통해 방송에서 다루었던 기업들의 흥미진진한 성공 스토리와 혁신적인 전략의 인사이트를 더 깊이 있게 이해할 수 있기를 바랍니다.

2021년 10월

팩트스토리 대표 고나무

차례

서문   **5**

1부 무한경쟁에 뛰어든 기술 중심의 거대 기업들,
이들은 어떻게 시장의 승자가 되었나

대한민국 대표 반도체 기업의 성장사   **12**
삼성의 모멘트 1983년

스티브 잡스가 없는 애플의 잃어버린 10년   **28**
애플의 모멘트 1997년

대한민국 자동차 1위 기업이 걸어온 길   **48**
현대자동차의 모멘트 1999년

하늘길을 연 회사의 운명을 건 도박   **66**
보잉의 모멘트 1952년

세계 자동차 업계 1위 기업의 성공 열쇠   **84**
토요타의 모멘트 1966년

상업용 드론의 표준을 만든 기업   **100**
DJI의 모멘트 2013년

2부 생활밀착형 제품으로 성공한 기업들,
이들은 어떻게 우리의 삶을 업그레이드했나

새 시대를 연 발명품 워크맨으로 전 세계를 접수하다   **116**
소니의 모멘트 1980년

끈기와 집념이 탄생시킨 청소기   **134**
다이슨의 모멘트 1986년

16년 연속 성장 신화의 비밀   **148**
LG생활건강의 모멘트 2005년

가구 DIY 시대를 연 세계 최대의 가구 기업　　　　　**164**
이케아의 모멘트 1956년

실패에서 찾은 혁신의 성장 동력　　　　　**182**
3M의 모멘트 1980년

3부 **패션과 문화, 트렌드를 선도하는 기업들,
이들은 어떻게 라이프스타일을 변화시키는가**

시대를 앞서간 세계 최대 OTT 기업　　　　　**200**
넷플릭스의 모멘트 2007년

장난감을 넘어 문화를 만드는 기업　　　　　**216**
레고의 모멘트 2004년

세계 1위 스포츠 브랜드의 성장기　　　　　**234**
나이키의 모멘트 1985년

숙박 업계를 뒤엎은 숙박 공유 플랫폼　　　　　**252**
에어비앤비의 모멘트 2009년

도전을 즐기는 세계 1위 자전거 기업　　　　　**266**
자이언트의 모멘트 1987년

죽은 종이 매체 시대에 탄생한 매거진　　　　　**282**
모노클의 모멘트 2007년

참고문헌　　　　　**296**
EBR 〈모멘트〉 방송 목록　　　　　**303**

무한경쟁에 뛰어든
기술 중심의
거대 기업들,
이들은 어떻게 시장의
승자가 되었나

1부

대한민국
대표 반도체 기업의
성장사

삼성의 모멘트
1983년

한국을 넘어 세계 반도체 시장을 이끌고 있는 삼성전자. 일본, 미국이 주도하던 반도체 시장의 후발주자로 출발해 세계 최고가 될 수 있었던 비결은 무엇이었을까? 여러 위험 부담에도 불구하고 삼성이 반도체 사업에 뛰어들었던 1983년, 그 누구도 예상하지 못한 성과를 거둘 수 있었던 그해를 돌아보고, 지금의 삼성전자를 있게 한 저력을 살펴본다.

한국 반도체 산업의 출발점에 삼성은 없었다

삼성전자는 우리나라에서 가장 거대한 기업이자 세계 반도체 산업을 이끌고 있는 대표적인 글로벌 기업이다. 그러나 우리나라 반도체 산업의 출발점에 '삼성'의 이름은 없었다. 국내 최초 반도체 회사는 1965년 미국의 작은 반도체 업체인 코미Komy가 단순한 트랜지스터 생산을 위해 한국에 설립한 합자회사인 '고미반도체(고미전자산업)'였다. 당시 한국은 반도체 분야의 기술이나 생산 경험이 전혀 없었지만 인건비가 저렴해 트랜지스터 생산의 마지막 공정인 조립 과정을 담당했다. 1966년 정부가 외국인 투자에 대해 소득세와 법인세 등을 면제해주는 외자도입법을 제정하자 해외 반도체 기업의 투자가 크게 늘어났다. 그해 미국 반도체 제조사 페어차일드Fairchild의 투자를 시작으로 이후 모토로라, 시그네틱스, AMI, 도시바 등이 투자에 참여해 한국에서의 반도체 조립 생산을 본격화했다. 이때만 해도 한국의 반도체 생산 수준은 값싼 노동력을 활용한 단순 조립에 그쳤고, 완제품은 해외 투자 기업으로 전량 수출되었다.

1970년 금성사(현 LG전자)와 아남산업이 반도체 조립회사를 설립한 것이 국내 자본의 최초 반도체 투자로 기록되어 있다. 물론 오늘날의 반도체 기술에 견주면 대단히 원시적인 수준이었지만, 외국의 반도체 조립 기술을 배워 국내에서 최초로 반도체 기술자들을 양성하는 데 크게 이바지했다.

반도체를 제조할 때 핵심 재료로서 가장 중요한 웨이퍼wafer 가공 생산을 국내에서 처음 성공한 것은 1974년 '한국반도체'가 설립되면서였다. 한국반도체는 미국의 모토로라 연구소에서 일하던 강기동 박사가 한국에 반도체 기술을 들여오기 위해 설립한 회사였다. 그러나 1973년 중동에서 발발한 전쟁으로 인해 석유파동이 발생했고, 이 회사는 웨이퍼 생산 공장을 준공한 지 2개월 만인 1974년 12월에 자금난에 부딪혀 부도 위기에 놓였다.

삼성반도체의 전신인 한국반도체주식회사의 부천 공장.

이때 삼성그룹 계열사인 동양방송의 이사였던 서른세 살의 이건희(1942년생)가 사재를 털어 한국반도체의 지분 절반을 인수했다. 이것이 삼성전자 부천 반도체 공장의 시작이었다. 삼성은 1975년 전자 손목시계용 IC칩을 개발해 국내 생산하기 시작했다. 1977년에는 삼성이 한국반도체를 완전히 인수해 1978년 '삼성반도체'로 상호를 변경했다.

10년간 삼성의 미운 오리 새끼였던 반도체 사업

하지만 삼성반도체는 역부족이었다. 1974년에 한국반도체를 인수했을 당시 삼성그룹은 반도체 부문을 키울 생각이 별로 없었다. 그때만 해도 삼성은 제일모직이나 제일제당 등 내수 산업을 중심으로 탄탄하게 성장해가는 중이었다. 무엇보다 일본이나 미국의 반도체 기술은 이미 궤도에 오른 상태였고, 우리나라와 비교했을 때 무려 27년의 기술 격차가 있었다. 자체 설계 능력이 부족했음은 물론이고, 생산 가능 품목도 트랜지스터 정도에 불과했다. 부도 위기도 거듭 이어졌다. 그렇게 근 10년 동안 반도체는 수익이 없이 적자만 쌓여갔고 삼성그룹 내에서도 미운 오리 새끼였다. 결국 혼자 힘으로 버티지 못한 삼성반도체는 1980년 삼성전자에 흡수 합병되었다. 그로부터 2년 뒤인 1982년, 삼성은 '한국전자통신'을 인수해 삼성전자 반도체 사업부와 합쳐 '삼성반도체통신주식회사'를 발족했다. 그룹 내 미운 오리 신세인 반도체 사업이 지지부진한 가운데 통신을 붙여 경영 안정화를 꾀하려는 계획이었다.

1983년 그해, 이병철 회장의 결심과 선언

삼성이 반도체 사업에 본격적으로 발을 들여놓은 것은 1983년이었다. 아들 이건희가 주도한 반도체 사업이 지지부진하자 이병철 회장이 나섰다. 앞서 이 회장은 1980년 일본의 경제계획 정책을 담당했던 이나바 히데조稻葉秀三 박사를 만나 일본 산업의 방향 전환에 대한 이야기를 들은 적이 있었다. 이나바 박사는 이병철 회장에게 "일본은 반도체, 컴퓨터, 신소재, 광통신 등 부가가치가 높은 첨단기술 분야를 전략 산업으로 육성하고 있다. 그 결과 수출은 늘고 외화 수입이 급증했다. 일본의 살 길은 경박단소輕薄短小의 첨단 기술에 달려 있다"라는 의견을 전했다고 한다.

'경박단소'란 산업계에서 생산하는 제품들의 특징을 일컫는 말로 '가볍고, 얇고, 짧고, 작은' 것을 뜻한다. 이는 특히 반도체에 해당하는 특징으로 일본은 이미 반도체 첨단기술을 개발하는 데 정책 방향을 잡고 기업에 엄청난 지원을 해주고 있었다. 그 결과 일본은 반도체 산업으로 급성장을 이루었다. 당시 20억 달러 정도였던 일본의 무역 흑자가 무려 다섯 배 성장해 100억 달러 이상을 기록했는데, 이 성장의 일등공신이 바로 반도체였다.

삼성은 이렇게 일본이 승승장구하는 모습을 지켜보고 있었지만 곧바로 반도체 사업에 뛰어들기에는 위험 부담이 컸다. 초기 자본금만 해도 우리 돈으로 1조 원이 들어가는 엄청난 규모였으니 전문가들은 부정적인 분석을 내놓았고 기업 내에서도 반대하는 목소리가 높았다.

그럼에도 불구하고 이병철 회장은 반도체 사업에 대한 기대를 접지 않았다. 이병철 회장의 기업가 정신을 기려 설립된 호암재단이 2010년 창업주의 탄생 100주년을 기념해 발행한『담담여수淡淡如水』라는 책자를 보면, 이병철 회장은 1982년 미국을 방문해 제2차 석유파동 이후 찾아온 불황을 목격하고 충격을 받았다고 한다. 반도체를 비롯한 고부가가치 산업에서 미국이 일본에 밀리는 것을 보고, 한국 역시 반도체 같은 부가가치가 높은 첨단산업으로 전환해야 한다는 생각을 하게 되었다는 것이다.

이에 따라 1982년 10월 이병철 회장은 반도체·컴퓨터 사업팀을 꾸려 시장 조사와 사업 계획을 검토했고, 이듬해 2월 도쿄에서 최종 결단을 내렸다. 매년 일본에서 새해를 맞이하며 기업의 앞날을 모색해온 이 회장이 반

이병철 회장은 1982년 2월 도쿄에서 반도체 사업 진출 결단을 내렸다. 이 결심을 '2·8 도쿄 구상'이라고 한다.

도체 사업 진출 결단을 내렸는데, 이 결심을 이른바 '2·8 도쿄 구상'이라고 한다. 그리고 다음날 2월 9일 아침, 이 회장은 홍진기 당시 중앙일보 회장(홍석현 회장의 아버지)에게 전화를 걸어 "반도체, 해야겠습니다. 가급적 빠른 시일 내에 이 사실을 공표해주세요"라고 전했다고 삼성 쪽은 기록했다. 이것이 그 유명한 '도쿄 선언'이다. 그 후 1983년 3월 15일, 삼성은 반도체 사업 진출을 공식적으로 발표했다.

재계의 라이벌, 반도체 전쟁에 불을 지피다

삼성의 반도체 사업 진출에 대해서는 부정적인 여론이 많았다. 일본의 미쓰비시 연구소는 기술력 부족과 내수 시장 협소를 이유로 삼성의 반도체 사업이 성공할 수 없다는 보고서를 냈고, 국내 전문가들은 "3년도 못 가 실패할 것"이라는 반응을 보였다. 당시 경제기획원(현 기획재정부)은 "이병철 회장의 처음이자 마지막 실패작"이라 했으며, 한국개발연구원KDI은 "반도체는 인구 1억 명이 넘고 1인당 국민소득이 1만 달러를 넘어서며 생산량의 절반을 국내에서 소비할 수 있는 나라에서만 가능한 사업"이라는 내용의 연구 보고서를 작성했다.

　주위의 만류와 부정적인 여론에도 불구하고 삼성이 반도체 사업에 뛰어들게 된 데에는 당시 기업 간의 경쟁이 영향을 미치기도 했다. 1980년대 초 한국 재벌 기업의 특징은 이른바 '문어발'이라는 말로 설명할 수 있다. 삼성을 비롯해 현대, 금성 등의 재벌 기업들은 매우 다양한 사업 영역에 앞다투어 진출해 몸집을 키웠고, 몸집 부풀리기 경쟁이 곧 이들의 생존 방식이기도 했다. 당시 이들 기업은 대부분 전자 사업에 진출하고 있었다. 이병철 회장이 반도체 진출을 공식 선언한 1983년 3월보다 앞선 2월 26일, 정주영 회장의 현대그룹은 현대전자산업(현 SK하이닉스)을 출범시켜 반도체 제조업에 진출했다. 백색가전 부문에서 삼성에 앞서가던 금성도 반도체에 뛰어들 조짐을 보이고 있었다. 재계 순위에서 현대나 금성에 밀리는 삼성으로서는 문어발 경쟁에서 뒤처질 수 없는 상황이었던 것이다. 특히 건설, 철강, 자동차, 중공업 등 '중후장대重厚長大'형 사업에 치중해온 재계 1위 현대가 '경박단소'의 전자·반도체 사업에까지 치고 들어오는 상황에서 삼성그룹은 반도체와 전자 사업에 사운을 걸지 않을 수 없었다.

64K D램 개발에 사활을 걸어라

한국 재벌 기업의 또 다른 특징인 총수 1인 지배 체제는 대단히 위험하기도 하지만 때때로 강력한 힘을 발휘하기도 한다. 이병철 회장이 반도체 사업 진출을 공식 발표한 것은 1983년 3월 15일이었다. 언론에 「우리는 왜 반도체 사업을 해야 하는가」라는 제목의 선언문을 발표한 이후, 사방에서 냉소와 우려가 쏟아졌다. 이때 이병철 회장이 선택한 것은 정면 돌파였다. 자신의 결단을 믿고 실행에 착수했다.

삼성은 공식 발표 이후 경기도 기흥에 부지를 확보하고 첫 번째 개발 제품으로 'D램' 메모리 반도체를 선택했다. 이병철 회장은 기흥 반도체 공장 건설을 6개월 만에 완료하라고 지시했다. 그러나 문제는 하루빨리 기술을 배워야 한다는 것이었다. NEC, 도시바, 히타치 등 해외 반도체 업체들이 거절하는 와중에 일본의 샤프와 미국의 마이크론이 삼성에게 손을 내밀었다. 하지만 기술 이전은 순조롭게 이루어지지 않았다.

정당하게 기술 제휴를 맺었지만 샤프는 자신들의 기술을 가르쳐주기는커녕 알아서 배워 가라는 식이었고, 메모조차 하지 못하게 했다고 한다. 또 삼성의 연구진 여덟 명을 마이크론으로 연수를 보냈지만 이들 중 단 두 명만 들여보냈고, 설계도면도 제대로 보여주지 않았다. 이전해주기로 약속한 핵심 제조 공정 기술을 제대로 전수받기 어려운 상황이었다. 삼성의 연구원들은 보폭을 줄자 삼아 공장을 돌아다니며 생산 라인의 설비 배치를 알아내는 등, 귀동냥과 눈동냥, 어깨너머로 기술을 배울 수밖에 없었다. 심지어 산업 스파이 취급을 당하며 수모를 겪자 삼성의 연구진은 중대한 결단을 내렸다. 기술 제휴에 의존하지 않고 독자적으로 개발하겠다고 판단한 것이다. 국내외 전문가들은 64K D램 개발에 3년 넘게 걸릴 거라 했지만, 수많은 시도와 실패를 거듭한 끝에 삼성은 마침내 64K D램을 개발해냈다.

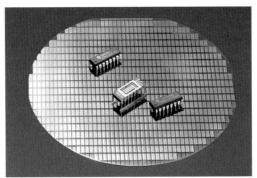

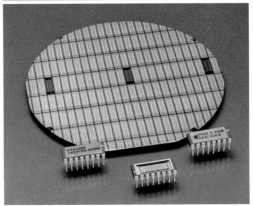

1983년 반도체 사업 진출을 선언한 지 9개월 만에 개발에 성공한 64K D램(위)과 이듬해에 개발한 256K D램(아래). ⓒ 삼성전자

반도체 사업에 도전하겠다고 선언한 지 9개월 만이었다. 같은 해 12월 1일 삼성은 기자 회견을 열어 64K D램 개발에 성공했다고 발표했다. 한국은 미국, 일본에 이어 세계에서 세 번째로 64K D램 독자 개발에 성공한 나라가 되었다.

성공 이후에 찾아온 시련

리더의 결단력과 선견지명, 연구진의 피땀 어린 노력으로 1983년은 누구도 예상하지 못했던 성과를 거둔 해였다. 이후 삼성은 1984년 10월 8일 256K D램, 1986년 7월 13일 1M D램을 자체 기술로 개발하는 등 빠르게 치고 올라갔다. 그러나 미국과 일본이 주도하던 반도체 시장에서 후발주자로 시작해 세계 최고가 되어가는 과정에는 또 다른 시련도 많았다. 각종 시행착오가 반복되었고 그룹 내에서 반도체 부문은 여전히 '돈 먹는 하마'이자 애물단지였다.

1984년부터 시작된 미국과 일본의 반도체 경쟁은 가격 폭락을 가져왔다. 개당 4달러 정도 되던 64K D램 가격이 1985년 중반에는 30센트까지 내려갔다. 일본의 반도체 업체들은 저가 공세를 펼치며 반도체 시장을 장악하려 했다. 시장 점유율을 높이기 위해 손해를 감수하면서까지 가격 인하에 나섰고 덤핑으로 물량을 넘기는 등 치킨 게임으로 치달았다. 그 결과 공급이 수요를 훨씬 초과하는 상황을 초래해 가격이 폭락하기 시작했다.

인텔은 1985년에 결국 메모리 반도체 사업에서 손을 뗐다. 삼성도 가격 대폭락 사태에서 고전을 면치 못하고 있었다. 팔면 팔수록 적자가 누적되는 상황이 지속되었고, 엎친 데 덮친 격으로 1986년에는 미국 텍사스 인스트루먼트Texas Instruments가 일본과 한국의 반도체 제조 기업들을 상대로 특허 침해 소송을 제기하면서 삼성 역시 900억 원이 넘는 배상금을 지불해야 했다. 1986년 삼성반도체의 누적 적자는 2000억 원에 이르게 되었다.

위기를 기회로

1986년까지 계속되는 공급 과잉으로 창고에는 재고가 쌓여갔고 적자도 눈덩이처럼 불어났다. 메모리 반도체인 D램은 불황이 오면 대규모 적자로 이어지지만 대량생산이 가능하다는 이점이 있었다. 그 와중에도 이병철 회장은 멈추지 않고 오히려 공장을 더 지으라는 지시를 내렸다. 이미 기흥 공장에서 1, 2라인이 절반 정도만 가동 중이었고 투자비 회수도 못 하고 있는 상황이었지만, 3라인까지 건설하라고 재촉했던 것이다. 임원들은 이 회장의 결정을 무모하다고 생각해 3라인 착공을 미루고 있었다. 지시를 내린 지 6개월 만에 참다못한 이 회장이 "내일 기공식에 갈 테니 당장 준비하라"고 한 후, 1987년 8월에야 비로소 3라인 건설이 시작되었다. 그리고 석 달 뒤인 11월 19일 이병철 회장은 결실을 보지 못한 채 타계했다. 그해 12월 치열한 승계 다툼에서 승리한 이건희 회장이 이병철 선대 회장의 뒤를 이어 삼성 그룹의 회장으로 취임했다.

이듬해 놀라운 일이 벌어졌다. 적자 행진이던 반도체 시장에 급변화가 일어나 삼성에게는 하늘이 도왔다고 설명할 수밖에 없는 일이 생겨났다. 1980년대 초 IBM과 애플이 PC를 최초로 선보인 이후 1987년쯤 되자 보급이 확산되면서, PC의 핵심 부품인 메모리 반도체의 수요가 폭발적으로 늘어났던 것이다. 당시 반도체는 1M D램이 최신 기술이었기 때문에 일본과 미국이 1M D램을 집중적으로 생산하느라 256K D램은 생산 라인을 줄이던 시점이었다. 그런데 미국의 컴퓨터 업체들이 PC의 생산 단가를 낮추기 위해 1M 메모리보다 저렴한 256K D램을 사용하자 공급이 부족해지는 상황에 이르렀다.

삼성은 한발 늦게 만들어낸 256K D램의 재고가 충분했고, 기흥 공장의 3라인도 풀가동할 준비가 되어 있었다. 수요가 늘어나면서 256K D램의 가격은 다시 4~6달러까지 치솟았는데 이와 함께 64K D램의 가격도 덩달아 올랐다. 그해 삼성은 64K D램 약 5000만 개, 256K D램 약 8000만 개를 생산해 재고를 전혀 남기지 않고 모두 팔아치웠다. D램으로만 거둬들인 순이익이 3000억 원이었고, 그동안의 누적 적자를 메꾸고도 1000억 원의 이익을 남김으로써 처음으로 흑자 전환에 성공했다. 이건희 회장은 이병철 회장 타계 1년 만인 1988년 11월 1일 삼성반도체통신을 삼성전자에 흡수, 합병시키고 제2의 창업을 선언했다. 지금도 11월 1일은 삼성전자의 창립기념일로 지키고 있다.

방어보다는 공격, 1983년 이후 삼성의 경영 전략

시기를 되돌려 삼성의 모멘트인 1983년을 다시 살펴보면, 그해 삼성의 64K D램 양산 성공은 한국 정부와 국내 여론을 크게 자극했다. 경쟁사인 금성과 현대도 더욱 본격적으로 반도체 경쟁에 뛰어들었고, 정부 역시 국내 반도체 산업 육성에 적극적으로 나섰다. 1985년 정부의 '반도체 산업 종합 육성 계획'은 삼성과 현대, 금성이 설립한 반도체 연구조합과 공동연구개발 사업 제의를 정부가 받아들인 결과다. 정부는 이 연구개발 사업에 총 연구비 1900억 원 중 600억 원을 지원했다. 국가의 지원을 받아 1990년대 들어 삼성은 물론 금성과 현대도 세계 주요 D램 제조 기업으로 성장하게 된다.

한국 반도체 산업은 1986년 1M D램, 1988년 4M D램, 1989년 16M D

램 개발로 성장해갔다. 특히 16M D램은 미국과 일본의 기술력을 추월하는 계기가 되었고, 1992년 64M D램은 한국이 세계 최초로 개발했다. 삼성은 세계 D램 시장 점유율에서 1987년 7위에 오른 뒤 1992년에는 1위를 차지했다. 삼성이 반도체 사업을 시작한 1983년의 순위는 42위였다.

삼성이 세계 1위에 오르게 된 건 공격적인 투자 덕분이었다. 삼성경제연구소의 집계를 보면, 1987~1992년 삼성전자 반도체 사업부의 매출 대비 자본 지출 비율은 39.8퍼센트였는데, 당시 세계 반도체 기업의 평균은 20.5퍼센트 수준이었다. 또한 1988~1991년 삼성전자의 연평균 D램 투자액은 3억9600만 달러였고 이는 도시바, NEC, 히타치, 후지쓰 등 당시 일본 4대 기업 평균 투자액의 2.8배였다.

투자는 위험을 무릅쓰고 선제적으로 이루어졌다. 1990년대 초반 6인치 웨이퍼에서 8인치 웨이퍼로 전환할 때 그리고 1990년대 후반 12인치 웨이퍼로 전환할 때, 삼성은 경쟁 업체에 비해 가장 먼저 투자에 나섰다. 웨이퍼는 반도체 집적 회로의 원재료로 원판 모양의 기판인데, 크기를 성공적으로 늘리면 생산성이 높아지지만 초기 비용 역시 늘어나는 특징을 갖고 있다. 3~5인치 웨이퍼는 미국이 선도했고 6인치 웨이퍼는 일본이 앞서갔지만, 이들 경쟁 업체들은 8인치 개발을 주저하고 있었다. 더구나 삼성이 8인치 개발에 투자한 시점은 D램 시장이 불황을 맞이해 일본 업체는 투자를 줄이는 상황이었다. 결국 일본이 6인치 개발로 미국을 따돌린 것처럼, 삼성도 8인치 개발로 경쟁 업체를 추월할 수 있었다.

이렇게 삼성은 1996년 1G D램을 세계 최초로 개발하는 데 성공하고, 2002년 낸드 플래시 메모리 반도체 세계 1위를 거머쥔 뒤, 매년 새로운 기술 개발에 성공해 2017년에는 메모리와 비메모리를 합쳐 전체 반도체 시장에서 세계 1위에 올랐다. 2017년 삼성전자의 세계 시장 점유율은 14.6퍼센트였고, 1992년부터 25년간 1위를 지켜온 인텔은 13.8퍼센트였다.

좋은 팔로워십 없이 좋은 리더십이란 없다

2017년 인텔을 제치고 세계 반도체 매출 1위에 오른 삼성전자는 2018년 3분기까지 6개 분기 동안 연속으로 인텔을 뛰어넘는 매출을 기록하며 1위 자리를 지켰다. 그 후 3년이 지난 2021년, 삼성은 기대 이상의 실적을 올리며 또다시 1위를 차지했다. 최근 전 세계에서 메모리와 시스템 반도체의 수요가 폭발적으로 증가했고, 특히 올해 들어 반도체 슈퍼 사이클(장기 호황)이 본격화되자 삼성의 실적도 함께 살아난 것이다.

삼성은 반도체 부문 내 메모리 반도체의 비중이 크고, 이 분야의 명실상부한 절대 강자다. 그런 삼성이 이제는 비메모리 부문인 시스템 반도체에도 공격적인 투자를 이어나갈 것이라고 계획을 밝혔다. 이후에 다시 메모리 공급 과잉으로 인해 시장이 침체되면 메모리 반도체 비중이 큰 삼성에게는 불리한 국면이므로 이를 대비하기 위한 움직임으로 보인다.

이건희 회장의 뒤를 이어 삼성그룹의 경영을 총괄하고 있는 이재용 삼성전자 부회장은 2019년 '시스템 반도체 비전 2030'을 선언했다. 2030년까지 시스템 반도체 분야에서도 세계 1위에 오르겠다는 목표다. 이에 따라 AI(인공지능), 5G 통신, 차량용 반도체 등을 미래 성장 사업으로 보고 새로운 동력을 얻고자 변화를 꾀하고 있다. 과거에 이건희 회장이 메모리 반도체에서 승기를 잡았다면, 앞으로 이재용 부회장은 시스템 반도체에 승부수를 걸겠다는 것으로 해석된다.

하지만 2020년 이건희 회장 타계 이후 이재용 부회장의 경영권 승계 의혹과 노조 문제 등으로 삼성그룹을 둘러싼 논란은 끊이지 않았다. 게다가

2021년 초 이재용 부회장은 국정 농단 사건으로 실형을 선고받아 구속 수감되었다. 가석방으로 출소하기 전까지 총수의 부재로 인해 대규모 투자가 제대로 이루어지지 않는다는 우려의 목소리도 있었다. 시스템 반도체 사업에 대한 투자 계획을 발표했지만 청사진으로만 남아 있을 뿐, 이재용 부회장의 수감 이후 계획이 이행되지 않았기 때문이다.

　삼성이 써내려온 기업의 역사에서 이들이 반도체 사업으로 성공을 거두고 지금의 위치에 오르게 된 데에는 이병철 선대 회장의 결단과 이건희 회장의 신속한 판단 등이 있었기 때문이라고 한다. 성공 신화의 주역으로 기업의 총수에게 스포트라이트를 비추는 것이다. 하지만 그 배경에는 연구진의 끊임없는 노력과 생산 라인에서 근무하는 노동자들의 공로가 있었음을 빼놓을 수 없다. 또한 그 과정에서 발생한 반도체 종사자들의 산업 재해

반도체 생산은 극도로 정밀한 작업이기 때문에 산업 종사자들의 노고가 없이는 삼성이 반도체 산업의 주도권을 잡기 어려웠을 것이다.

문제는 오랫동안 삼성이 풀어야 할 숙제로 남아 있다.

실제로 반도체 생산은 극도로 정밀한 작업이기 때문에 산업 종사자들의 노고 없이는 삼성이 반도체 산업의 주도권을 잡기 어려웠을 것이다. 특히 D램의 개발 과정에서 버전이 바뀔 때마다 등장하는 새로운 난관을 해결해야 함은 물론이고 빠른 기술 전환이 필요한데, 이럴 때마다 종사자들의 크고 작은 혁신들이 있었다는 사실이 조금씩 밝혀지고 있다.

리더의 비전과 판단력, 경영 능력은 기업의 모멘트를 만드는 결정적인 요소임에 틀림없다. 그러나 이 모멘트를 지나 기업의 미래에 상승 곡선을 그리는 데에는 리더를 따르는 구성원들의 노력과 희생을 필요로 한다. 지난 50여 년 동안 삼성을 중심으로 한 우리나라 반도체 산업의 역사가 이를 증명하고 있다. 좋은 팔로워십이 없으면 좋은 리더십도 없다는 사실을 기억해야 할 것이다.

스티브 잡스가 없는 애플의 잃어버린 10년

애플의 모멘트 1997년

스티브 잡스가 애플에서 쫓겨난 이후, 그가 없던 10년 동안 애플에는 어떤 일이 있었을까? 애플 CEO들의 악수와 개악, 그리고 다시 운명처럼 이어진 스티브 잡스의 복귀. 그렇게 1997년은 애플과 잡스의 운명을 바꾼 모멘트가 된다. 애플의 역사에 변화를 일으켰던 몇몇 사건들을 살펴보고, 오늘날의 애플을 만든 저력은 무엇인지 알아본다.

애플의 탄생과 초기 제품 개발의 역사

어떤 기업을 설명할 때 그 기업의 창업자나 핵심 경영인을 떼어놓고 생각하기는 어렵다. 특히 애플과 스티브 잡스Steve Jobs의 관계가 그러하다. 애플의 역사를 정리할 때 '혁신'이라는 단어 또는 'Think Different(다르게 생각하라)'라는 캐치프레이즈를 빼고 이야기할 수 없듯이, 스티브 잡스 또한 빼놓을 수 없다. 스티브 잡스가 바로 이 혁신을 주도했던 인물이기 때문이다.

애플이라는 기업의 탄생은 1976년으로 거슬러 올라간다. 스티브 잡스는 휴렛패커드HP에서 엔지니어로 일하던 스티브 워즈니악Steve Wozniak과 함께 개인용 컴퓨터를 만들어 팔기로 힘을 모은다. 고등학교 시절 잡스는 같은 학교의 졸업생 선배였던 워즈니악과 친구가 되어 컴퓨터에 대한 관심을 공유해왔다.

스티브 잡스는 고등학교 졸업 후 리드대학교에 진학했으나 학문에 흥미를 느끼지 못해 한 학기 만에 자퇴를 했다. 학교를 그만두었지만 그는 타이포그래피 수업을 청강하거나 선불교와 동양 사상, 명상 등에 심취해 인도로 여행을 다니며 수개월을 보냈다. 그러다 우연히 비디오게임 제작사인 아타리Atari에 취직을 하게 된다. 그 회사에서 게임 프로그램을 설계하는 프로젝트를 맡아 진행하던 중 워즈니악의 도움으로 일을 성공적으로 해결한 후 컴퓨터 사업에 대한 가능성을 발견했다.

둘은 그 유명한 스티브 잡스의 집 차고를 작업실로 쓰면서 개인용 컴퓨터를 개발하는 데 몰두했다. 이들은 컴퓨터에 관심 있는 사람들이 모인 동호회 '홈브루 컴퓨터 클럽Homebrew Computer Club'에서 직접 만든 컴퓨터를 시연하면서 본격적으로 사업을 구상했다. 그리하여 1976년 4월 1일, 잡스와 워즈니악 그리고 아타리에서 잡스의 동료였던 론 웨인Ronald Wayne이 모여 '애플'이라는 회사를 설립했고, 이들이 차고에서 부품을 조립 생산해 내놓

위 1976년에 처음으로 출시한 애플 I. 모니터도 케이스도 없이 투박한 기판 형
태에 불과했다.

아래 애플 II는 키보드와 전원 장치, 모니터, 소프트웨어 등이 딸려 있고 케이스
까지 갖춘 최초의 일체형 컴퓨터였다.

은 첫 번째 제품이 바로 애플 I이었다.

모니터도 케이스도 없이 투박한 기판 형태에 불과했던 애플 I은 예상외로 꽤 잘 팔렸다. 동네 컴퓨터 상점에서 주문을 받으면 부품을 사서 직접 손으로 조립해 제작한 후 납품하는 식으로 판매했는데, 창립 첫해에 약 200여 대를 팔아 8,000달러 정도의 수익을 얻었다. 애플 I으로 자신감을 얻은 이들은 성능을 더 업그레이드하여 통합 패키지형 컴퓨터를 개발하는 데 뛰어들었다.

애플 II라 이름을 붙인 이 제품은 키보드와 전원 장치, 모니터, 소프트웨어 등이 딸려 있고 멋진 케이스까지 갖춘 최초의 일체형 컴퓨터였다. 애플 I이 실험적인 형태였다면, 애플 II는 개인용 컴퓨터의 효시라 할 만큼 기념비적인 제품이었다. 잡스는 투자자를 모으고 대량생산에 돌입했다. 1977년에 출시된 애플 II는 폭발인 인기를 얻어 3년 동안 약 1억3900만 달러의 매출을 올렸다. 그 후 1993년에 단종되기까지 애플 II는 16년간 다양한 모델을 출시하며 600만 대 가까이 판매되었다.

후속 제품의 실패, 그리고 새로운 경영인의 등장

애플 II의 성공으로 회사는 급성장했고 직원 수도 크게 늘었다. 1980년 말에 이루어진 기업공개IPO로 스티브 잡스는 젊은 나이에 어마어마한 갑부가 되었다. 하지만 애플 II 이후에 출시된 제품들은 안타깝게도 성공을 이어가지 못했다. 후속 제품으로 내놓은 애플 III와 리사Lisa가 시장에서 좋은 반응을 얻지 못했던 것이다.

1980년에 출시된 애플 III는 오류가 자주 발생했고 내부 발열이 심하다는 하드웨어 문제도 갖고 있었다. 이는 애플 III를 개발할 때 스티브 잡스가 소음을 유발한다는 이유로 냉각팬을 떼어버리라고 지시했기 때문이었다. 그다음 1983년에 나온 리사 역시 스티브 잡스의 지휘로 개발된 제품이었는 데, 가격이 너무 비싸다는 문제가 있었다. 리사는 스티브 잡스가 자신의 딸 이름을 붙인 제품으로, 애플 제품 중에서는 최초로 그래픽 유저 인터페이 스Graphic User Interface, GUI를 탑재하고 다양한 기능을 넣은 고사양 컴퓨터였 다. 하지만 실행 속도가 느린 데다 가격이 너무 비싸 잘 팔리지 않았다. 리 사의 출시 가격은 무려 9,995달러로 당시 자동차 한 대 가격에 맞먹는 수준 이었으니, 소비자 입장에서는 느리고 성능이 떨어지는 제품을 그렇게 비싼 돈을 주고 구입할 이유가 없었다.

결국 애플 Ⅲ와 리사는 시장에서 좋은 성적을 거두지 못했다. 두 제품 의 실패로 애플은 큰 손실을 입었으며, 회사 내에서도 독단적으로 일을 진

애플의 리사는 최초로 그래픽 유저 인터페이스를 탑재하고 다양한 기능을 넣은 고사양 컴퓨터였지만 실패작 이라는 평가를 받았다.

행하려는 잡스에 대한 불만이 높아갔다. 스티브 잡스의 입지는 점점 흔들렸고 엔지니어들과의 갈등도 깊어져, 자신이 책임자였던 리사 프로젝트에서 손을 떼야만 했다.

애플에서는 회사를 경영할 새로운 인물이 필요하다는 데 의견을 모았다. 이에 존 스컬리John Scully라는 인물이 CEO 후보에 올랐다. 펩시콜라의 사장을 지낸 그는 업계에서 마케팅의 귀재라는 평판을 받고 있었다. 펩시콜라는 당시 시장 점유율 1위였던 코카콜라에 밀려 아류 브랜드라는 인식이 강했는데, 존 스컬리가 공격적인 마케팅을 펼쳐 눈에 띄는 성과를 얻은 적이 있었다.

대표적으로 블라인드 테스트 광고로, 눈을 가린 채 코카콜라와 펩시콜라를 마셔보게 하고 어느 것이 더 마음에 드는지를 묻자 펩시를 선택한다는 내용이었다. 이 광고로 인해 펩시콜라는 코카콜라의 아류가 아니라 경쟁자라는 이미지를 심어주는 데 성공했고, 시장 점유율도 두 배 이상 늘어나는 성과를 올렸다. 이를 인정받아 존 스컬리는 초고속으로 승진해 입사 3년 만에 마케팅 총괄 부사장으로, 그리고 6년 뒤에는 최연소 CEO라는 타이틀을 얻은 인물이었다.

스티브 잡스는 존 스컬리를 영입하기 위해 무척 공을 들였다. 하지만 스컬리는 잡스의 제안을 단번에 흔쾌히 받아들이지 않았다. 몇 차례의 만남 후 잡스는 스컬리를 설득하기 위해 이런 말을 건넸다고 한다. "설탕물이나 팔면서 남은 인생을 보내고 싶습니까? 아니면 나와 함께 세상을 바꿔보고 싶습니까?" 이 말은 스컬리에게 큰 인상을 남겼고 잡스의 제안을 받아들이는 데 결정적인 역할을 했다. 그리하여 존 스컬리가 애플에 합류하게 된다.

매킨토시, 혁명처럼 등장하다

애플 Ⅲ와 리사의 잇따른 실패로 애플은 위기에 처했다. 그런 데다 1980년 대 초부터 IBM이 본격적으로 PC 사업에 뛰어들어 개인용 컴퓨터 분야의 기술을 선도하며 시장을 장악하고 있었다. 리사 프로젝트 팀과 갈등을 빚 은 스티브 잡스는 이전의 실패를 만회하기 위해 다음 제품으로 출시할 매킨 토시에 사활을 걸었다.

1984년에 선보인 매킨토시는 리사에 채택했던 GUI 운영체제를 도입 하되 개인용 컴퓨터로서의 접근성을 높이기 위해 가격을 크게 낮췄다. 그 리고 세련된 일체형 디자인에 크기와 무게를 줄였으며, 무엇보다도 명령어 를 입력하는 방식이 아니라 마우스로 아이콘을 클릭해 실행하는 방식이라 쉽고 직관적이었다. 이는 오늘날 개인용 컴퓨터의 기본 기능을 거의 갖춘 원형이라 할 만큼 획기적인 제품이었다.

당시 매킨토시는 광고 마케팅에서도 큰 주목을 받았다. 애플은 조지 오웰의 소설 『1984』를 모티프로 삼은 광고를 만들었는데, 군중이 멍한 표 정으로 빅 브라더의 연설 화면을 보고 있을 때 한 젊은 여성이 뛰어 들어와 화면을 향해 커다란 쇠망치를 집어던지는 내용이었다. 그리고 광고의 마지 막에 "여러분은 1984년이 왜 『1984』와 다른지 알게 될 것입니다"라는 문구 가 나오고 애플의 사과 모양 로고가 등장한다.

광고 제작은 영화 〈블레이드 러너〉를 만든 리들리 스콧Ridley Scott 감독 이 맡아 SF 영화의 한 장면처럼 강렬한 분위기를 연출했다. 광고가 담은 메 시지는 명확했다. 멋지고 반항적인 영웅(애플)이 나타나 사람들의 정신을 통 제하려는 사악한 거대 기업(IBM)에 맞선다는 것이다. 스컬리와 잡스는 이 광고를 미국 슈퍼볼 중계 때 공개하기로 했다. 단 한 번만 방영했음에도 불 구하고 광고는 엄청난 반향을 불러일으켰고, 덕분에 애플은 혁명적이라는

1984년 애플의 TV 광고. 조지 오웰의 소설 『1984』를 모티프로 삼았다.

이미지를 대중에게 심어줄 수 있었다.

갈등과 퇴출

하지만 마케팅이 성공적이었다고 해서 문제가 없었던 것은 아니었다. 매킨토시는 출시 초반에만 잠깐 주목을 받았을 뿐 1984년 말부터 판매량이 급격히 감소하기 시작했다. 반면에 IBM은 여전히 컴퓨터 시장의 주도권을 쥐고 있었다. 매킨토시가 시장에서 외면받게 된 이유는 크게 두 가지였다. 하나는 메모리가 부족해 처리 속도가 느리다는 점이었다. 매킨토시의 GUI 운영체제는 아이콘을 비롯해 모든 것을 그래픽으로 표현하는 특성이 있어서 메모리 용량이 많이 필요했지만 생산 비용을 낮추기 위해 고작 128KB 램을 장착했다. 다른 하나는 내장 하드디스크 드라이브가 없다는 점이었다. 개발팀 내부에서 저장 장치의 필요성을 주장했지만 잡스는 이를 묵살하고 플로피디스크 드라이브 하나만 장착한 채 출시했다. 이 때문에 사용자는 데이터를 복사하기 위해 플로피디스크를 넣었다 뺐다 하는 불편을 겪어야 했다.

매킨토시의 판매 부진과 거듭되는 잡스의 독단적인 고집은 결국 그를 기로에 서게 했다. 게다가 CEO였던 존 스컬리와의 관계도 악화되었다. 잡스와 스컬리는 의견 충돌이 잦았고, 경영권을 쥐고 있던 스컬리는 더 이상 잡스가 매킨토시 부문을 지휘하지 못하도록 조직 개편을 단행했다. 이를 받아들이지 못한 잡스는 회사가 누구를 더 신임하는지 투표로 결정하자고 제안했지만, 이사회는 만장일치로 그에게 등을 돌렸다. 결국 1985년 5월 스티브 잡스는 이사회에 의해 보직을 박탈당하고 자신이 설립한 회사로부터 쫓겨나게 된다.

스티브 잡스가 없는 애플의 12년

스티브 잡스가 애플을 떠난 후 존 스컬리는 여러 사업부로 흩어져 있는 개발 부서를 간결하게 통폐합하는 등 과감한 구조조정을 추진했다. 그리하여 비용을 줄이고 효율적인 업무 시스템을 구축함으로써 조금씩 수익을 올리기 시작했다. 스컬리는 후속 모델 개발을 지휘하며 애플을 이끌어갔는데, 매킨토시의 라인업을 세분화하여 고화질 컬러 그래픽을 지원하는 '매킨토시 II'와 보급형 모델인 '매킨토시 SE' 등을 출시했다.

스컬리의 지휘로 개발된 제품 중에는 애플 최초의 노트북인 매킨토시

PDA의 원형이라 할 수 있는 애플의 뉴턴 메시지 패드. 스티브 잡스가 애플을 떠나 있던 시기에 존 스컬리의
지휘로 야심차게 개발했던 제품이지만 크게 성공하지는 못했다.

포터블과 이를 더 가볍게 만든 파워북이 있었다. 그는 여기서 더 나아가 훨
씬 작고 가벼우면서 언제나 휴대할 수 있는 컴퓨터를 개발하고자 했다. 그
렇게 해서 나온 제품이 '뉴턴 메시지 패드Newton Message Pad'라고 하는, 오늘
날 PDA의 원형이라 할 수 있는 기기였다. 그의 뜻대로 이 제품은 손바닥만
한 크기에 휴대성과 메모 기능, 지식 탐색 기능까지 갖추었지만 배터리 사
용 시간이 짧고 소프트웨어도 부족한 데다 가격까지 너무 비싼 탓에 결국
실패로 돌아갔다.

　　존 스컬리가 저지른 또 하나의 실책은 매킨토시의 CPU로 '파워 PC'
를 채택한 것이었다. 파워 PC는 애플과 IBM, 모토로라가 공동으로 개발한

CPU였는데, 인텔의 펜티엄 CPU보다 그래픽 성능은 좋았지만 호환성이 좋지 않았다. 1990년대 초 컴퓨터 시장은 이미 인텔과 마이크로소프트가 주도권을 쥐고 있었던 까닭에 대부분의 소프트웨어가 인텔의 CPU와 마이크로소프트의 운영체제에 맞춰져 있었다. IBM은 한때 애플의 적이었지만 잡스가 없던 시기에 애플은 IBM과 손을 잡고, 마이크로소프트의 윈도와 인텔이 지배하는 '윈텔Win/tel'에 맞서기 위해 한 팀이 되었다. 애플은 이렇게 개발한 파워 PC에 기대가 컸지만, 소프트웨어가 부족하고 호환성이 떨어진다는 점 때문에 대중화하는 데에는 실패하고 말았다. 그 결과 1990년대 초 애플은 시장 점유율과 수익이 끊임없이 하락했고, 매킨토시는 출판 분야에서 전문가들이 사용하는 컴퓨터라는 인식을 심어주게 되었다. 존 스컬리는 이러한 실패를 책임지고 애플의 CEO를 맡은 지 10년 만에 자리에서 물러났다.

1993년 차기 CEO로 마이클 스핀들러Michael Spindler가 취임해 스컬리의 뒤를 이었지만 그 역시 뚜렷한 성과를 내지 못했다. 그러던 와중에 마이크로소프트가 1995년 '윈도 95'를 출시해 데스크톱 시장을 지배하며 고공행진을 시작했다. 윈도 95는 그 당시 역사상 가장 성공적인 운영체제라는 평가를 받으며 승승장구했고, 반대로 애플은 급격한 매출 하락을 겪었다. 스핀들러는 제품 가격을 인하하거나 갖은 방법을 동원했지만 수익은 더 나빠지기만 했다. 애플은 누적된 적자로 파산 위기에 놓였다. 회사에 가망이 없다고 판단한 스핀들러는 애플을 IBM이나 휴렛패커드에 팔아넘기려고 했지만 모두 실패했다. 결국 그는 부임한 지 채 3년도 안 되어 이사회로부터 권고사직을 당했다.

잡스의 귀환, 그리고 애플의 모멘트

1996년 마이클 스핀들러의 뒤를 이어 CEO 자리는 길 아멜리오Gil Amelio에게 넘어갔다. 그는 내셔널 세미컨덕터에서 CEO를 지낸 인물로 반도체 엔지니어 출신이었다. 아멜리오가 취임했을 당시 애플의 주가는 크게 떨어져 1991년에 70달러였던 주가가 14달러까지 추락한 상황이었다. 재정난도 심각했지만 더 큰 문제는 당시 애플이 개발하고 있던 '코플랜드Copland'라는 새로운 운영체제에 결함이 많아 프로젝트를 완성할 수 있을지조차 불투명하다는 점이었다. 아멜리오는 코플랜드 OS에 가망이 없다고 판단해 프로젝트를 중단하고 외부에서 운영체제를 사오기로 결정했다. 이때 두 가지 OS가 후보로 올랐는데, 하나는 장루이 가세Jean-Louis Gassée가 개발한 비Be OS였고, 다른 하나는 스티브 잡스가 만든 넥스트스텝NeXTSTEP이었다.

자신이 설립한 회사로부터 쫓겨나는 비운을 겪은 스티브 잡스는 애플에서 몇몇 엔지니어를 데리고 나와 넥스트NeXT라는 회사를 세웠다. 그리고 그 유명한 픽사Pixar를 인수해 애니메이션 영화도 제작하고 있었다. 넥스트에서 잡스는 넥스트스텝이라는 운영체제를 개발했지만 큰돈을 벌지 못했고, 픽사에서 만들던 장편 애니메이션에 돈이 어마어마하게 들어가는 바람에 만성 적자에 시달렸다. 마침 운영체제가 필요했던 애플이 잡스에게 연락을 취한 것은 그에겐 절호의 찬스나 다름없었다.

사실 애플이 최종 후보였던 두 가지 운영체제를 놓고 저울질할 때 초기에는 가세의 비 OS가 좀 더 유력했다. 그러나 협상 과정에서 비용을 둘러싼 의견이 서로 맞지 않았다. 그러던 차에 스티브 잡스가 세일즈 기술을 발휘해 현란한 프레젠테이션을 펼치자 방향은 스티브 잡스의 넥스트스텝으로 기울었다. 재미있는 사실은 가세가 비 OS의 인수 가격으로 2억7500만 달러를 요구했을 때 애플은 이를 비싸다고 생각했지만, 결국 애플은 이보다 더 비싼 가격인 4억 3000만 달러(약 5000억 원)에 넥스트를 사들였다는 것이다. 스티브 잡스는 넥스트에서의 경영이 점점 더 어려워지고 불확실했던 까닭에 애플과 다시 관계를 맺는 것이 무엇보다 절실했다.

그리하여 1996년 말 애플의 넥스트 인수가 공식 발표되었고, 이듬해인 1997년 스티브 잡스가 드디어 애플에 다시 합류했다. 잡스의 귀환과 함께 애플의 모멘트가 시작되었다.

전설이 시작되다

스티브 잡스가 복귀와 동시에 애플의 CEO 자리를 다시 차지한 것은 아니었다. 복귀 초반에 그는 픽사의 CEO로 여전히 일하고 있었기 때문에 애플에서는 파트타임 고문으로서 경영에 부분적으로만 관여했다. 그러다 자신이 신뢰하는 직원들을 불러와 애플의 높은 자리에 앉히고 마음에 들지 않는 프로젝트들을 정리하면서 점점 영향력을 넓혀갔다.

스티브 잡스는 당시 CEO로 있던 길 아멜리오를 대신해 그 자리에 앉게 되는데, 여기에는 숨은 조력자가 있었다. 애플 이사회의 의장을 맡고 있던 에드 울러드Ed Woolard였다. 듀폰의 CEO 출신으로 경영 감각이 있었던 그는 길 아멜리오를 못마땅하게 여긴 데다 애플의 생존 위기까지 거론되던 차였다. 울러드는 이사회를 설득해 아멜리오를 내보내고 스티브 잡스를 CEO로 앉히기로 했다. 이때 울러드는 이사회에게 이렇게 이야기했다고 한다. "길이 계속 CEO를 맡으면 파산을 면할 확률이 10퍼센트밖에 안 됩니다. 그를 해고하고 스티브에게 CEO를 맡기면 살아남을 확률이 60퍼센트입니다. 길을 해고했는데 스티브를 복귀시키지 못해서 새 CEO를 찾아야 한다면 생존 확률은 40퍼센트입니다."

결국 길 아멜리오가 사임하고 스티브 잡스가 애플의 지휘권을 갖게 되자 애플은 내외부적으로 빠르게 변화하기 시작했다. 가장 먼저 애플에서 생산하고 있던 제품들을 검토하고 정리해나갔다. 전략 회의에서 스티브 잡스가 화이트보드에다 가로선과 세로선을 그어 표를 만들어 제품 정리에 대해 열정적으로 설명했다는 일화도 유명하다. 그는 정사각형을 네 칸으로 나누어 가로축은 '소비자용'과 '전문가용'으로 나누고, 세로축은 '데스크톱' 과 '휴대용'으로 나누었다. 그러면서 이 사분면 안에 들어가는 제품만 남기고 모두 없애야 한다고 주장하며 선택과 집중을 강조했다. 그 과정에서 기존에 애플이 만들던 제품의 70퍼센트를 없애버렸고 직원 3,000여 명을 해고했다. 집중해야 할 곳에 집중한다는 애플의 명확한 논리가 이때부터 빛을 발하기 시작했다. 그리고 이를 바탕으로 이후 전설이 되는 제품들을 새롭게 개발해나갔다.

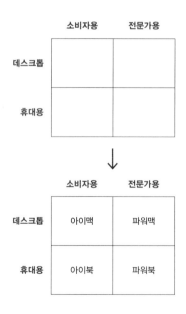

피카소를 모델로 한 애플의 'Think Different' 광고.

스티브 잡스가 애플에 복귀한 그해에 내놓은 광고 역시 전설과도 같다. 'Think Different'라는 카피를 내건 광고였다. 잡스는 힘을 잃어가던 애플의 정체성을 되찾고 사람들에게 애플이 추구하는 것을 명확하게 전달할 광고가 필요하다고 생각했다. 그래서 제품을 소개하는 광고가 아닌 애플이라는 브랜드를 알릴 기업 광고를 추진했던 것이다.

광고의 효과는 대단했다. 아인슈타인, 간디, 존 레넌, 피카소, 에디슨 등 위대한 역사적 인물들을 흑백으로 보여주면서 여기에 '다르게 생각할 줄' 아는 '미친 사람들'을 찬미하는 메시지를 담아 내레이션을 더해 TV 광고를 만들었다. 광고의 마지막 장면은 검은 화면에 애플 로고와 함께 'Think Different' 카피 한 줄만 나온다. 광고는 대중에 공개되자마자 화제가 되었다. 또한 이 인물들의 얼굴을 담은 커다란 흑백 사진에 'Think Different' 카피를 넣은 옥외 광고도 사람들의 눈길을 끌었다. 이 브랜드 광고는 애플이 어떤 회사인지 단번에 표현해줄 정도로 강렬했다. 'Think Different'는 곧 애플의 초심이자 나아가야 할 방향이었고, 애플 그 자체를 말해주었다.

　스티브 잡스의 복귀 이후 성과는 곧바로 드러났다. 잡스가 임시 CEO 로 일하던 1997년에는 10억 달러의 적자를 기록했지만, 이듬해인 1998년 에는 흑자로 전환되었다. 복귀 후 단 1년 만에 4억 달러에 가까운 흑자를 만들어낸 것이다. 스티브 잡스가 만들어낸 드라마의 절정이었다.

다시 시작된 애플의 힘찬 비상

새로운 인재를 찾아 내실을 다진 것 역시 스티브 잡스가 애플에서 이루어 낸 혁신 가운데 하나다. 지금의 애플을 이끌고 있는 팀 쿡Tim Cook, 애플의 디자인을 완성한 조너선 아이브Jonathan Ive, 맥 OS X의 초기 설계를 담당한 소프트웨어 엔지니어 애비 테버니언Avie Tevanian 등은 모두 스티브 잡스 복귀 이후 그와 함께했던 핵심 인사들이다.

　팀 쿡은 애플의 운영 관리자직을 맡아 이후 애플의 경영에서 없어서 는 안 될 중추적인 인물이 되었다. 당시 애플은 재고 관리에 소모되는 비용 이 많았는데 팀 쿡의 활약으로 이를 획기적으로 줄여나갔다. 팀 쿡은 "재고 관리는 낙농업을 하는 것처럼 신선하게 유지해야 한다"고 말하며 100여 곳 에 달하던 부품 공급 업체를 20개로 줄이고 2개월분의 재고를 2일분까지 로 대폭 줄였다. 또한 제조 공정도 4개월에서 2개월로 단축했으며, 그 덕분

스티브 잡스의 복귀 이후 첫 제품으로 출시한 아이맥.

에 물류비와 생산비를 크게 절감할 수 있었다.

조너선 아이브는 애플의 수석 디자이너이자 부사장으로 맥북과 아이팟, 아이폰, 아이패드 등 주요 제품들의 유려한 디자인을 탄생시킨 주역이다. 단순함과 절제미, 사용자 편의성 같은 애플 제품의 특징이라 할 수 있는 디자인 요소를 구축하는 데 큰 역할을 했다. 그는 잡스의 복귀 이전에도 애플의 디자이너로 일하고 있었지만 스티브 잡스와 디자인 견해가 비슷하고 뜻이 맞아 둘은 막역한 관계를 유지했다.

애비 테버니언은 넥스트에서 운영체제를 개발하다가 스티브 잡스가 애플로 복귀하면서 불러들여 애플에 합류하게 되었다. 애플의 운영체제를 진화시킨 인물로 알려져 있으며, 이때 설계한 맥 OS X 운영체제는 이후 10여 년에 걸쳐 애플이 출시하는 모든 신제품들의 토대가 되었다.

이들을 포함해 또 다른 핵심 인사들과 함께 애플은 스티브 잡스의 진두지휘로 새롭게 날아올랐다. 잡스의 복귀 이후 첫 작품으로 1998년에 내놓은 아이맥을 시작으로 돌풍을 일으킨 뒤, 2001년에는 아이팟을, 2006년에는 맥북과 맥북 프로를, 2007년에는 스마트폰을 대중화한 아이폰을, 2010년에는 태블릿 PC의 새로운 지평을 연 아이패드까지, 출시하는 제품마다 엄청난 인기몰이를 하며 애플은 승승장구했다.

눈부신 혁신을 이어가던 2000년대 들어 스티브 잡스는 건강이 악화되었고 2004년에는 췌장암 수술을 받았다. 그가 병상에 있는 동안에는 팀 쿡이 스티브 잡스를 대신해 CEO 역할을 맡았다. 잡스는 건강을 회복하지 못해 2011년 8월에 애플의 CEO직을 사임했다. 그리고 그해 10월, 스티브 잡스는 수많은 전설을 남기고 세상을 떠났다. 애플의 CEO 자리는 팀 쿡이 넘겨받았다.

스티브 잡스의 일생과 그가 애플에서 이룬 혁신들은 실리콘밸리의 신화로 전해진다. 생을 마감한 후에도 그는 영원한 혁신의 아이콘으로 남아 있다. 애플의 제품들은 컴퓨터, 스마트폰을 넘어 그 자체가 이미 하나의 문화를 만들어냈다. 확고한 팬덤, 소비자의 높은 브랜드 충성도, 영향력 강한 브랜드 이미지를 등에 업고 애플은 성장세를 계속 이어오고 있다. 오늘날 애플의 시가총액은 2조4000억 달러, 우리 돈으로 2700조 원이 넘고, 전 세계 기업 가치 1위를 달리고 있다.

대한민국
자동차 1위 기업이
걸어온 길

현대자동차의 모멘트
1999년

현재 우리나라 자동차 업계 1위, 세계 자동차 업계 5위권을 지키고 있는 현대자동차. 하지만 한때 현대자동차는 '싼 게 전부인 최악의 차'라고 평가받던 시절이 있었다. 이런 낙인을 탈피하기 위해 현대자동차는 어떤 혁신을 이루었을까? 한국뿐만 아니라 세계 시장에서 현대자동차가 언제 어떻게 자리 잡을 수 있었는지, 그 모멘트와 비결을 알아본다.

현대자동차의 초창기 역사

현대자동차가 한국에서 자동차 업계 1위를 차지하는 만큼 그 역사를 살펴보면 우리나라 자동차 산업의 전반적인 흐름을 이해할 수 있다. 많은 사람들이 현대자동차의 첫 번째 양산차를 '포니'로 알고 있는데, 사실 그 이전에 '코티나Cortina'라는 자동차를 처음으로 생산했었다.

현대자동차의 역사를 거슬러 올라가보면, 1940년 현대그룹의 창업주 고故 정주영 회장이 작은 자동차 정비소를 인수하면서 자동차 사업의 싹을 틔웠다. 그로부터 6년이 지난 1946년에 '현대자동차공업사'로 명칭을 바꾸고 사업을 확장했는데, 이때 사명에 '현대'가 처음으로 등장했다. 그 후 건설업으로 호황을 누리고 있던 '현대토건'과 합병하여 1967년 12월 29일에 '현대모타주식회사'를 설립했다. 이 회사가 오늘날 현대자동차의 전신이다.

현대모타주식회사를 설립한 이듬해인 1968년에는 사명을 현대자동차로 바꾸고 울산 공장을 설립했다. 당시에는 자동차 양산 기술이 전혀 없었던 까닭에 미국 포드Ford와의 기술 합작으로 자동차를 생산하기 시작했다. 이렇게 만들어진 자동차가 바로 '코티나'였다. 1968년에 첫 출시된 코티나는 포드 자동차의 유럽 지부에서 개발한 소형 승용차로, 부품들을 그대로 수입해 현대자동차의 공장에서 조립해서 만드는 방식으로 생산되었다. 출시되자마자 코티나는 큰 주목을 받았고 출시 1년 만에 5,000여 대를 생산할 정도로 상당한 인기를 누렸다.

그러나 1970년에 접어들면서 품질 문제가 하나둘씩 불거지기 시작했다. 코티나는 원래 유럽의 아스팔트 포장도로에 맞게 설계된 자동차라서 당시 도로 사정이 좋지 않았던 우리나라의 비포장도로를 달리니 차가 견디지 못했던 것이다. 환경에 맞지 않는 설계로 주요 부품들의 고장이 잦은 데다 홍수로 인해 침수된 부품을 그대로 사용한 탓에 품질이 좋을 리가 없었

1968년 현대자동차가 포드와의 기술 합작으로 생산한 첫 양산차 코티나. © 현대자동차

다. 코티나는 주로 택시 기사들이 구입해 몰고 다녔는데 품질에 불만을 품고 단체로 차를 반납하겠다고 항의하는 일도 있었다. 결국 현대자동차는 첫 양산차인 코티나를 3년 만에 단종시키고 말았다.

현대자동차는 1972년에 포드와 기술 합작 계약을 연장하려 했지만 포드가 경영권과 지분을 무리하게 요구하자 이를 거절하고 포드와의 관계를 끝냈다. 그리하여 1973년부터 현대자동차는 독자 모델 개발에 뛰어들었다. 이를 추진했던 인물은 정주영 회장의 동생인 고故 정세영 명예회장으로 당시 현대자동차 사장이었다. 독자 모델을 개발하는 데에는 막대한 투자비가 필요할 뿐만 아니라 성공 가능성도 불확실해 내부의 반대가 심했다. 하지만 정세영 사장은 개발을 감행했고, 때마침 정부에서도 자동차 업계를 대상으로 독자 모델을 만들어 국산화율을 높이라는 압박이 있었다.

그리하여 마침내 1976년, 우리나라 최초이자 현대차 최초의 고유 모델 자동차 '포니Pony'가 탄생했다. 포니의 출시로 한국은 일본에 이어 아시아에서 두 번째로 자체 개발 자동차를 보유한 나라가 되었다. 그리고 이는 대

한국 최초이자 현대차 최초의 고유 모델 자동차 포니. ⓒ 현대자동차

한민국 자동차 산업의 자립을 선언했다고 할 정도로 역사에 한 획을 그은 사건으로 기록되었다.

자동차 수출 역사의 첫 장을 열다

포니는 시장에 나오자마자 폭발적인 인기를 누렸다. 출시 첫해에만 1만 대가 넘게 팔렸으며 그해 자동차 시장 점유율은 43.5퍼센트를 기록했다. 해를 거듭할수록 포니의 인기는 식을 줄 몰랐고 1981년까지 계속 50퍼센트대의 점유율을 유지했다. 또한 포니의 출시로 자동차 시장의 규모도 크게 성장했다. 생산 첫해에는 매월 1,500대씩 연간 1만8,000대를 생산했는데, 3년 뒤에는 연간 판매량이 10만 대를 넘어서면서 다섯 배 이상의 성장세를 보였다.

포니에게는 중요한 의미가 한 가지 더 있다. 바로 우리나라에서 최초로 해외 수출을 시작한 자동차라는 점이다. 국내 자동차 시장에서 큰 인기를 모으자 정세영 사장은 여세를 몰아 해외 수출을 추진했다. 그러나 현대자동차의 임원들은 반대의 뜻을 보였는데, 이전에 수출 경험이 전혀 없는 데다 1950년대에 이미 일본의 토요타가 미국 시장에 처음 진출했다가 대실패를 경험한 적이 있었기 때문이었다. 국내 시장을 먼저 충분히 다지고 해외 현지 규격을 잘 파악한 후 진출하자는 게 내부 여론이었다. 정세영 사장은 국내 시장의 수요가 적어 한계가 있으므로 해외 시장을 반드시 열어야 한다는 뜻을 굽히지 않았다. 그리고 토요타가 1950년대에는 다섯 대만 팔고 망했지만 1974년에는 60만 대를 수출했으니, 현대차도 승산이 있으리라 생각했다.

논의 끝에 현대자동차는 우선 자동차를 생산하지 못하는 남미나 중동 국가 중의 한 곳을 골라 수출해보기로 결정했다. 그리하여 1976년, 현대자동차는 에콰도르에 포니를 수출하며 자동차 해외 수출 역사의 첫 장을 열었다. 에콰도르를 첫 수출지로 결정한 이유는 당시 에콰도르가 산유국이어서 석유수출국기구OPEC 회원국이었고 외환 규제가 없었기 때문이었다.

현대자동차의 수출 담당 직원들은 겨우 카탈로그만 준비해 태평양을 건너 에콰도르로 포니를 홍보하러 다녔다. 그러다 운 좋게 에콰도르의 택시 조합을 개척해 다섯 대의 포니를 판매하면서 수출의 포문을 열었다. 포니는 에콰도르에서도 디자인과 내구성으로 관심을 끌었다. 그러던 중 현대자동차에게는 행운이라 할 수 있는 사고가 발생했다. 택시 조합에서 운행하던 포니가 일본의 마쓰다 자동차와 충돌하는 사고가 있었는데, 포니는 큰 손상 없이 승객들도 부상을 입지 않았던 반면 마쓰다 차량은 크게 파손되고 승객들도 중상을 입었던 것이다. 이 사건이 신문에 보도되자 에콰도르 택시 조합의 주문이 쇄도하기 시작했다. 이 일로 인해 마쓰다 자동차보다 현대의 포니가 더 튼튼하고 안전하다는 인식이 널리 퍼지게 되었다.

1976년 현대자동차는 에콰도르에 포니를 수출하며 자동차 해외 수출 역사
의 첫 장을 열었다.

그 후 포니는 수출 물량이 크게 늘어나 에콰도르뿐만 아니라 칠레, 코
스타리카, 과테말라 등 다른 중남미 국가로 수출을 확대해갔다. 수출 첫해
에는 총 1,042대를 판매하며 257만 달러의 매출을 기록했다. 1978년에는
1,240대의 포니를 유럽으로 수출하면서 글로벌 자동차 시장에 본격적으
로 뛰어들었다. 자신감을 얻은 현대자동차는 드디어 최대 자동차 시장인
미국의 문을 두드렸다. 1985년 로스앤젤레스에 600만 달러를 투자해 현지
법인을 세우고, 이듬해 1월 포니 엑셀(수출명)을 수출했다. 미국 진출 첫해
의 목표가 10만 대였지만 당시 현대자동차는 17만 대를 판매해 미국 경제
지《포춘》이 선정한 '베스트 10' 상품에 들기도 했다. 고유가 시대였던 당시
에는 기름을 적게 먹는 소형차가 인기 있었는데, 미국 시장에는 엑셀처럼
1,500cc 급의 경쟁 차종이 없어서 좋은 반응을 얻었던 것이다.
　　포니는 1987년과 1988년까지 미국 시장에서 꾸준히 높은 판매량을 유지하며 성공적인 행보를 이어갔다. 포니의 성공으로 정세영 현대자동차 사장은 '포니 정'이라는 별명을 얻기도 했다.

현대자동차의 추락

새로운 시장을 열어가며 승승장구할 것만 같았던 현대자동차는 그 이후 갑자기 기세가 꺾이게 된다. 현대자동차의 품질과 애프터서비스A/S 문제가 꾸준히 제기되었던 까닭이다. 그렇게 시작된 현대자동차의 내리막길은 1990년대에도 계속 이어졌다.

현대자동차는 빠르게 글로벌 자동차 회사를 벤치마킹해 독자적인 기술로 차체를 설계하고 엔진을 개발하는 데에는 성공했지만 곧바로 한계에 부딪혔다. 한 단계 더 높은 질적 도약을 위해서는 그것만으로는 부족했다. 자동차는 일반적인 공산품에 비해 고가인 데다 교체 주기도 길며, 제품을 만들어 판매하는 것으로 끝나는 게 아니다. 고객에게 인도된 자동차는 최장 몇십 년을 달리므로 지구상에 존재하는 제품들 중 생애 주기와 애프터서비스 기간이 긴 축에 속한다. 게다가 자칫 잘못 만들면 사람의 생명을 위협할 수 있으니 결함이 있는 자동차는 도로 위의 무기나 마찬가지다.

1990년대 현대차가 생산한 제품은 주행거리가 늘어날수록 예기치 않은 결함이 계속 발생했다. 엔진 소음이 커지거나 섀시가 녹슬거나 차체가 내려앉는 등 다양한 문제들이 잇달아 나타났다. 이런 문제들이 쌓이고 쌓여 현대차의 고질적인 문제로 지적되었다. 더군다나 해외에서는 판매망에 신경을 쓰느라 정비망을 제대로 구축하지 못했다. 품질 관리와 애프터서비스가 엉망이라는 얘기가 나올 수밖에 없었던 것이다.

1998년은 현대자동차에게 최악의 해로 기록되었다. 마케팅정보회사

J.D.파워J.D.Power가 발표한 신차품질조사Initial Quality Study, IQS에서 현대차가 꼴찌를 차지하는 수모를 겪었기 때문이다. J.D.파워는 매년 자동차 분야 소비자 만족도 조사를 실시하는데, 조사 결과에 따라 시장에 미치는 영향력이 커서 좋은 평가를 받은 자동차 메이커들은 이를 대대적인 홍보 수단으로 활용하기도 한다. 그런데 J.D.파워의 조사 순위를 보면 현대차는 1995년에는 34개 브랜드 중 33위, 1996년과 1997년에는 2년 연속 31개 브랜드 중 30위, 1998년에는 34개 브랜드 중 꼴찌로 바닥을 기었다.

J.D.파워의 신차품질조사는 실제 차량을 구입한 고객들이 3개월 이상 자동차를 몰아본 뒤 직접 평가하기 때문에 자동차의 품질을 확실하게 비교해볼 수 있는 지표가 된다. 당시 현대차는 이 조사에서 결함이 압도적으로 많은 것으로 나타났고 엔진과 브레이크, 변속기 등 주요 부품의 품질부터 차량 구입 전의 금융 서비스와 애프터서비스까지 거의 모든 부분에서 소비자의 불만이 폭주했다.

게다가 1997년 한국 경제에 큰 타격을 준 외환 위기의 여파로 내수 시장도 꽁꽁 얼어붙어 현대자동차의 영업이익은 급격히 줄어들었다. 브랜드 이미지도 매출도 함께 나락으로 떨어져 현대자동차에게는 절체절명의 위기였다. 1999년에 취임해 현대자동차의 경영을 새로 맡은 정몽구 회장은 "해외 시장만이 살길"이라며 수출 총력전을 선언했다. 세계 최대 자동차 시장인 미국에서 다시 일어서지 못하면 결코 살아남을 수 없다고 판단했던 것이다.

1999년, 현대자동차의 모멘트

"지금처럼 만들지 않아야 성공한다." 정몽구 회장은 1999년 현대자동차의 경영을 처음 맡았을 때 이렇게 말했다. 그는 현대차의 전환점을 만들기 위해서는 '품질'에 집중해야 한다고 생각했다. 해외 시장에서 다시 수출량을 늘리려면 이미지 회복이 필요했고, 그러기 위해서는 품질을 향상시키는 게 가장 핵심이었다. 그리하여 현대차는 정몽구 회장의 '품질 경영'을 시작하면서 개혁을 단행했다.

정몽구 회장은 1974년부터 현대의 A/S를 담당하던 현대자동차서비스의 사장을 맡아 일하면서 '자동차를 이렇게 만들면 안 되는구나' 하는 걸 누구보다도 잘 알게 되었다고 한다. 자동차의 품질이 떨어지면 잘 팔리지도 않을뿐더러 A/S도 너무 힘들어지기 때문이었다.

또한 정몽구 회장은 다른 재벌 기업의 회장들과는 조금 다른 점이 있었는데, 바로 현장 경험이 많다는 것이었다. 그는 1968년 미국 유학 시절 생활비를 마련하려고 자동차 공장에서 아르바이트를 하면서 현장을 직접 경험했다. 당시 같이 일하던 직원은 정몽구 회장이 값비싼 시계를 차고 있는 것을 보고는 "이렇게 좋은 시계를 가진 네가 왜 이런 일을 하느냐"고 물었다고 한다. 또 1976년에는 3월부터 8월까지 6개월간 자동차 공장 건설 현장에서 직원들과 동고동락하며 공장이 완공되는 모습을 지켜보았는데, 그 과정에서 현장의 중요성을 배웠다고 한다.

이처럼 '품질'과 '현장'을 중시하는 경영 방식은 현대차를 완전히 바꿔 놓았다. 저품질의 싸구려 자동차라는 이미지에서 벗어나기 위해 품질 경영의 토대를 다진 결과, 1999년부터 비약적인 성장세를 나타냈다. 그리고 1998년 기아자동차를 인수하고 이듬해 기아자동차판매, 아시아자동차판매, 아시아자동차공업을 흡수 합병하면서 몸집을 키운 것도 현대차가 글로벌 기업으로 도약하는 발판이 되어주었다.

금융감독원 전자공시시스템을 통해 현대자동차의 과거 실적을 살펴보면, 1998년에서 1999년 기아차 인수로 매출과 영업이익이 1.5배 증가하며 퀀텀점프를 했다. 정몽구 회장이 취임한 직후 2000년에는 전년 대비 매출은 33퍼센트, 영업이익은 2배 가까이 성장했다. 이런 급속한 성장세는 2001년까지 유지되었는데, 지난 20여 년을 통틀어 현대차의 실적이 가장 많이 성장한 시기가 1999년부터 2002년까지였다.

정몽구 회장은 2000년 신년사에서 "2010년까지 글로벌 톱5 메이커가 되겠다"는 내용의 '비전 2010'을 밝혔다. 1999년 당시 현대·기아차는 213만 대 생산으로 세계 11위였다. 글로벌 5위는 당시로서는 상상하기 어려운 파격적인 목표였다. 2000년대 초까지만 해도 한국 자동차 산업의 미

연도	매출액	영업이익	매출 성장률	영업이익 성장률
1997	11,814,604	800,411		
1998 기아차 인수	9,831,280	382,861	-17%	-52%
1999 정몽구 회장 취임	24,449,403	965,153	149%	152%
2000 품질 경영 시동	32,518,001	1,897,377	33%	97%
2001	39,851,575	3,118,115	23%	64%
2002	44,419,626	3,130,842	11%	0%
2003	46,588,410	2,694,443	5%	-14%
2004	53,100,621	2,382,018	14%	-12%
2005	58,830,632	2,294,306	11%	-4%

(단위: 백만 원 / 출처: 금융감독원 전자공시시스템 취합)

현대자동차의 실적 추이를 나타낸 표. 1999년 현대자동차는 큰 성장을 이루었다.

래에 대한 업계의 시선은 부정적 평가가 지배적이었다. 해외에서는 현대차의 목표를 듣고 코웃음을 쳤다. 하지만 정몽구 회장의 말은 그대로 이루어졌다. 현대차는 2010년 전 세계에서 574만 대를 판매해 포드를 제치고 글로벌 5위에 올랐고, 지금까지 5위권을 유지하고 있다.

품질을 향한 집념, 현장에서 찾은 돌파구

정몽구 회장이 취임한 1999년 이후 현대자동차의 변화는 놀라웠다. 그는 오로지 품질 개선을 위해 모든 역량을 집중시켰다. 정몽구 회장의 품질을 향한 집념은 몇 가지 유명한 일화에서도 엿볼 수 있다. 취임한 지 얼마 지나지 않았을 당시 미니밴 카니발이 각종 결함으로 리콜 조치가 이어지고 있었는데, 정몽구 회장이 임원들에게 카니발을 당장 집으로 가져오라고 지시했다. 정 회장은 한남동 자택 마당에 카니발을 세워놓고 밤낮으로 고민하며 결함을 찾아냈다. 그리고 한 달 뒤 임원들을 회의실로 불러 모아 자신이 찾아낸 문제점을 이야기했다. 회의실 가운데에는 카니발이 놓여 있었고 정몽구 회장은 분필을 들고서 창문, 시트 밑, 바닥, 천장, 문틈 같은 부분에 동그라미를 쳐가면서 문제점을 지적했다고 한다. 그러고 나서 이때부터 임원들을 대상으로 한 품질회의가 열리기 시작했다.

한번은 정몽구 회장이 기아차 오피러스 수출 차량의 선적을 갑자기 중단시킨 적도 있었다. 그는 미국 수출을 앞둔 오피러스를 직접 몰고 시험 주행을 하다 차에서 나는 미세한 소음을 발견하고는 불호령을 내렸다. 오랫동안 자동차 서비스 현장에서 경험을 쌓아온 정몽구 회장은 남들이 잘 듣지 못하는 소음도 잡아낼 정도로 차체 결함을 잘 찾아냈다고 한다. 정 회장은 원인 규명과 개선을 요구하며 선적을 40일가량 중단하라고 지시했다. 엔진의 잡음을 잡기 전까지는 수출하지 않겠다고 배수의 진을 친 것이다. 일반적으로 출시 직전의 시험 주행은 의례적인 행사였지만 품질 경영을 중시한 정몽구 회장에게는 그냥 넘어갈 수 없는 문제였다.

정몽구 회장은 자동차의 품질은 현장에서 만들어진다고 강조했다. 이를 현장 중심주의 경영이라고도 하는데, 이러한 경영 방식은 정주영 현대그룹 창업주에서 비롯되었다는 분석도 있다. 정주영 선대 회장은 늘 "현장에 답이 있다"고 강조했다. 이를 이어받은 정몽구 회장은 "현장에서 보고 배우고, 현장에서 느끼고, 현장에서 해결한 뒤 확인까지 한다"라는 '삼현주의三現主義'를 경영 원칙으로 삼았다.

그는 생산 현장에 가면 늘 습관처럼 자동차의 보닛을 열고 내부를 살펴보는 것으로 잘 알려져 있다. 이와 관련된 일화가 자주 회자되기도 했는데, 2010년 8월 미국 앨라배마의 현대차 공장장이 5개월 만에 교체된 일이 있었다. 당시 YF쏘나타의 북미 시장 진출을 앞두고 정몽구 회장이 미국 공장을 기습 방문해 생산 라인을 돌아보다가 조립된 쏘나타의 보닛을 열어보라고 지시했다. 그러자 공장장이 보닛을 여는 잠금고리를 찾지 못해 허둥댔던 것이다. 이 일을 계기로 공장장은 곧바로 경질되었다. 당시 앨라배마 공장은 역대 최고 성적을 내던 상황이라 일부 동정론이 일기도 했다. 어쨌거나 이는 현장도 모르고 제품도 모르는 공장장을 신임할 수 없다는 정몽구 회장의 철두철미한 경영 원칙을 엿볼 수 있는 대목이다.

품질 경영으로 쌓은 눈부신 성과

정몽구 회장의 품질 경영은 전사적인 노력이 뒤따랐기에 빛을 볼 수 있었다. 2001년 서울 양재동 사옥으로 이사한 현대차는 정몽구 회장의 지시에 따라 1층 로비에 품질상황실, 품질회의실, 품질확보실을 마련했다. 원래 개발, 생산, 판매, A/S 등 부문별로 나뉘어 있던 품질 관련 기능을 하나로 묶어 품질총괄본부도 발족시켰다. 품질 경영을 체계화한 것이다.

양재동 본사 2층에는 글로벌 종합 상황실도 만들었다. 이곳에서는 수십 대의 모니터를 통해 24시간 내내 시시각각으로 전 세계 공장의 생산·판매 현황을 한눈에 파악할 수 있었다. 세계 각국에 퍼져 있는 딜러들과 애프터서비스 네트워크로부터 불만사항을 접수 처리하는 역할을 했는데, 품질 관련 불만사항이 접수되면 실시간으로 공장과 연구소 등 해당 부서에 통보해 즉시 처리했다. 여기서 수집된 정보는 품질정보보고서QIR로 작성되어 생산 현장의 임직원들과 공유해 다시 분석에 들어갔다.

정몽구 회장은 품질 및 연구 개발, 생산 담당 임원들을 모아 품질회의를 직접 주재했다. 여기서 나온 것이 현대차의 '품질패스제'다. 품질패스제는 확실한 품질이 확보되지 않으면 제품 개발과 생산을 더 이상 진행하지 않는 제도다. '국민 세단'으로 불릴 정도로 인기가 높았던 현대차의 대표 중형차 모델 NF쏘나타도 이런 과정을 거쳐 개발되었다.

또한 협력사를 잘 관리하는 것도 품질과 밀접한 관계가 있으므로 현대차는 '5스타 제도'를 만들었다. 품질 문제를 객관적으로 평가하고 분석할 수 있도록 만든 제도로서, 국내 협력사를 비롯해 해외 공장의 현지 업체에도 적용해 품질을 관리했다. 이 제도에 따라 부품의 불량률뿐만 아니라 공장의 품질 경영 체계 등을 점수로 매길 수 있는데, 높은 점수를 기록한 협력사에게는 최고 등급인 '5스타' 인증을 부여하고 인센티브를 주었다. 현대차에 부품을 납품하는 1차 협력사 가운데 상위 10퍼센트 정도가 5스타 인증 업체라고 한다. 그래서 자동차 부품 업계에서는 이 5스타 인증이 수출 보증서로 통한다. 국내 자동차 부품 회사인 화신은 2016년 미국 테슬라에 부품을 공급하기로 했는데, 계약을 체결하는 과정에서 현대차가 부여한 품질 5스타 인증이 큰 역할을 했던 것으로 알려져 있다.

현대자동차는 판매 전략에서도 품질을 내세우기로 했다. 미국 시장에서 '10년간 10만 마일 무상 보증' 조건을 전면에 내걸었던 것이다. 당시 포드가 3년간 3만6,000마일, 토요타가 5년간 6만 마일을 보증한 것에 비하면 파격적인 내용이었다. 이런 조건을 두고 해외 시장에서는 단기적으로 시장 점유율을 늘리려는 마케팅 무리수라는 지적이 있었다. 무상 보증을 해주려면 정비 인력과 부품 확보, A/S센터 운영에 막대한 비용이 들었다. 차량 부품 재고를 10년 이상 넉넉히 갖춰놓아야 하며, 재고 운송과 비축에도 모두 비용이 들어갔다. 또한 고객이 사소한 문제에도 부품을 교체해달라고 무리하게 요구할 가능성도 있었다. 이런 일을 방지하려면 애초에 결함이 나타나지 않도록 잘 만들어야 했다. 미국 시장에서는 현대차 그룹이 막대한 수리비를 감당할 수 없어 3년도 못 넘겨 망할 것이라고 예상했다. 그럼에도 정몽구 회장은 밀어붙였다.

이 조치는 결국 현대차에 대한 미국 소비자의 인식을 바꾸는 승부수로 작용했다. 소비자에게는 품질에 대한 자신감으로 보였던 것이다. 실제로 품질이 비약적으로 좋아졌다고 평가받은 것도 이때부터였다. '10년간 10만 마일 무상 보증' 제도는 1999년 말부터 미국 시장에 본격적으로 자리를 잡았다. 그리고 이 시기에 등장한 EF쏘나타는 현대차의 효자 상품이 되어 이미지를 반전시킨 구원투수 역할을 톡톡히 했다.

북미 시장에서는 쏘나타에 대해 "한국도 제대로 된 차를 만든다"는 평가를 내놓기 시작했다. 미국의 자동차 전문지《카 앤 드라이버Car and Driver》는 "현대가 드디어 캠리나 어코드와 대적할 만한 새 차를 내놓았다. 쏘나타는 항상 가격이 저렴하지만 이번에는 싼 차를 타고 있다는 느낌이 들지 않는다"라고 평가했다.

그뿐만 아니라 현대차가 수모를 겪었던 J.D.파워 조사에서도 눈부신 성과를 확인했다. J.D.파워는 2003년 조사에서 "현대자동차의 품질 문제가 57퍼센트 줄었고, 신차품질조사에서 쏘나타가 중형차 부문 1위를 차지했다"고 발표했다. 그러자 한 달 만에 쏘나타의 미국 판매가 12퍼센트나 증가했다. 또한 소형 스포츠 유틸리티 차량SUV과 소형차 부문에서도 싼타페와 엑센트가 2위에 올랐다. 모든 차종을 종합한 회사별 평가에서 현대차는 102점을 받아 토요타(101점)에 이어 혼다와 공동 2위를 기록했다. 10위를 기록했던 전년도에 비해 여덟 계단이나 뛰어오른 것이다. 현대차가 일본 차와 같은 수준의 품질 평가를 받은 것은 2003년이 처음이었다. 이 조사 결과에 대해 《뉴욕타임스》는 "현대차의 대성공"이라고 전했다.

현대차의 비약적인 발전은 2000년 이후부터 10여 년 동안 계속되었다. 2006년에는 J.D.파워 신차품질조사 일반 브랜드 부문에서 사상 첫 1위를 기록했다. 1998년 꼴찌였던 회사가 절치부심으로 품질을 개선한 결과 8년 만에 1위 자리를 차지했던 것이다. 이 외에도 2009년 현대차는 미국 자동차 매체 《모터 트렌드》가 선정한 '자동차 업계 파워 리스트 50'에서 6위를 차지했고, 정몽구 회장은 2004년 《비즈니스위크》가 선정한 자동차 부문 세계 최고 CEO로 이름을 올리기도 했다.

현대자동차의 성장세는 누적 판매량에서도 확연히 드러났다. 1996년 누적 판매량 1000만 대를 돌파한 뒤 20년 만에 누적 판매량 8000만 대를 기록했다. 현대차의 전 세계 누적 판매량은 2019년 8월 기준으로 총 8012만 417대다. 1967년 12월 설립된 이후 반세기 만에 이룬 것으로, 다른 글로벌 자동차 제조사가 성장한 것보다 비교적 짧은 기간에 이루어낸 성과라고 한다.

현대차가 누적 판매량 8000만 대를 달성할 수 있던 배경에는 해외 판

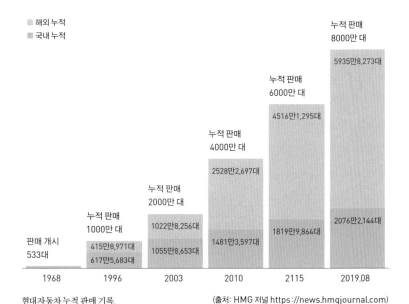

■ 해외 누적
■ 국내 누적

누적 판매
8000만 대

5935만8,273대

누적 판매
6000만 대

4516만1,295대

누적 판매
4000만 대

2528만2,697대

누적 판매
2000만 대

1022만8,256대

2076만2,144대

누적 판매
1000만 대

415만8,971대
617만5,683대

1055만8,653대

1481만3,597대

1819만9,864대

판매 개시
533대

1968   1996   2003   2010   2115   2019.08

현대자동차 누적 판매 기록.   (출처: HMG 저널 https://news.hmgjournal.com)

매량의 영향이 컸다. 국내 판매량은 전체 판매량의 26퍼센트를, 수출 모델
과 해외 현지 공장에서 생산한 모델의 판매량은 전체의 74퍼센트를 차지한
다. 국내 누적 판매량의 약 3배에 달하는 규모가 해외에서 판매된 것이다.
"해외 시장만이 살길"이라고 내다보았던 정몽구 회장의 예상이 그대로 들
어맞은 셈이다.

현대차는 세계 5위권의 완성차 제조사로 빠르게 성장했다. 만약 1999년
그해 정몽구 회장의 결단과 리더십이 없었다면 오늘날의 현대차는 없었을
것이다. 하지만 현대차는 여기서 멈추지 않고 미래 자동차 산업을 이끌 스
마트 모빌리티 솔루션 제공 기업으로 거듭나기 위해 박차를 가하고 있다.
친환경, 모빌리티, 전동화, 커넥티비티connectivity(무선통신을 이용해 자동차와 주
변 장치를 연결하는 기술), 자율주행 등이 현대차가 전략적으로 투자하고 있는

대표적인 사업들이다. 특히 오늘날 현대차는 친환경 수소전기차 부문의 선두주자로, 수소 사회로의 진입을 위한 수소 생태계 구축에도 앞장서고 있다. 이러한 새로운 사업들은 2020년 정몽구 회장의 자리를 물려받아 현대차의 새로운 총수가 된 정의선 회장의 체제 아래에서 추진되고 있다. 세대교체를 이룬 현대자동차가 미래 자동차 산업에서 또 어떤 모멘트를 만들어낼지 기대감이 높아지고 있다.

하늘길을 연
회사의
운명을 건 도박

보잉의 모멘트
1952년

대서양과 태평양을 건너기 위해 배를 타는 것이 당연했던
1950년대. 이때 하늘길을 열며 이동 수단의 판도를 바꿔놓
은 기업이 있었으니, 바로 보잉이다. 전쟁과 함께 성장해 종
전으로 위기를 맞이한 보잉에게는 '하늘길을 연 도박'이라
불렸던 역사적인 사건과 모멘트가 있었다. 기업의 사활을
걸었던 그해 보잉의 비하인드 스토리를 살펴본다.

전쟁과 함께 성장한 회사

세계 최대 민간 항공기 제작사이자 방위산업체인 보잉은 1916년 윌리엄 E. 보잉William E. Boeing이 미국 시애틀에 창립한 기업이다. 세계 최대 항공기 제 작업체인 만큼 전 세계 항공기 점유율의 50퍼센트를 차지한다. 미국 최초 의 제트 여객기인 보잉 707부터 하늘의 여왕이라고 불리는 보잉 747, 최신 기종인 보잉 777에 이르기까지 다양한 기종을 내놓으며 민간 항공기 업계 의 큰손으로 자리를 잡았다. 최근에는 민간 항공기뿐만 아니라 군용 항공 기와 미사일, 위성, 우주선 등 민간 항공과 군사, 우주 영역을 아우르는 다 양한 제품을 생산하고 있다.

태평양에 접한 시애틀은 오늘날 스타벅스와 마이크로소프트가 탄생 한 곳으로 유명하지만, 원래 시애틀은 미국 제조업의 상징인 지역 중 하나 였다. 항공 산업을 이끄는 보잉도 이 시애틀에서 출발했다. 창업자인 윌리 엄 보잉은 1910년 로스앤젤레스에서 열린 에어쇼를 보고 비행기에 큰 관심 을 갖게 되었다. 처음에는 '태평양 항공기 제작사Pacific Aero Products Co.'라는 이류의 회사를 설립했고, 이듬해인 1917년에 자신의 이름을 따 '보잉 항공 기 회사Boeing Airplane Company'로 이름을 바꾸었다.

설립 당시 보잉은 수상비행기를 만드는 작은 회사였다. 초기에는 나무 로 된 뼈대에 방수천을 덧대어 비행기의 기체를 제작했다고 한다. 보잉은 1·2차 세계대전을 거치면서 성장의 발판을 마련했다. 1917년에 개발한 수 상비행기 '모델 C'는 당시 제1차 세계대전에 참전한 미 해군의 훈련용 비행 기로 사용되었고, 미군으로부터 대량 수주를 받으면서 크게 성장했다.

군용 비행기 제작사로 기반을 다진 만큼 보잉은 제2차 세계대전 때 본 격적으로 군용기를 생산했다. B-17, B-18, B-29 등 뛰어난 성능의 폭격기 들이 이때쯤 개발되었고, 미국이 제2차 세계대전에 참전하게 되자 정부는

보잉이 초기에 생산하던 수상비행기 모델 C.

보잉에 엄청난 물량의 폭격기를 주문했다. 세계대전은 보잉을 가장 강력한 군용기 생산업체로 거듭나게 해준 셈이었다.

종전 이후에 찾아온 위기

1944년에 도입된 B-29 슈퍼포트리스B-29 Superfortress 폭격기는 보잉의 고속 성장을 이끈 주역이었다. 뛰어난 성능과 막강한 전투력으로 이름을 널리 알렸고, 특히 일본을 상대로 한 태평양전쟁에서 미국이 승리를 거머쥐게 한 일등공신이었다. 전쟁 마지막 해에 보잉은 공장에서 폭격기를 매달 350대씩 생산하며 풀가동에 들어갔다.

하지만 미국의 승전으로 되찾은 평화는 보잉에겐 위기로 다가왔다. 전쟁기에 미국 정부는 폭격기 B-29를 5,000대 주문했는데, 전쟁이 끝나자 이를 모두 취소해버린 것이다. 금액으로 15억 달러, 우리 돈으로 1조6000억 원이 넘는 규모였다. 당시 7만 명에 달하는 직원들이 공장에서 근무하고 있었지만 그중 9,000명만 남기고 나머지는 모두 해고해야 하는 상황까지 이르렀다. 전쟁이 막을 내린 1945년, 결국 보잉의 공장 대부분이 비행기 생산을 중단해야 했다.

이처럼 위기 상황일 때 윌리엄 맥퍼슨 앨런William McPherson Allen이라는 인물이 보잉의 새로운 CEO로 취임했다. 빌 앨런Bill Allen이라고도 알려진 그는 원래 사업가가 아니라 변호사 출신이었다. 몬태나의 시골에서 광산 기술자의 아들로 태어나 하버드 로스쿨을 졸업했고, 보잉의 법률고문을 맡은 법률회사에 취직해 외부 변호사로 일하고 있었다. 그러다 보잉의 이전 CEO였던 필립 존슨Philip G. Johnson이 제2차 세계대전이 끝날 무렵 뇌내출혈

보잉의 고속 성장을 이끈 B-29 슈퍼포트리스 폭격기. 제2차 세계대전 때 보잉은 폭격기 생산으로 방위산업에서 입지를 굳혔지만 종전과 함께 생산이 중단되면서 위기가 찾아왔다.

로 사망하자 보잉의 이사들은 몇 개월에 걸쳐 후임자를 물색해 빌 앨런이 적임자라는 결론을 내렸다.

처음 CEO를 맡으라는 제안을 받았을 때 빌 앨런은 이를 거절했다고 한다. 그는 보잉의 사업을 이해하고는 있었지만 비행기 제조업체를 운영하기에는 스스로 적합하지 않다고 여겼던 것이다. 전쟁이 끝나고 재건 시기에 건설업 같은 소수의 산업을 제외하고는 전반적으로 폐업한 것이나 다름없던 상황이라 그에게 보잉의 CEO 자리는 부담이 컸을 것이다. 하지만 그에게는 뚝심과 배짱이 있었다. 빌 앨런은 1945년 9월 1일 보잉의 새로운 CEO로 취임했다.

미국의 공화당 상원의원으로 대선 후보에도 올랐던 존 매케인John McCain은 자신의 책『고독한 리더를 위한 6가지 결단의 힘』에서 빌 앨런을 이렇게 묘사했다.

그는 승부사 기질이 있는 사람처럼 보이지 않았다. 숫기가 없고, 사려 깊고, 끈기 있고, 곧이곧대로 솔직하게 말했다. 친절하지만 사교적이지 않고, 보수적이고 신중하지만 소심하지는 않았다. 대머리에 키가 크고 몸이 야위었으며 파이프 담배 흡연자였다. 그는 당시 항공기 산업을 지배하던 위세 등등하고 대담한 사람들과는 거리가 멀어 보였다. 그러나 비록 차분한 태도에 가려져 눈에 띄지는 않았지만 그에게는 배짱이 있었다.

빌 앨런의 취임 후 보잉의 매출은 점점 하락했다. 취임 첫해인 1945년 4200만 달러였던 매출이 다음해인 1946년에는 1300만 달러까지 곤두박질쳤다. 언론에서는 흑자를 기록하던 보잉의 매출이 적자로 전환되었음을 연일 보도했다. 그런 상황에 법률가 출신에다 항공 엔지니어링에 대한 전문 지식을 갖추지 않은 이가 CEO를 맡았으니, 미국 최대 항공기 제조업체의 위기를 우려하는 목소리가 높았다.

생존을 위한 방향 전환

빌 앨런은 보잉이 위기를 돌파하기 위해서는 사업의 방향을 바꿔야 한다고 생각했다. 즉 기존에 군용 전투기를 생산하던 체제에서 벗어나 상업용 항공기 시장에 뛰어들어야 한다고 생각했던 것이다. 회사의 생존은 혁신적인 비행기를 만들어서 항공 산업의 방향을 바꾸는 데 달려 있었다.

이런 생각에는 어느 정도 근거가 있었다. 왜냐하면 전쟁이 끝난 후 비행기를 이용하는 민간 탑승객의 수가 점점 늘어나고 있었기 때문이었다. 1949년 전 세계에서 비행기 탑승객의 수가 2000만 명을 넘어섰는데, 불과 4년 전인 1945년에는 600만 명 수준이었음을 고려하면 엄청난 성장이었다.

또한 경쟁사인 록히드와 더글러스 같은 항공기 제작사는 이미 상업용 항공기를 내놓았지만 보잉은 그럴 만한 비행기가 없었다. 빌 앨런은 완전히 새로운 비행기라면 판도를 바꿀 수 있겠다고 생각했다.

당시 록히드와 더글러스에서 판매하고 있던 상업용 비행기는 모두 프로펠러기였다. 엔진으로 프로펠러를 회전시켜서 추진력을 얻는 비행기였는데 소음과 흔들림이 심하다는 단점이 있었다. 새로운 비행기 개발에 고심하고 있던 그때 마침 앨런은 군용 제트기

위기에 처한 보잉을 구해내는 데 큰 역할을 했던 CEO 빌 앨런. 그는 승부사 기질을 발휘해 상업용 항공기 사업에 뛰어들었다.

개발팀 직원으로부터 새로 만든 폭격기 B-47에 대해 침이 마르도록 칭찬하는 이야기를 들었다. 제트기인 B-47은 프로펠러기보다 소음이 적으면서 부드럽고 빠르다는 것이었다.

그 이야기를 들은 빌 앨런은 출장길에 직접 B-47을 타보기로 했다. 1950년 여름, 조종석 뒤에 앉아 하늘로 오른 그는 깜짝 놀랐다. 처음으로 타본 제트기는 놀라울 만큼 조용하고 흔들림도 크지 않았다. 그가 시카고로 출장을 갈 때 주로 타던 프로펠러기와는 아주 딴판이었다. 그는 B-47을 타고 확신했다. "바로 이것이 승객들이 원하는 비행기야."

새로운 기술에 회사의 명운을 걸다

제트기를 탑승해본 빌 앨런은 곧장 상업용 제트기를 만들고 싶었다. 하지만 제트 여객기를 개발하는 데 드는 천문학적인 비용과 여러 안전성 문제 때문에 바로 돌입할 수는 없었다. 당시 회사의 자금 사정도 좋지 않아서 이사회를 설득할 시간이 필요했다.

제트 여객기의 개발은 당시로서는 꽤 까다로운 일이라 보잉의 경쟁사인 더글러스와 록히드에서도 나서지 않고 있었다. 더구나 제트 여객기는 위험하다는 인식이 퍼져 있었다. 가장 먼저 상업용 제트 여객기를 개발한 곳은 영국이었다. 영국의 항공기 제조사 드 하빌랜드de Havilland는 40인승 제트기 코멧Comet을 개발해 1952년에 첫 상업 비행에 들어갔다. 하지만 얼마 지나지 않아 공중에서 폭파하는 비극적 사고가 연달아 일어났고, 코멧은 결국 운항이 중지되었다.

빌 앨런은 여객기에 대한 수요가 분명 있음을 확신하고 승부사 기질을 발휘했다. 코멧보다 훨씬 크고 빠르며 항속 거리가 긴 제트 여객기를 만들기로 결심했던 것이다. 앨런은 CEO로 취임한 지 7년째 되던 해인 1952년, 회사의 운명을 건 도박을 하기로 결정했다. 보잉의 공식 홈페이지에 실린 역사적 기록을 보면 당시의 상황에 대한 다음과 같은 설명이 있다.

마침내 윌리엄 앨런과 경영진은 상업용 항공기의 미래는 제트기라는 비전에 '회사를 베팅bet the company'하기로 결정했다. 1952년 보잉 이사회는 회사의 자금 1600만 달러를 '대시 80Dash 80'이라는 이름의 비행기 시제품을 제작하는 데 투자하기로 했다. 제2차 세계대전 이후 회사가 벌어들인 거의 모든 이익을 쏟아붓는 프로젝트였다.

보통 항공기의 시제품을 만들 때는 20~50대 정도의 주문이 들어와야만 개발비를 충당할 수 있다. 개발비 명목으로 자금을 먼저 받고 선주문 후생산 방식으로 진행하는 것이다. 그러나 보잉은 회사 자금을 들여 먼저 시제품을 만들기로 했다. 만약 시제품 공개 후 주문이 들어오지 않는다면 그 돈은 모두 날리는 것이었다. 더글러스와 록히드는 개발 비용과 재정적·기술적 위험을 살펴보고, 제트 여객기 개발에 나서지 않은 상황이었다.

앨런의 승부사 기질은 어디서 나온 것일까. 그가 시대의 변화를 읽었을 수도 있다. 지금도 그렇지만 당시 방위산업은 첨단 기술과 제도의 경연장이었다. 보잉은 전쟁에서 막강한 힘을 발휘하는 군용기 개발을 위해 엄청난 노력을 기울였다. 그 과정에서 나온 제트기의 가능성을 앨런은 믿어 의심치 않았을 것이다. 또 위기에서 벗어나야 한다는 절박함이 회사의 미래를 걸고 도전하게 만들었을 수도 있다. 더글러스와 록히드 등 경쟁 업체가 민간 여객기 시장을 장악한 상황에서 공장과 회사를 계속 운영하기 위해서는 위험을 감수하지 않을 방법이 없었다.

항공기 시장의 판도를 바꾼 1952년, 보잉의 모멘트

빌 앨런이 상업용 제트기를 만들겠다고 결심한 1952년은 보잉의 미래를 바꿔놓은 매우 중요한 해였다. 그해의 결정이 훗날 항공기 시장의 판도까지 바꾸었다고 해도 과언이 아니다. 보잉의 창립 100주년을 기념해 디스커버리 채널에서 제작한 다큐멘터리 〈항공우주의 시대〉에는 빌 앨런의 인터뷰 장면이 나온다. 여기서 그는 "미국 국민들이 제트 여객기라는 개념을 받아들일 거라고 생각하느냐"는 질문에 이렇게 대답한다. "전 확신합니다. 누구든지 제트 여객기를 한 번 타보면 마음을 빼앗기고 말 겁니다. 그동안 타던 비행기보다 훨씬 우수하다는 걸 느낄 수밖에 없죠."

다행스러운 점은 이사회에서 아무도 반기를 들지 않고 빌 앨런의 생각을 지지했다는 것이다. 보잉의 기술자들은 이미 제트 여객기의 설계 도안을 그려놓은 상태였고 기술에 대한 확신과 열정이 있었다. 회사 경영진은 제트 여객기의 제작 가능성, 예상 비용, 성능, 시장 상황, 회사 운영 방안 등에 대해 면밀히 검토한 덕분에 이사회를 설득할 수 있었다. 그 결과 이사회의 만장일치로 상업용 제트기의 개발을 추진하기로 결정했다.

그러나 전쟁 이후 악화된 보잉의 재정 상태가 걸림돌이 되었다. 제트 여객기 개발에는 천문학적인 비용이 들어가는데, 보잉은 선주문을 받지 않고 비밀리에 시제품을 만들기로 한 까닭에 전부 회사의 자금으로 충당해야 했다. 보잉의 이사회는 1600만 달러의 자금을 마련해 시제품 제작에 투입했다. 당시《타임》지는 빌 앨런의 이런 결정을 "하늘에서의 도박"이라고 평가했고, 경영 전문가들은 "앨런이 보잉의 재무 상태를 불안정하게 했다. 이것이 실패할 경우 회사는 끝날 것이다"라며 혹독하게 비판했다.

그럼에도 불구하고 보잉은 1952년부터 시제품 제작에 전력투구했다. 엔지니어와 디자이너, 설계사 등 5,000명이 넘는 직원들은 외부 출입을 자제하고 공장 단지 내에 거주하며 극비리에 진행해갔다. 모두가 이 프로젝트에 사활을 걸었던 것이다. 그리하여 개발을 시작한 지 2년이 조금 안 된 1954년 7월 15일, 80번째 개발 끝에 드디어 보잉 707의 시제품 '대시 80'이 첫 시험 비행에 나섰다.

베일을 벗은 보잉 707

제트 여객기 시제품을 성공적으로 개발했다고 해서 보잉 707이 쉽게 날아오른 건 아니었다. 보잉의 시제품을 처음으로 시험 비행했을 당시 제트 여객기에 대한 대중의 인식은 불안감이 극에 달해 있었다. 세계 최초의 제트 여객기 '코멧'의 공중 폭파 사고 때문이었다.

코멧은 1952년에 첫 취항한 이후 3년 동안 비극적인 사고가 세 번이

'대시 80'이라는 이름으로 개발된 시제품은 이후 보잉 707로 탄생해 제트 여객기 시대를 새롭게 열었다.

나 발생했다. 사고의 원인은 비행기 동체의 피로 파괴fatigue failure 때문이었다. 피로 파괴란 고체 재료가 반복적으로 힘을 받으면 재료에 균열이 생기고 결국 파괴되는 물리 현상을 말한다. 코멧 제트 여객기의 공중 폭파도 이피로 파괴에 의해 발생했는데, 비행기가 높은 고도를 오르락내리락하면서기내에 압력이 가해졌고 얇은 동체가 이렇게 반복적으로 압력을 받으면서미세한 균열이 생겼던 것이다. 또한 사각형이었던 비행기 창문에도 원인이있었다. 조사 결과 코멧의 객실 창문 모서리에서 피로 파괴가 발생한 것으로 밝혀졌다. 사각형 창문의 꼭짓점에 압력이 집중되면서 균열이 발생했고, 결국 동체가 찢어져 공중에서 분해되고 말았던 것이다. 이 사고 이후로 모든 비행기의 창문은 원형 또는 타원형으로 바뀌게 된다.

보잉이 내놓은 보잉 707은 동체 강도를 더 높이고 치명적인 단점을 보완했음에도 불구하고 당시 연달아 발생한 사고로 인해 제트 여객기에 대한

세계 최초의 제트 여객기 코멧은 첫 취항 이후 공중 폭파 사고를 여러 번 겪었는데, 사각형 창문이 사고 원인 가운데 하나로 밝혀졌다. 이 사고 이후 모든 비행기의 창문은 원형 또는 타원형으로 바뀌었다.

불안감을 잠재우지는 못했다. 1950년 민간 항공기 시장에서 보잉의 점유율은 1퍼센트에도 미치지 못하는 상황이었다. 더글러스나 록히드에 비해 주목할 만한 항공기 제작사도 아니었다. 보잉은 완성된 시제품을 공개했지만 1년 동안 한 대도 주문이 들어오지 않는 상황에 이르렀다. 보잉 707 제트 여객기의 가격은 400만 달러였고, 경쟁사인 더글러스의 프로펠러기 DC-7은 185만 달러로 보잉의 반값도 안 되는 가격이었다. 주요 항공사들은 두 배가 넘는 가격을 주고 보잉 707을 주문하기에는 부담이 너무 컸다.

결국 보잉은 개발에 쏟아부은 투자금 1600만 달러의 주주지분을 소각했고, 앨런의 선택은 실패로 가는 기로에 놓였다. 이번에도 각종 언론에서는 보잉에 대한 우려의 목소리를 높였다. 특히 시애틀에서 발행되는 신문《시애틀 타임스》는 "보잉은 군사 항공 제조업체로서는 번창했지만, 상업 시장에서의 성능은 빈혈 상태에 가깝다"라는 혹평을 내놓았다.

기적같이 찾아온 기회

1954년 시험 비행을 마친 이후 보잉은 1년 동안 침체기를 보냈다. 그러던 어느 날 보잉에게 기회가 찾아왔다. 1955년 8월 7일, 전 세계 주요 항공사 경영진이 회의를 하기 위해 미국 시애틀 근처 워싱턴 호수에 모이는 행사가 열렸다. 이때 빌 앨런은 보잉의 테스트 파일럿 텍스 존스턴Tex Johnston에게 보잉 707을 운전해달라고 했다. 보잉에게는 예비 고객이기도 한 항공사 경영진을 상대로 새로운 제트 여객기를 선보일 수 있는 절호의 기회였다.

이날 텍스 존스턴은 보잉 707을 비행하면서 갑자기 하강했다가 다시 올라오면서 기체를 상승시키더니 옆으로 360도 회전하는 등 그 유명한 '배럴 롤barrel roll' 기술을 두 번이나 보여주었다. 갑작스러운 곡예비행으로 모든 사람들의 이목을 한순간에 집중시켰고 회의장에 있던 관계자들은 놀라움을 감추지 못했다. 빌 앨런은 존스턴의 예상치 못한 행동에 마음을 졸이며 시험 비행을 지켜봐야 했다. 투자금 1600만 달러를 한순간에 공중에 날려버릴 수 있는 순간이었던 것이다. 다음날 앨런은 존스턴을 불러 어떻게 된 연유인지를 묻자 그는 이렇게 대답했다고 한다. "저는 비행기를 팔고 있었는걸요."

빌 앨런은 존스턴의 무모한 행동으로 인해 어렵게 잡은 기회마저 날아갔다고 생각했다. 그런데 한 달쯤 지나 드디어 첫 번째 주문이 들어왔다. 존스턴의 곡예비행을 지켜본 팬 아메리칸 항공Pan American World Airways(팬암)의 CEO 후안 트립Juan Trippe이 무려 20대를 주문한 것이다. 후안 트립은 제트기가 비행기 여행의 신기원을 열 것임을 알아차리고, 보잉 707이 자신의 이런 예상에 잘 들어맞는다고 판단했다.

한때 팬암은 세계 최대의 항공사로 항공 여객업의 중심에 있던 기업이었다. 보잉 707이 팬암에 인도된 시기는 1958년이었는데, 이때부터 팬암은 보잉을 공격적으로 도입하기 시작했다. 1958년 10월 보잉 707을 뉴욕-파리 노선에 투입한 팬암 항공사는 제트 여객기를 이용한 대서양 횡단 노선을 최초로 개척했다. 그 후로도 팬암은 보잉 707을 대량으로 주문해 다양한 국제노선에 투입하며 큰 수익을 얻었다.

보잉 707의 시대가 열리다

보잉이 이렇게 인기를 모을 수 있었던 까닭은 기존 여객기의 단점을 보완하고 신기술을 적용해 제트 여객기의 새로운 시대를 열었기 때문이었다. 기존의 프로펠러기는 최대 100석이 넘지 않는 작은 객실 규모에 시속 570킬

1958년 팬암에 인도된 보잉 707 여객기.

로미터의 느린 속도와 시끄러운 프로펠러 소음 등의 단점을 갖고 있었다. 보잉 707은 이 모든 단점을 개선했는데, 터보 엔진을 장착해 기내 소음을 줄였고 최대 시속 900킬로미터까지 끌어올렸으며 객실 규모는 180석으로 늘렸다. 항공사는 늘어난 객실 규모 덕분에 좌석-킬로미터당 원가를 줄일 수 있었고 더 저렴한 비용으로 더 많은 인원을 수용하는 것도 가능해졌다.

또한 기내 환경이 개선되자 항공사는 기내 서비스를 도입할 수 있었다. 승객들은 새로운 경험을 하기 시작했다. 더 빠르게 목적지에 도달할 뿐만 아니라 기내 서비스를 제공받음으로써 비행 여행의 즐거움을 누렸다. 비행기 안에서 식사를 하거나 엔터테인먼트를 즐길 수 있어서 전반적인 만족도도 크게 올라갔다.

이처럼 뛰어난 비행 성능과 차원이 다른 서비스로 주목을 받은 보잉 707은 1960년대 후반까지 미국발 장거리 국제선의 대부분을 차지하며 인기를 몰아갔다. 보잉 707의 탄생으로 사람들의 이동 방식, 여행 패턴은 완전히 달라졌다. 대서양을 건너기 위해 배보다 비행기를 이용하는 승객이 훨씬 많아졌고, 바닷길은 이제 하늘길로 대체되었다.

당시 보잉 707을 타고 세계 각국을 돌며 여행을 즐기는 부류를 일컬어 '제트족jet set'이라 했는데, 제트 여객기의 출현은 대중문화에도 영향을 주었다. 비틀스, 롤링 스톤스 등 유명 스타들은 보잉 707을 타고 전 세계 순회공연을 다녔다. 1964년 비틀즈가 미국에 첫 상륙했을 때 타고 갔던 비행기가 바로 팬암 항공사에서 운행하는 보잉 707 기종이었다. '보잉'과 '707'은 당시 유행어가 되었는데, 제품 이름에 707을 사용할 수 있게 해달라는 요청이 쇄도한 일도 있었다고 한다.

보잉 707이 상용 비행을 시작한 지 4년이 지난 1962년 10월, 보잉이 조사한 결과에 따르면 당시 전 세계의 하늘을 나는 707 기종은 모두 167대였다. 보잉 707은 1970년대까지 전 세계의 장거리 노선을 지배했다. 1994년에 마지막으로 인도된 물량까지 모두 합하면 보잉 707 시리즈는 총 1,010대가 팔려나간 것으로 기록되어 있다. 훗날 보잉은 727, 737, 747 등 7 시리즈의 후속 모델을 잇달아 내놓았고 모든 항공기를 개발하는 과정에는 어김없이 707의 설계를 참고했다. 그래서 보잉 707을 '7 시리즈의 아버지'라고도 하는 것이다.

'하늘길을 연 도박'에서 승리할 수 있었던 이유

민간 여객기 시장에서 1퍼센트의 점유율에도 미치지 못했던 보잉은 7 시리즈의 성공과 함께 세계적인 규모로 성장했다. 제2차 세계대전 이후 치열하게 경쟁했던 더글러스를 1997년에 인수하면서, 미국 비행기 제작 시장을 평정하기도 했다. 또 다른 비행기 제작업체인 유럽의 에어버스Airbus가 무섭게 추격하기 전까지 말이다.

1952년 빌 앨런이 제트 여객기를 만들기로 결정한 것은 향후 보잉의 역사에서 큰 전환점이 되었을 뿐만 아니라, 항공기 여행 시대를 열어젖힌 결정적 계기로 평가받을 만하다. 만약 앨런의 직감과 확신, 그리고 투자가 없었다면 제트 여객기 시대는 한참 뒤에나 열렸을 것이다.

결국 빌 앨런의 도박은 성공했다. 전쟁이 끝난 뒤 멈출 뻔한 공장을 살려내고, 노동자를 계속 고용했으며, 시애틀의 경제를 회복시켰다. 전쟁 뒤 항공기 여행 시대가 올 것을 직감하고, 경쟁 업체를 이기기 위해 신기술의 제트 여객기를 개발함으로써 새로운 시장을 만들어낸 것이다. 그 타이밍을 위해 회사의 모든 자금을 탈탈 털어넣었으니, 당시로서는 과연 회사의 운명을 내건 도박일 수밖에 없었을 것이다.

1954년 《타임》지는 빌 앨런을 표지 모델로 삼았다. 그를 자세히 소개한 커버스토리에서는 빌 앨런의 성공 이유를 이렇게 설명했다. "그는 도박을 할 때를 알고 있었다. 그는 설계자들을 신뢰했고, 견고한 팀을 구성하는 방법을 알고 있었다." 미국 경제지 《포춘》은 2003년 미국 역사상 가장 위대한 최고 경영자 열 명 가운데 한 명으로 빌 앨런을 선정했다. 그는 과감한 발상 전환으로 기업의 돌파구를 마련한 대표적 인물로 손꼽힌다.

빌 앨런이 추락하던 보잉을 다시 상승시킨 것은 그가 항공 전문가였기 때문은 아니었다. 오히려 그는 자신에게 부족한 부분을 잘 알고 있었고, 그래서 더욱 기술자들을 존중했다. 빌 앨런은 보잉의 CEO가 되기로 결정한 날 밤, 그 일을 훌륭하게 수행하는 데 필요한 자질들을 목록으로 만들었다고 한다. 그가 어떻게 보잉을 급반전시킬 수 있었는지 그리고 어떻게 내공을 쌓았는지, 이 목록에서도 엿볼 수 있다.

항상 냉정하기, 절대 화내지 말 것.

동료들의 의견에 관심 갖기.

너무 많이 말하지 않기, 다른 사람들의 이야기에 귀 기울일 것.

모른다고 인정하는 것을 두려워하지 않기.

사소한 것에 연연하지 않기, 큰 그림에 집중할 것.

업계 사람들과 친분을 맺고 유지하기.

직원들의 관점을 이해하도록 최선을 다해 노력하기.

단호할 것, 망설이지 말 것.

행동으로 성취하고 앞으로 나아갈 것.

보잉이 전후에도 계속 성장할 수 있도록 기반을 다져놓을 것.

열심히 노력하고 장애물을 극복하기, 모든 일을 침착하게 받아들일 것.

무엇보다도 인간적일 것, 유머감각 유지하기, 긴장을 푸는 법 배우기.

공명정대하고 솔직할 것, 비판을 받아들이고 비판에서 배우기.

자신감을 갖고 일단 결정했으면 그것을 최대한 활용하기.

열정과 무한대의 에너지로 업무에 임하기.

보잉을 지금보다 더 훌륭한 회사로 만들 것.

TOYOTA

세계 자동차
업계 1위 기업의
성공 열쇠

토요타의 모멘트
1966년

세계 자동차 점유율 1위, 세계 자동차 판매량 1위, 세계 자
동차 업계 브랜드 가치 1위라는 3관왕의 명예를 거머쥔 토
요타. 항상 승승장구했을 것 같은 기업이지만 토요타에도
치열한 흥망성쇠의 역사가 있었다. '코롤라'를 개발하고 세
상에서 가장 많이 팔린 자동차라는 명예를 얻기까지, 토요
타의 끊임없는 개선의 발자취를 따라가본다.

옷감 짜는 기계에서 시작된 자동차 사업

일본의 자동차 회사 토요타는 2020년 세계 자동차 판매량 1위를 기록했다. 거의 매년 독일의 폭스바겐과 함께 1, 2위를 다투는 거대 글로벌 기업이다. 일본에서 시가총액 1위 기업이며, 1937년에 '토요타자동차공업주식회사' 라는 이름으로 정식 출범해 지금은 설립된 지 80년이 넘는 오랜 역사를 가지고 있다.

토요타의 뿌리를 더듬어보면 19세기 말까지 거슬러 올라간다. 토요타 자동차를 창업한 도요다 기이치로豊田喜一郎는 일본의 목화 산지로 유명한 시즈오카현 엔슈 지방에서 태어났다. 그의 아버지 도요다 사키치豊田佐吉는 메이지 시대 유명한 발명가이자 엔지니어로 옷감을 짜는 직기를 발명하고 판매했다. 그는 가문의 성을 따 도요다방직주식회사를 설립하고 방직업에 진출해 큰돈을 벌었다.

아들 도요다 기이치로는 대학을 졸업한 후 아버지의 회사인 도요다방직에 입사해 아버지와 함께 자동직기 연구 개발에 몰두했다. 1924년에 도요다 부자는 'G형 자동직기'를 개발했다. 이는 직조기의 셔틀(북)에 실이다 떨어지면 자동으로 교환되면서 스물네 가지의 안전장치가 장착되어 있어 한 직공이 여러 대를 담당하며 빠르게 직물을 생산할 수 있는 기계였다. 노동력을 대폭 줄이는 동시에 생산성도 높일 수 있는 획기적인 발명품이었다.

토요타자동차의 창립자 도요다 기이치로.

당시 세계 최고의 직기 제조 회사였던 영국의 플랫 브라더스Platt Bros. & Co. Ltd.는 도요다 부자가 발명한 G형 자동직기에 큰 관심을 보였다. 도요다방직회사는 이 기계의 특허를 플랫 브라더스에게 양도하는 계약을 맺었고, 그 대가로 8만 5,000파운드를 받았다. 이를 현재 가치로 환산하면 약 5조 엔, 우리 돈으로 50조 원이 넘는 큰 금액이었다.

G형 자동직기의 특허권을 양도한 이듬해에 도요다 사키치가 병으로 세상을 떠나고, 그의 아들 기이치로가 방직회사에 자동차 제작 부문을 설립했다. 도요다 기이치로는 특허권 양도로 벌어들인 자본으로 가솔린 엔진을 직접 개발해 독자적으로 자동차를 만들겠다고 선언했다. 이것이 토요타 자동차의 시작이었다.

전쟁이 불러온 변화

1935년 도요다 기이치로는 첫 프로토타입 승용차 모델 A1을 만들어냈다. 이때 일부 부품만 자체 제작했고 섀시와 변속기 등은 미국 쉐보레 자동차의 부품을 사용했으며 크라이슬러 자동차와 유사한 디자인이었다. 그리고 2년 후인 1937년에 브랜드명을 '토요타'로 바꿔 '토요타자동차공업주식회사'를 설립했다. 같은 해 A1 프로토타입을 다듬은 개량형 AA 모델을 출시해 토요타라는 이름을 내걸고 자동차를 판매하기 시작했다.

그렇게 자동차 사업에 박차를 가하려던 그때, 중일전쟁이 터졌다. 토요타자동차가 출범한 이듬해인 1938년 일본 정부는 국가 총동원법을 공포하고 경제 통제에 들어갔다. 이 체제에서는 국가가 국방을 위해 모든 물자를 통제하기 때문에 자동차를 만드는 데 필요한 원자재를 쉽게 구할 수 없었다. 같은 해 일본 정부는 승용차 생산 자체를 금지시켰다.

전쟁은 계속 이어져 1941년 태평양전쟁으로 확대되었다. 이 시기 토요타는 군용 트럭을 만들어서 군에 납품해야 했다. 승용차를 개발하려고 했

1935년 토요타가 처음으로 만든 자동차 모델 A1. ⓒTOYOTA

던 원래의 계획은 전쟁으로 인해 틀어져버렸다. 이 시기에 토요타는 전쟁 중에 폐차된 미군 차량을 수리하기도 했는데, 당시 기술이 앞서 있던 미국산 자동차를 분해하고 수리하면서 선진 기술을 습득할 수 있었다.

일본의 패전으로 전쟁이 막을 내리자 1947년 일본을 통치하던 연합군 총사령부는 승용차의 생산을 연간 300대까지만 허용했다. 토요타의 자동차 생산 대수는 1947년 3,922대에서 이듬해에 6,703대로 늘었고, 그다음 해에는 1만 824대로 증가했는데 이는 모두 트럭 생산량이었다. 승용차 생산 대수는 1949년에도 전체 생산량의 2.2퍼센트에 불과했다.

승용차 생산을 허용한 시기로부터 불과 4개월 만에 토요타는 신형 엔진을 탑재한 승용차 모델 SA, 일명 '토요펫Toyopet'이라는 승용차를 선보였다. 하지만 이 토요펫은 5년 동안 겨우 197대밖에 팔리지 않았다. 같은 시기에 트럭 약 1만 2,000여 대를 판매한 것에 비하면 보잘것없는 수치였다. 전쟁이 끝난 후 시장의 상황을 보면 물류 운송을 위한 트럭은 많이 필요했지만 개인이 승용차를 구입해 타고 다닐 정도의 여유는 없었던 것이다.

전쟁 직후의 경제 상황은 토요타를 더 어렵게 만들었다. 물가는 엄청 나게 오르고 군비 조달을 위해 화폐를 마구 찍어낸 결과 화폐 가치가 걷잡 을 수 없이 떨어지는 하이퍼 인플레이션이 발생했다. 일본 기업들은 패전 후 재건하는 데 막대한 돈이 필요했기 때문에 은행으로부터 과도하게 융자 를 받으면서 인플레이션을 더 가속화했다. 그래서 미국 정부는 일본의 물 가를 안정시키기 위해 융자를 제한하고 통제하는 정책을 내놓았다. 그 영 향으로 1949년부터 1년 동안 일본의 1,100개 이상의 기업들이 도산하게 되 었고, 50만 명 이상의 실업자를 낳았다.

자동차 업계에도 마찬가지로 불황의 바람이 불었다. 원자재 가격이 미 친 듯이 오르는데 당시 트럭을 사용할 기업들이 줄도산하는 처지에 놓이니 트럭이 팔릴 리가 없었다. 기이치로는 자금난을 해결하기 위해 은행을 돌 며 직접 돈을 빌리러 다녀야만 했다. 만약 토요타가 망하면 300개가 넘는 관련 업체들이 모두 도산하게 되어 지역 경제가 위태로워진다는 점을 들어 간곡히 설득한 결과, 24개 은행들이 융자단을 결성해 토요타에게 돈을 빌 려주기로 했다. 그렇게 토요타는 간신히 도산 위기를 극복할 수 있었지만, 문제는 여기서 끝나지 않았다.

누적되는 적자와 경영 악화를 해결하기 위해서는 인원을 감축하고 비 용을 줄여야만 했다. 하지만 패전 후 노동운동이 고양되었던 시기라 토요 타의 노동조합은 순순히 회사의 결정을 따르지 않았다. 노동조합은 대규 모 파업에 들어갔고, 당시 사장이었던 기이치로가 노동쟁의의 책임을 지고 결국 사의를 표하며 자리에서 물러났다. 그리고 기이치로를 대신해 이시다 다이조石田退三가 토요타자동차의 새로운 사장으로 취임했다.

전쟁으로 망해가던 토요타, 다시 전쟁으로 일어서다

1950년 6월 25일에 발생한 한국전쟁은 토요타에게는 도약의 기회가 되었다. 북한의 공습으로 한반도에 전쟁이 발발하자 미군을 중심으로 한 유엔군이 남한을 돕기 위해 전쟁에 뛰어들었다. 이때 미군은 한반도에서 가장 가까운 나라인 일본을 군수 물자를 조달하는 곳으로 삼고, 일본에서 병사용 물자를 구해 한반도로 가져갔다. 특히 군수 물자를 수송할 트럭이 가장 많이 필요했는데, 이 때문에 토요타는 한국전쟁으로 인해 특수를 누리게 되었다.

그해 새로 취임한 사장 이시다 다이조는 미군을 찾아가 대규모 납품 계약을 따냈고, 그다음 해까지 트럭 4,679대를 납품했다. 당시 이 건으로 토요타는 36억600만 엔이라는 엄청난 금액을 벌어들였다. 한국전쟁은 대한민국에겐 비극적인 대참사였지만 일본에게는 경기를 회복시키는 기회가 되었다. 한국전쟁 기간 동안 일본에게 이득이 된 금액을 현재 가치로 환산하면 20~30조 엔에 이른다고 한다. 토요타를 포함해 침체된 일본 산업계에 활기를 불어넣기에 충분한 규모였다.

토요타는 한국전쟁으로 큰돈을 벌었을 뿐만 아니라 품질 향상을 위한 강도 높은 훈련까지 받을 수 있었다. 토요타가 트럭을 납품했던 유엔군은 일체의 불량을 허용하지 않았다. 전쟁터에서 트럭이 고장 나 멈추면 병사의 목숨이 위태로워지므로 품질에 까다로울 수밖에 없었다. 그러다 보니 토요타는 유엔군의 까다로운 지적과 클레임을 통해 배우면서 품질을 향상시키는 노하우를 쌓아갔다.

1951년경부터 한국전쟁에 따른 특수 덕분에 토요타는 도산 직전의 위기에서 벗어나 수익이 나기 시작했다. 그 무렵 일본의 도로를 달리는 자동차의 수와 종류도 늘어났다. 닛산과 이스즈 같은 일본의 다른 자동차 회사들은 외국 자동차 회사와 기술 제휴를 맺고 자동차를 생산했지만, 토요타는 독자적으로 승용차를 개발하는 데 뛰어들었다.

토요타의 창업자였던 기이치로의 숙원은 '일본인의 머리와 손으로 자동차를 만드는 것'이었다. 사장 자리에서 물러났던 기이치로는 다시 토요타로 복귀해 승용차 개발을 진두지휘하려 했지만, 지병인 고혈압으로 인한 뇌출혈로 1952년에 세상을 떠났다. 기이치로가 생전에 이루지 못한 꿈은 그의 사촌 동생인 도요다 에이지豊田英二가 뜻을 이어받아 실행에 나섰다. 그리하여 1955년 토요타는 일본 독자 기술로 완성한 '크라운'이라는 승용차를 세상에 선보였다.

크라운의 성공과 실패

토요타가 신차를 개발하던 당시의 목표는 '일본 도로를 달려도 승차감이 편안한 자동차'였다. 1950년대 중후반경 일본의 도로 사정은 좋지 않았다. 포장도로가 겨우 1퍼센트에 불과했고 나머지는 전부 울퉁불퉁한 흙길이었다. 이런 도로에서도 승차감이 좋은 자동차를 만드는 게 목표였던 것이다. 토요타의 기술자들은 차체가 위아래로 덜 흔들리는 기술을 도입해 크라운을 완성했다.

크라운은 두 종류로 출시되었는데, 하나는 일반 가정을 대상으로 한 자가용 자동차였고 다른 하나는 택시 운행을 위한 영업용 자동차였다. 월간 1,000대를 판매하는 것이 목표였으나 실제로는 600대밖에 팔리지 않았다고 한다. 그런데 시간이 지나 택시 기사들 사이에서 "승객들이 승차감이 좋다며 만족해한다"라는 입소문이 퍼지면서 판매량이 점점 늘어났다.

한편 크라운의 이름을 확실히 알리게 된 일도 있었다. 《아사히신문》의 기자가 런던에 주재원으로 있었는데 크라운을 타고 런던에서 출발해 중근동, 인도, 동남아시아를 거쳐 베트남까지 도착한 후 여기서 배를 타고 일본 도쿄까지 운전해왔다. 무려 5만 킬로미터를 지나오는 동안 기자는 자신이 거쳐온 각 나라의 문화와 풍물을 신문기사로 소개하면서 자동차의 성능도 함께 알릴 수 있었다. 이 기사 덕분에 크라운이라는 자동차가 널리 알려졌고, 자가용 모델만으로도 월간 1,000대 판매량을 달성했다. 그렇게 7년 동안 1세대 크라운은 일본에서 가장 많이 팔린 자국산 승용차가 되었다.

일본 내수 시장에서 판매량이 점점 늘어나고 인지도도 올라가자 토요타는 그 기세를 이어 미국 수출을 계획했다. 처음으로 미국 시장에 진출하는 거라 복잡한 절차를 거쳐 오랜 시간을 준비했지만 난관이 계속되었다. 1957년 마침내 수출 인증을 취득하고 자동차를 배에 실었으나 출항 직전에 "헤드라이트가 어두워서 미국에서는 달릴 수 없다"는 지적을 받았다.

토요타가 처음으로 미국 시장에 수출한 자동차 크라운. 일본의 도로 환경에 맞게 만들어진 자동차이다 보니 미국 시장에서는 큰 호응을 얻지 못하고 실패로 끝났다. ⓒTOYOTA

그래서 임시방편으로 헤드라이트를 떼어낸 채로 수출한 다음 미국 현지에 도착해 GE사의 헤드라이트를 붙여서 팔았다고 한다.

그러나 크라운은 미국 현지에서 혹평을 들어야만 했다. 일본의 도로 환경에 맞게 만들어진 자동차이다 보니 크라운은 포장된 고속도로를 달려 본 적이 없었다. 고속도로에 진입하면 힘이 부족해서 속도를 낼 수 없었고 오르막길에서는 엔진이 멈춰버리는 등 성능 문제가 속출했다. 성능이 이러 한데 가격은 폭스바겐 비틀보다 비쌌으니 혹평을 받을 수밖에 없었던 것이 다. 토요타의 첫 미국 시장 진출은 이렇게 대실패로 끝났다.

한편 소니의 모리타 아키오 회장이 훗날 토요타의 6대 사장이 되는 도 요다 쇼이치로를 만났을 때 미국 시장에 대한 조언을 해주었다는 일화가 전해진다. 모리타 아키오 회장은 "미국에 차를 수출하려면 좀 더 큰 엔진 을 쓰는 게 좋네. 그리고 미국인은 AT(자동변속기)가 아니면 운전하지 않아" 라는 조언을 건넸다고 한다. 이 말은 곧 미국에서 자동차를 팔려면 미국 시 장에 맞는, 미국인에게 맞는 차를 만들어야 한다는 의미였다.

코롤라의 등장, 토요타의 모멘트가 되다

미국 시장에서 참패를 당한 이후 토요타는 절치부심하며 신차 개발에 전 념했다. 그 결과 1966년 토요타는 '코롤라'라는 승용차를 출시했고, 이 자 동차의 성공으로 토요타는 급격히 성장하기 시작했다. 코롤라의 탄생이 곧 토요타의 모멘트가 되는 이유는 코롤라로 인해 토요타가 일본 자동차 내 수 시장을 꽉 잡을 수 있었기 때문이었다. 그뿐 아니라 코롤라는 일본에서 자동차 대중화, 즉 모터라이제이션motorizaion을 이끈 상징과도 같은 자동차 가 되었다.

코롤라를 개발한 인물은 하세가와 다쓰오長谷川龍雄라는 엔지니어로 이전에 비행기 엔지니어로 일하다 토요타에 입사해 자동차 개발에 투입되었다. 하세가와는 코롤라의 특징에 대해 이렇게 설명했다.

대중 차는 성능, 승차감, 가격 등 온갖 측면에서 80점 이상이 돼야 한다. 그 다음은 어떤 항목을 90점 이상으로 만들어 고객의 마음을 사로잡느냐이다. (노지 츠네요시, 김정환 옮김, 『THIS IS TOYOTA 도요타 이야기』, 청림출판, 2019)

이것이 바로 코롤라를 대표하는 특징으로 잘 알려진 '80점주의, 플러스 알파'를 말한다. 이 말은 곧 성능이나 승차감, 가격 같은 대부분의 요소는 무난하게 80점 정도로 맞추고 몇 가지만 플러스 알파로 추가해 차별성을 둔다는 뜻이다. 코롤라에 적용된 플러스 알파는 배기량과 스포티한 디자인, 그리고 현대적인 감각이었다.

코롤라는 1966년 10월 출시를 앞두고 있었는데, 그해 4월에 경쟁사였던 닛산의 '써니Sunny'가 먼저 출시되었다. 이때 써니의 배기량이 1,000cc라는 소식을 듣고 토요타는 코롤라의 배기량을 원래 계획보다 100cc 높여 1,100cc로 출시했다. 토요타의 개발팀에서는 100cc라면 성능에는 큰 차이가 없지만 설계를 변경할 경우 기술적 리스크가 발생할 수 있다는 이유로 반대했다. 하지만 당시 토요타 사장이었던 에이지는 기술적 문제보다 전략적 판단의 문제가 더 중요하다고 보고 1,100cc를 밀어붙였다.

결국 코롤라는 1,100cc 배기량으로 출시되었고, 가격도 써니에 비해 조금 더 비쌌다. 토요타는 코롤라를 홍보하면서 '100cc의 여유'를 강조했다. 100cc만큼의 배기량이 플러스 알파였던 것이다. 토요타의 마케팅 전략

1966년에 출시한 코롤라의 성공으로 토요타는 급격히 성장하기 시작했다. 코롤라는 일본에서 자동차 대중화를 이끈 상징과도 같은 자동차였다.

은 경쟁사인 닛산의 자동차보다 모든 부분에서 더 여유가 있으면서 성능에 비해 가격이 싸다는 인식을 심어주는 것이었다. 그리하여 코롤라는 닛산의 써니를 이기고 토요타의 베스트셀링 자동차로 이름을 올릴 수 있었다.

토요타가 자동차 시장에서 높은 판매 실적을 쌓을 수 있었던 것은 가미야 쇼타로神谷正太郎의 활약 덕분이었다. 가미야 쇼타로는 토요타에서 판매를 담당했던 인물로 '판매의 신'이라 불리기도 했다. 전쟁 중일 때 일본은 국가가 운영하는 자동차 공급사를 통해 판매를 관리했는데, 제조사가 공급사에 자동차를 보내면 공급사가 다시 각 지역에 위치한 배급 회사에다가 이를 도매하는 방식으로 판매되었다.

전쟁이 끝난 후 이러한 관리 체제가 폐지되자 가미야 쇼타로는 재빨리 전국을 순회하며 각 지역의 배급 회사를 토요타의 딜러로 만들어버렸다. 닛산, 이스즈 등 경쟁사보다 한발 빠르게 전국 판매망을 구축했던 것이다. 이를 기반으로 토요타는 내수 시장을 쉽게 점령할 수 있었고, 코롤라 출시 이후에도 이 판매망을 이용해 높은 판매 실적을 쌓으며 승용차 대중화에 앞장섰다.

미국 수출의 시대

일본 내수 시장에서 자신감을 얻은 토요타는 다시 미국 수출을 준비했다. 이전에 미국 시장에서 한 차례 실패한 이후 토요타는 미국 자동차 업계를 조사하고 연구하면서 미국 시장 진출의 기회를 노리고 있었다. 코롤라 이전에 미국 시장을 공략하기 위해 출시했던 코로나가 다행히 좋은 평가를 받아 미국 시장에서의 성적이 나쁘지 않았고, 그 덕분에 토요타의 수출량도 점차 증가하고 있었다.

토요타는 1968년부터 코로나에 이어 코롤라도 수출하기 시작했고, 여기에 랜드크루저라는 지프차까지 수출에 합세하면서 이 세 가지 차종으로 15만5,000대를 팔았다. 미국 시장에서 폭스바겐 다음으로 두 번째로 높은 판매량이었다. 수출 물량은 점점 더 늘어나 1971년에는 40만4,000대, 1972년에는 100만 대를 달성했고, 1975년에는 드디어 폭스바겐을 제치고 미국 시장에서 판매량 1위의 수입 승용차 회사가 되었다.

한편 1970년대 들어서자 자동차 업계에 큰 변화의 바람이 불기 시작했다. 미국의 배기가스 규제 법안과 오일 쇼크로 인한 영향이었다. 1970년 미국 정부는 대기청정법을 발의해 자동차 배기가스 규제를 강화했다. 이에 따라 자동차 생산방식에도 방향 전환이 필요했는데, 이전에 신차를 개발할 때 성능과 디자인 같은 부분에 치중했다면 이제는 규제 기준을 충족시키는 데 집중해야 했다. 또한 1973년의 석유 파동은 소비 심리를 위축시켰고, 이전에 날개 돋친 듯 팔리던 자동차도 판매량이 뚝 떨어져 자동차 회사는 재고를 떠안을 수밖에 없었다. 여기에 유가를 비롯한 원자재 가격의 상승으로 자동차 회사는 생산량을 대폭 줄이고 악전고투해야만 했다.

하지만 결과적으로 보면 이러한 변화의 바람은 토요타에게 그리 큰 타격을 주지는 않았다. 오히려 위기를 기회삼아 더 개선하고 단련해 성장의 발판을 마련했다. 자동차 성능을 떨어뜨리지 않으면서 배기가스를 줄일 수 있는 기술을 연구했으며, 유가 상승에 대처하기 위해 연비를 향상시켰다. 이러한 노력의 결과 오일 쇼크 이후 토요타에 대한 평가는 달라져 있었다. 연비도 좋고 가격도 좋은 차라는 인식이 단단히 자리를 잡았던 것이다. 그 과정에서 토요타의 생산방식도 크게 주목을 받았다.

토요타 방식, 세계 최고의 자동차 회사를 만든 힘

일찍이 자동차 시장을 주름잡았던 미국 자동차 업체들은 헨리 포드Henry Ford가 고안한 포드 시스템을 적용해 자동차를 생산했다. 연속으로 구동되는 컨베이어벨트를 활용해 자동차의 부품을 부착하고 조립하는 방식으로서 이를 통해 작업 능률을 올리고 생산성을 향상시켜 대량생산을 가능하게 했다. 1950년대에는 토요타도 이러한 선진 시스템을 배워야 한다는 데 뜻을 모았다. 당시 도요다 에이지는 미국의 포드 자동차 공장을 방문해 포드의 생산 시스템을 견학하기도 했다. 그러나 포드 공장을 다녀온 후 에이지는 포드의 대량생산 시스템이 일본에 맞지 않는다는 결론을 내렸다.

토요타가 자국산 자동차를 막 개발해 생산하던 무렵에는 빅3(포드, GM, 크라이슬러)라고 하는 미국 자동차 회사를 향한 두려움을 갖고 있었다. 미국의 자동차 회사가 일본에 진출하게 되면 상대적으로 규모가 작은 토요타는 살아남을 수 없다고 생각했기 때문이었다. 토요타는 미국을 따라잡기 위해 생산성을 높여야만 했고, 이들은 필사적으로 그들만의 생산방식을 고안해내는 데 몰두했다. 그리하여 완성된 것이 바로 '토요타 생산방식Toyota Productive System, TPS'이었다.

토요타의 생산방식을 체계화한 오노 다이이치. ©TOYOTA

토요타 생산방식을 만들고 체계화한 주역은 오노 다이이치大野耐一라는 인물이다. 그는 공장장 출신으로 토요타 부사장 자리에 올랐고 '토요타 생산방식의 아버지'라고도 불린다. 토요타 생산방식은 생산을 더 효율적으로 하기 위해 늘 더 나은 방식을 생각해내는 '가이젠改善(개선)'에서 비롯되었다. 오노 다이이치는 토요타 생산방식을 한마디로 "스스로 생각하는 사람을 길러내는 방법"이라고 했는데, 이는 작업 과정에서 노동자가 스스로 더 좋은 방법을 찾아내도록, 낭비를 없애고 효율을 높이도록 주체적으로 생각한다는 게 핵심이다.

토요타 생산방식에서 또 하나의 주된 내용은 '저스트 인 타임Just In Time, JIT', 즉 적시 생산이다. 이는 필요한 물건을, 필요한 때에, 필요한 만큼 생산하는 것을 말한다. 공장에서 물건을 만들다 보면 재고가 쌓이게 되고, 이에 따라 공간도 필요해지며 낭비가 발생하게 된다. 토요타의 생산 라인에서는 적시 생산을 원칙으로 다음 공정에 필요한 만큼만 앞 공정에서 부품들을 인수하기 때문에 재고를 거의 남기지 않는다. 또한 이 과정에서 공정 간의 차질을 빚지 않기 위해 생산 제품의 정보를 '간반看板(간판)'에 적어 주고받는 식으로 진행된다. 여기서 나온 '가이젠'과 '간반' 같은 단어는 일본어 그 자체가 토요타 생산방식을 설명하는 용어로 쓰일 정도로 유명해졌다.

토요타 생산방식은 1973년 오일 쇼크와 1990년대 경제 불황을 거쳐오면서 진가를 드러냈다. 그전까지 대량생산 시스템으로 자동차를 생산하던 공장에서는 흐름을 유지하기 위해 계속해서 자동차를 만들어내다 보니 재고가 쌓이고 불황에 대처하기가 어려웠다. 특히 오일 쇼크가 발생했던 당시에는 전 세계 자동차 수요가 크게 줄어드는 바람에 완성차의 재고가 넘쳐나서 손해가 막심했다. 하지만 토요타는 그들만의 생산방식으로 유연하게 대처할 수 있었고, 필요한 만큼만 생산하는 식으로 조절한 결과 타격을 줄일 수 있었던 것이다.

또한 그 와중에 코롤라는 좋은 판매 성과를 거두었다. 미국은 산유국이라서 기름 값이 상대적으로 저렴했고 소비자들이 자동차를 구입할 때도 연비를 크게 신경 쓰지 않았다. 그러나 오일 쇼크로 기름 값이 오르고 각종 규제가 생겨나자 대형차보다 연비가 좋은 소형차에 대한 수요가 높아졌다. 이때 인기를 끈 자동차가 바로 코롤라였던 것이다.

1970년을 전후로 해서 소형차의 비중은 전체 차종의 35퍼센트 수준이었다가 1970년대 후반에는 40퍼센트, 그리고 1980년대에는 60퍼센트까지 올라갔다. 이때를 기점으로 코롤라는 시장에서 완전히 자리를 잡았고, 1997년에는 세계에서 가장 많이 팔린 차로 기록되었다. 1966년에 처음 세상에 나와 2016년까지 글로벌 누적 판매량 4000만 대를 돌파했으니 50년 동안 평균 40초에 한 대씩 팔린 셈이라고 한다. 코롤라는 토요타 생산방식으로 개선을 거듭하고 위기를 타개해온 자동차라서 더욱 값진 결과물로 평가받는다. 그리하여 코롤라가 탄생한 1966년이 토요타에게는 전 세계로 뻗어나갈 길을 활짝 열어준 모멘트가 되는 것이다.

상업용 드론의
표준을 만든
기업

DJI의 모멘트
2013년

DJI는 세계 상업용 드론 시장의 76퍼센트를 차지하며 압도적으로 1위를 달리는 기업이다. 비행 제어 시스템부터 드론 기기 제조까지. DJI의 성공에는 창업자 프랭크 왕의 끝없는 집념이 숨어 있다. 무한한 가능성이 보이는 드론 시장에서 DJI가 어떻게 압도적 1위를 차지할 수 있었는지 그 비결을 살펴본다.

성큼 다가온 드론 택배 시대, 그리고 시장의 절대 강자

2020년 8월 31일 CNN 등 주요 외신들은 미국 최대 전자상거래 업체 아마존이 미국 연방항공청Federal Aviation Administration, FAA으로부터 드론 배송을 허가받았다고 전했다. 아마존은 2013년부터 드론 배달을 꿈꿔왔다. 당시 제프 베이조스Jeff Bezos 아마존 CEO는 2016년 말을 목표로 드론을 이용해 택배를 배달하는 서비스 '아마존 프라임 에어'를 준비하고 있다고 발표했다. 하지만 안전 문제와 기술 제약이 겹치면서 현실화하는 데 꽤 오랜 시간이 걸렸다. 이제는 택배를 실은 드론이 대도시 상공을 오가는 것이 더 이상 꿈이 아닌 현실로 성큼 다가왔다. 더 나아가 드론은 택배와 물류에 이어 택시 같은 교통수단으로도 진화하고 있다.

드론drone은 원래 '윙윙거리는 소리'라는 뜻의 영어 단어다. 또한 벌을 의미하기도 하는데, 윙윙거리는 프로펠러 소리가 마치 날아다니는 벌과 같다는 뜻에서 붙여진 이름이다. 드론의 기원에 대해서는 여러 설이 있지만, 군사 작전을 목적으로 만든 무인항공기가 드론의 시초라는 데에는 의견이 모인다. 그중에서 주목할 만한 것은 1917년 제1차 세계대전 때 미국의 발명가 피터 쿠퍼 휴잇Peter Cooper Hewitt과 엘머 스페리Elmer A. Sperry가 자이로 안정기를 이용해 136킬로그램의 폭탄을 싣고 수평으로 비행할 수 있는 무인항공기를 발명한 사례였다. 그 뒤로 드론은 제2차 세계대전, 베트남전, 걸프전 등의 전쟁을 거치며 기술을 계속 발전시켜왔다. 오늘날에는 군사용이 아닌 상업용으로 보급되면서 점점 다양한 분야에서 드론을 활용하고 있다.

드론이 인기를 끌면서 함께 '윙윙'거리며 떠오른 기업이 있다. 전 세계 상업용 드론 시장에서 76퍼센트의 점유율로 시장을 장악하고 있는 DJIDa Jiang Innovation다. DJI는 중국 광둥성 선전深圳에 위치한 드론 업체로, 드론 관련 특허를 가장 많이 보유한 기업이다. 전 세계 상업용 드론의 표준 기술은

1917년 피터 쿠퍼 휴잇과 엘머 스페리가 발명한 무인항공기. 군사 작전을 목적으로 폭탄을 싣고 비행하도록 개발된 항공기로서 드론의 시초로 여겨진다.

대부분 DJI가 채택하고 있거나 개발한 것으로 알려져 있다. 군사용 드론은 미국이 장악하고 있지만, 일반 상업용 드론 시장에서는 중국 DJI가 절대 강자이며 미국, 독일, 일본도 DJI의 경쟁자가 되지 못한다.

DJI 창업자 프랭크 왕의 어린 시절

DJI의 창업자는 1980년생 프랭크 왕Frank Wang이다. 중국 이름은 왕타오汪滔이며, 알리바바를 창업한 마윈馬雲 전 회장과 같은 항저우 출신이다. 프랭크 왕이 하늘을 향한 꿈을 가지기 시작한 것은 열 살 무렵이었다. 어린이 과학 만화책에서 처음 본 빨간색 헬리콥터에 마음을 빼앗긴 뒤 하늘을 나는 기계에 대한 꿈을 품기 시작했다고 한다. 모형 헬기를 갖고 싶어서 부모님을 졸랐지만 성적을 올리면 사주겠다는 대답을 듣고는 열심히 공부해 원하는 것을 얻어내는 집념을 보이기도 했다.

모형 헬기를 직접 만들 수 있게 된 것은 홍콩과학기술대학에 편입하면서부터였다. 처음에는 상하이에 있는 화동사범대학 전자학과에 입학했지만 적성에 맞지 않아 중퇴했다. MIT와 스탠퍼드대학교에 입학 지원서를 낸 후 두 곳 모두 떨어지자 차선으로 선택한 곳이 홍콩과학기술대학이었다. 그곳에서 전자컴퓨터공학을 전공한 왕은 대학 시절 내내 무선조종RC 헬기 개발에 매달렸다. 그가 특히 관심을 보인 것은 무선조종 헬기의 비행 제어 시스템Flight Controller 개발이었다. 바람이 불거나 비가 오는 악천후에서도 비행 움직임을 정확하게 제어하는 핵심 기술이었다.

2005년 프랭크 왕은 동기생 두 명과 함께 졸업 과제를 준비했다. 과제의 주제는 무선조종 헬기가 공중의 정해진 곳에서 정지해 있도록 제어 시스템을 만드는 것이었다. 그들은 5개월 동안 밤낮없이 연구에 몰두했다. 과제 발표 당일에도 새벽 5시까지 연구실에서 준비했다. 하지만 발표장에서 모형 헬기가 공중에서 추락해버렸고, 그 결과 졸업 성적은 C를 받았다.

조력자의 등장으로 창업의 길을 열다

좌절해 있던 왕에게 도움을 준 사람은 홍콩과학기술대학 로봇공학과의 리쩌샹李澤湘 교수였다. 리 교수는 왕에게 대학원 입학을 제안했고, 왕의 지도교수가 되어 계속 연구할 수 있도록 도와주었다. 리 교수는 투자금을 지원받아 왕이 자금 문제없이 기술을 개발할 수 있도록 힘을 실어주기도 했다.

2006년 왕은 대학원을 다니면서 창업을 준비했다. 졸업 과제를 함께 연구한 동기 두 명과 창업의 뜻을 모았다. 당시 왕의 나이는 스물여섯 살이었고, 회사는 학교 기숙사였다. 이때 리쩌샹 교수가 프랭크 왕에게 창업 자금으로 200만 위안(약 3억 6,000만 원)을 지원해 DJI의 첫 투자자가 되었다.

이후 프랭크 왕은 중국 광둥성 선전에 사무실을 열고 새로운 둥지를 틀었다. 선전의 한 잡지사 창고를 사무실로 사용했는데, 남자 셋이 겨우 들어갈 만큼 작은 공간이었다. 왕이 선전에서 본격적으로 사업을 시작한 이유는 이곳의 지리적 이점 때문이었다. 선전은 홍콩과 맞닿아 있는 곳으로 무엇보다 저렴한 비용으로 부품을 구할 수 있었고, 크고 작은 공장들이 많아 시제품을 빠르게 만들 수 있었다. 과거에 선전은 값싼 전자제품을 생산하는 도시였지만 오늘날에는 중국의 실리콘밸리라고 할 정도로 크게 성장했다. DJI가 이곳에 본사를 둔 것도 회사를 빠르게 성장시키는 데 큰 도움이 되었다.

DJI가 창업 초기부터 드론을 만든 것은 아니었다. 완제품 드론이 아닌 드론이나 무선 헬기에 들어가는 비행 제어 시스템을 제작해 팔았다. 당시 드론 시장에는 완제품이라는 개념이 존재하지 않았다. 개인이 여러 부품을 조립해 직접 자신의 드론을 만드는 DIY 시장이었다. 주요 고객도 일반인보다는 기업이나 대학에서 연구용으로 주문하는 경우가 많았다.

왕은 창업하자마자 책상 옆에 간이침대부터 설치했다. 사무실 간이침대에서 잠을 자고 만두 몇 개로 끼니를 때우며, 매주 80시간 이상 드론 연구와 부품 개발에 시간을 쏟았다. 좋은 아이디어가 떠오르면 밤 11시에도 동료들에게 전화를 걸어 당장 회의를 열곤 했다.

친구들이 불만을 드러내자 왕은 사무실 문 앞에 "머리만 들어갈 것, 감정은 빼고"라는 문구를 써 붙였다고 한다. 자신처럼 일에만 집중하라는 뜻이었다. 결국 창업 2년 만에 초창기 멤버들은 거의 다 회사를 떠나버렸다. 이 무렵 회사의 경영 상태도 어려워지고 있었다. 왕은 리쩌샹 교수를 비롯한 지인들의 투자와 격려가 없었다면 결코 버티지 못했을 것이라고 그때를 회상했다.

드론계의 스티브 잡스

프랭크 왕은 까칠한 CEO로 알려져 있다. 모든 직원들이 자기처럼 일에 몰두하기를 원하며 끊임없이 완벽함을 추구했다. 그러다 보니 왕은 애플의 창업자 스티브 잡스처럼 상대에게도 완벽주의를 요구하며 서로 부딪히는 경우가 많았다. 왕은 완벽한 기술과 제품을 찾기 위해 실험을 반복했다. 모형 헬기의 흔들림을 줄이는 기술을 개발하면서 50여 가지 방법으로 실험을 반복하는 식이었다. 이런 집요함은 주변 사람들을 무척 힘들게 했다. 시도 때도 없이 실험을 요구했고, 결과를 빨리 알고 싶어 했다. 또한 한 치의 오차도 용납하지 않았다.

그는 직원들이 회사에 더 많은 관심을 두고 모든 열정과 에너지를 쏟기를 원했지만 직원들은 이런 완벽주의 성향을 힘겨워했다. 왕은 직원을 뽑을 때 근로계약서에 입사한 지 3년 이내에 퇴사할 경우 벌금 3만 위안(약 500만 원)을 내야 한다는 조항까지 넣었지만 헛수고였다. 3만 위안을 내면서까지 퇴사하는 직원이 있었으니 말이다. 직원들은 왕이 완벽한 결과물을 요구하면서 과중한 업무를 부과하고 회사 지분은 나눠주지 않는다며 불만을 품었다. 결국 그의 집요함에 넌더리가 난 직원들은 회사를 설립한 지 2년 만에 모두 떠나고 말았다.

미국의 기술 관련 잡지《와이어드Wired》의 편집장을 지낸 크리스 앤더슨Chris Anderson은 프랭크 왕에 대해 '드론 분야의 스티브 잡스'라고 평가했다. 그 이유는 이런 독단적이고 집요한 성격이 닮았기 때문만은 아니었다. 스티브 잡스가 아이폰으로 스마트폰이라는 새 시장을 열었던 것처럼 프랭크 왕 역시 드론이라는 새 시장을 개척했기 때문이었다. 한편 프랭크 왕은 《포브스Forbes》와의 인터뷰에서 이러한 세간의 평가에 동의하지 않는다는 뜻을 은근히 드러냈다.

"나는 스티브 잡스의 아이디어에 감사하지만 내가 진정으로 존경하는 사람은 없습니다. 여러분이 해야 할 일은 다른 사람들보다 더 똑똑해지는 것입니다. 대중과 거리가 있어야 합니다. 그 거리를 만들 수 있다면 여러분은 성공할 것입니다."《포브스》, 2015년 5월호)

새로운 인연과의 만남, 그리고 생각의 전환

직원들이 연이어 퇴사하는 어수선한 상황에서 DJI는 자금난의 조짐마저 보였다. 난관을 극복하기 위해 해외 시장 진출을 모색하던 프랭크 왕은 미국의 콜린 권Colin Guinn이라는 사업가로부터 연락을 받았다. 권은 항공 촬영 영상을 만드는 업체를 운영하고 있었는데, 당시 그는 '어떻게 하면 흔들림 없이 안정적으로 항공 영상을 촬영할 수 있을까' 하는 고민을 갖고 있었다. 그래서 비행 제어 시스템을 보유하고 있던 프랭크 왕에게 연락을 취했던 것이다.

두 사람은 메일을 주고받으면서 의견을 나눈 후 2011년 8월 미국 인디애나주의 먼시에서 열린 비즈니스를 위한 상품 전시회인 트레이드 쇼Trade Show에서 처음으로 만났다. DJI의 비행 제어 시스템에 관심을 보인 권은 프랭크 왕에게 한 가지 흥미로운 조언을 건넸다. 비행 제어 시스템을 구매하는 사람의 90퍼센트가 드론을 사용한다며 완제품 드론을 제작해보라는 조언이었다.

프랭크 왕은 권의 말을 흘려듣지 않았다. 그는 비행 제어 시스템 기술에서 더 나아가 드론 완제품을 개발하기로 마음을 먹었다. 드론 완제품 개발은 DJI의 기술이 진가를 발휘하는 방법이기도 했다. 완제품 드론이 출시된다면 개인이 여러 부품을 조립해 직접 만들어야 하는 번거로움을 없애

줄 수 있고, 기업이나 연구소, 마니아가 아닌 일반인도 드론을 날릴 수 있으니 이는 새로운 시장을 여는 계기가 될 수 있었다. 이처럼 완제품이라는 개념이 존재하지 않던 시장에서 드론 완제품을 판매한다는 것은 당시로서는 생각의 전환이 필요한 일이었다.

기술은 DJI의 강점이었다. 왕은 DJI의 비행 제어 시스템을 활용해 흔들림 없이 촬영할 수 있는 드론 시제품을 만드는 데 착수했다. 완성된 시제품을 보고 뛰어난 기술력에 깊은 인상을 받은 권은 왕에게 DJI 북미 지사 설립을 제안했다. 이들은 미국에 지사를 설립하고 본격적으로 드론 개발과 판매 사업에 박차를 가했다. DJI의 북미 지사장을 맡은 콜린 권은 미국에서 DJI가 입지를 다질 수 있도록 다방면에서 힘을 썼는데, 'The Future of Possible(가능성의 미래)'이라는 DJI의 슬로건도 권의 아이디어였다. DJI 북미 지사는 DJI가 미국 시장에서, 더 나아가 전 세계에서 이름을 알릴 수 있는 전진 기지 구실을 했다. 2012년 한 해 동안 왕은 드론 시장의 판도를 바꿀 제품을 준비했다. 조립이 필요 없는 본체에 비행 제어 시스템 소프트웨어를 갖춘 완제품 드론이었다.

팬텀과 함께 날아오르다

DJI의 완제품 드론은 2013년 1월 '팬텀Phantom'이라는 이름으로 시장에 출시되었다. 팬텀은 당시 DIY에 기대고 있던 드론 시장에 그 이름처럼 마치 유령을 만난 듯한 충격을 가져왔다. 그리고 곧이어 막 태동하고 있던 미국과 중국의 상업용 드론 시장에서 폭발적인 반응을 불러일으켰다. 2011년 420만 달러(49억 원)였던 DJI의 매출은 2013년 1억9000만 달러(약 1526억 원)로 30배 이상 급증했다.

팬텀은 드론과 카메라를 결합해 혁신을 주도했다. 당시 소비자들은 드론을 살 때 공중에서 영상을 찍고 싶어 했다. 하지만 드론과 액션캠(공중이나 수중 등 야외에서 촬영할 때 쓰이는 작고 가벼운 카메라)이 결합된 제품은 없었다. 이 때문에 소비자들은 드론과 카메라를 따로 구입해 직접 조립해야 하는 번거로움을 겪었다. 이를 눈여겨본 왕은 액션캠 회사인 고프로GoPro와 손잡고 드론에 영상을 촬영하는 카메라까지 탑재한 제품을 선보였다. 사방 30센티미터 크기에 네 개의 프로펠러를 장착한 팬텀은 쉽고 빠르게 하늘로 날릴 수 있을 뿐만 아니라 고화질 카메라로 항공 촬영도 가능한 혁신적인 제품이었다. 전문가들은 과거 애플의 애플 Ⅱ가 개인용 컴퓨터 시대를 연 것처럼 DJI의 팬텀도 무인항공기 시장에서 그런 이정표 역할을 할 것으로 예상했다.

한편 팬텀의 성공은 프랭크 왕과 콜린 권, 이 두 사람을 갈라놓았다. 팬텀이 인기를 모으자 권은 북미 시장에서의 성공이 자신의 영업력 덕분이라며 북미 지사장에서 더 나아가 'DJI 혁신 최고경영자'라는 지위를 요구했다.

DJI의 팬텀은 드론을 대중화하는 데 큰 역할을 했다. 팬텀의 성공으로 DJI는 드론 시장에서 압도적 우위를 차지하게 되었다. ©DJI

창업자인 프랭크 왕으로서는 받아들일 수 없는 주장이었다. 결국 2013년 5월 프랭크 왕은 DJI 북미 지사 주식을 모두 인수하면서 권을 자리에서 물러나게 했다. 그렇게 회사에서 내몰린 권은 DJI의 경쟁사인 드론 업체 3D로보틱스3D Robotics의 투자자로 참여해 새로운 둥지를 틀었다.

팬텀의 대성공 이후에도 DJI는 질주를 멈추지 않았다. DJI는 팬텀이 나온 지 9개월 만인 2013년 10월, 카메라 일체형 드론인 '팬텀 2 비전'을 내놓으며 드론 시장의 새로운 패러다임을 주도했다. 팬텀 2 역시 시장에서 큰 호응을 얻었다. 이는 시장을 분석하고 고객의 니즈를 간파했기에 얻을 수 있었던 성과였다. 왕은 앞으로 드론은 카메라와 함께할 수밖에 없다는 것을 깨닫고 곧바로 2014년 4월 '팬텀 2 비전 플러스' 모델을 내놓았다. 이 제품은 DJI의 자체 액션캠을 탑재해 고프로 액션캠을 구입하지 않아도 편리하게 촬영할 수 있는 올인원 기기였다. 이로써 DJI는 고프로와의 협업 없이 일체형 드론으로 홀로서기에도 성공했다. 그 후로도 DJI는 이전 모델의 기술과 성능을 보완해 팬텀 3, 팬텀 4 등 후속 모델을 잇달아 선보이며 시장을 장악해갔다.

DJI 드론의 대중화가 가능했던 이유

팬텀이 출시된 2013년은 DJI에 어떤 의미가 있을까? 가장 큰 의미는 아마도 세상에 없던 새로운 시장을 만들어냈다는 점일 것이다. 새로운 시장은 중간 지대를 찾아냈기 때문에 가능했다. 이전에도 드론은 있었고, 액션캠도 있었다. 하지만 따로따로 떨어져 있는 것을 팬텀이 하나로 묶었다. 하늘을 나는 드론에 영상을 촬영하는 기기를 결합해 판매한 것이다.

DJI의 팬텀은 드론을 대중화하는 데에도 큰 역할을 했다. 드론의 대중화는 가격 경쟁력과 관련이 있다. DJI는 오랜 시간 공을 들여 개발한 제품을 내놓으면서도 가격을 낮춰 일반인 구매자들의 접근성을 높였다. LG경제연구원에서 발행한 보고서에 따르면 DJI가 드론의 가격을 저렴하게 낮출 수 있었던 이유를 다음과 같이 크게 세 가지로 꼽았다.

첫째, 중국 선전의 부품 공급망을 활용해 모델 개발에서 생산까지 걸리는 기간을 5개월로 크게 단축했다. 둘째, GPS 센서, 범용 부품 등 스마트폰 산업에서 개발된 소형화 부품들을 효과적으로 활용하고, 동시에 카메라, 짐벌(촬영 시 흔들림을 교정해주는 장치) 등 핵심 부품을 직접 개발해 단가를 낮추었다. 셋째, 중국 선전에 자체 조립공장을 건설해 규모의 경제를 달성했다. (성낙환 외, 「사업방식 차별화로 시장 흔드는 신흥 제조 기업들」, LG경제연구원, 2016년 3월)

DJI가 다른 신흥 기업들과 달리 제조를 아웃소싱하지 않고 자체적으로 운영할 수 있다는 건 가격을 낮출 수 있는 큰 장점이 된다. 물론 여기에는 가격 경쟁력에서 우위를 차지하기 위해서라는 이유도 있지만, 다른 전자제품들과는 달리 비행체를 제조해주는 업체가 없었기 때문이었다. 사업 초기에는 비행체를 제작하는 과정에서 안정성과 신뢰도를 쌓는 게 무엇보다 중요했으나 이를 수행할 만한 제조업체를 찾을 수 없었고, 이런 이유로 공장까지 직접 만들게 되었던 것이다.

완벽함으로 얻은 기술

중국 IT 업계의 1세대라 불리는 BAT(바이두, 알리바바, 텐센트)는 미국 실리콘밸리 벤처의 검색, 전자상거래, 온라인 채팅 같은 사업 모델을 따라 하면서 성공한 패스트 팔로워fast follower였다. 반면 DJI는 이런 1세대 선배 기업들과는 달리 한 분야에서 산업을 개척하고 스스로 시장을 주도한 퍼스트 무버first mover로 통한다. 상업용 드론이라는 새로운 시장을 개척하고, 최첨단 산업 분야에서 중국 기술력이 세계 표준이 되도록 만들고 있기 때문이다. DJI는 전체 매출액의 80퍼센트를 해외에서 올릴 정도로 세계 시장을 리드하는 기업이다. 이런 이유로 DJI는 2016년 《포브스》가 선정한 '글로벌 게임 체인저'에도 이름을 올렸다.

프랭크 왕의 열정과 집념 덕분에 DJI는 드론 특허도 절대적으로 많이 보유하고 있다. 드론을 만들려면 DJI의 특허 기술을 사용해야 할 정도다. 드론에는 영상 촬영 기술, 흔들림을 최소화하는 안정화 기술, 모터 기술, 방향 조종 기술, 충돌 방지 기술, 3차원 GPS 기술, 통신 네트워크 기술 등 다양한 기술이 필요하다. 한마디로 드론은 하드웨어적인 기술과 소프트웨어의 총결합체다.

드론은 인공지능, 모빌리티, 물류, 빅데이터 등 다른 산업과의 융합 가능성 또한 열어두고 있다. 오늘날에는 인간이 접근하기 어려운 다양한 산업 현장에서 드론을 활용하면서 점점 더 사용 분야가 확장되고 있다. 인명구조나 산불 감시, 건설 현장과 농업 현장 등에서 쓰이는 경우가 많아 취미·여가용 드론 시장보다 산업용 드론 시장의 비중이 더 커지고 있는 추세다. 또한 코로나 대유행 시대에 드론의 활약이 주목받기도 했다. 의료 인프라가 부족한 인도와 아프리카 등지에 백신을 수송하는 데 쓰임으로써 4차 산업혁명의 핵심 기술인 드론이 진가를 발휘했다는 평가를 받았다. DJI 역시 민간 시장을 넘어 산업용 드론을 꾸준히 개발하고 있다. 2015년에는 농업용 드론을 출시해 농가에서 유용하게 쓰였고, 더 나아가 자연 생태계를 보

드론의 활용도는 점점 더 확장되고 있다. 2015년 DJI가 농업용으로 출시한 드론은 농가에서 유용하게 쓰이고 있다. ©DJI

호하기 위해 드론의 활용도를 높이는 방안도 계속 연구 중이다.

DJI는 축적된 기술과 경험을 바탕으로 여전히 드론 시장에서 최강자의 지위를 굳게 지키고 있다. 지난해 2020년 시장 규모가 가장 큰 미국 상업용 드론 시장에서 기업별 판매 점유율을 보면 DJI가 76.1퍼센트로 압도적 우위를 차지했고, 그다음 2위에 오른 인텔의 점유율은 고작 4퍼센트에 불과했다. DJI 드론이 시장을 거의 독식하고 있는 셈이다. DJI가 이러한 위상을 다질 수 있었던 힘은 바로 완벽함으로 얻은 기술 덕분일 것이다. 그 기술을 얻는 과정에서 프랭크 왕이 보여준 지독한 고집과 독선은, 때로는 기업을 성장시키는 원동력이 되었음이 분명하다.

생활밀착형 제품으로
성공한 기업들,
이들은 어떻게
우리의 삶을
업그레이드했나

2부

새 시대를 연 발명품 워크맨으로 전 세계를 접수하다

소니의 모멘트 1980년

함께 듣는 음악에서 혼자 듣는 음악으로 새 시장을 열어준 혁신의 아이템 워크맨. 소니의 '워크맨'은 휴대용 카세트테이프 플레이어라는 뜻으로 영국 옥스퍼드 사전에 일반명사로 등재되어 있다. 1980년 미국에 진출해 새로운 문화를 만들고 새로운 시장을 개척한 소니의 저력을 살펴보고, 흥망성쇠를 겪어온 소니의 역사를 짚어본다.

패전의 그림자를 딛고 미국 시장에 진출하다

소니는 1946년 일본의 기술자 모리타 아키오盛田昭夫와 이부카 마사루井深大가 공동 설립한 '도쿄통신공업'에서 출발했다. 당시 일본은 제2차 세계대전의 패배로 희망도 긍지도 없던 시대였다. 패전 이후 암울한 일본에서 두 명의 젊은 기술자가 세운 작은 전자회사가 소니의 시작이었다. 공동 창업주인 이부카 마사루는 10여 쪽에 달하는 설립 취지서에서 "기술자들이 자기 기술을 마음껏 실현할 수 있는, 자유롭고 역동적이고 기쁨이 넘치는 일터를 만들겠다"고 기록했다.

타고난 천재 기술자였던 이부카 마사루와 달리, 모리타 아키오는 양조장을 가업으로 이어오던 대부호 집안에서 경영자 수업을 받으면서 자랐다. 그는 대학에서 물리학을 전공한 후 제2차 세계대전 때 해군 병기개발팀에 복무하면서, 서양의 신기술을 들여와 연구하는 것에 흥미를 느꼈다.

소니의 창업자 모리타 아키오(위)와 이부카 마사루(아래).

영업을 총괄한 모리타 아키오는 일찍부터 해외 시장 진출을 염두에 두고 있었다. 일본식 이름으로는 세계적인 기업이 될 수 없다고 판단해, 1958년 기업 명칭을 소니SONY로 변경했다. 보통의 기업들이 해외 시장에 진출할 때 OEM(주문자 위탁 생산) 방식으로 시작하는 것과는 달리, 아키오는 처음부터 '소니'라는 브랜드를 가지고 미국 땅에 진출했다. 일찍부터 브랜딩의

중요성을 인식하고 내린 판단이었다. 모리타 아키오는 그의 저서 『메이드 인 재팬Made in Japan』에서 소니라는 브랜드를 사용하게 된 이유에 대해 이렇게 설명했다. "우리는 세계 어느 곳에서나, 어느 언어로나 동일하게 발음할 수 있는 새로운 이름을 원했다."

소니는 1957년 세계 최초로 트랜지스터가 들어간 휴대용 라디오 생산을 시작으로 최초의 상업용 트랜지스터 TV, 가정용 VTR 등을 출시하며 적극적으로 미국 시장을 두드렸다. 특히 1968년 출시된 트리니트론 텔레비전은 고성능 TV의 대명사로 자리매김했다. 1970년 소니는 뉴욕증권거래소에 상장된 최초의 일본 회사였다.

워크맨의 탄생 전후

우리가 지금처럼 아무 곳에서나 원하는 음악을 들을 수 있게 된 것은 언제부터였을까? 1970년대 중반까지 음반 시장을 주도했던 LP 레코드는 크기가 워낙 커서 휴대용으로 만들 수가 없었다. 음악을 듣기 위해서는 공연장으로 직접 가거나, 집에서 커다란 전축 앞에 앉아 LP판을 끼워 작동시켜야 했다. 그러다 1979년 혜성처럼 등장한 것이 소니의 휴대용 음향 재생기 '워크맨WALKMAN'이다.

한편 카세트테이프가 최초로 상용화된 것은 워크맨이 탄생하기 훨씬 이전이었다. 네덜란드 회사 필립스Philips는 1963년 베를린 라디오 전시회에서 손바닥만 한 카세트테이프를 처음으로 선보였다. 당시 공개된 필립스의 카세트테이프는 기존의 오픈 릴 형식의 테이프 리코더나 8트랙 카트리지보다 크기를 훨씬 줄여 휴대용으로 적합했고, 생산 비용이 저렴하면서 녹음과 재생이 편리해 시장에서의 반응이 좋았다. 개발 당시 카세트테이프는 구술 녹음을 위한 휴대용 녹음기의 저장 매체로 개발되었으나 이후 일반인

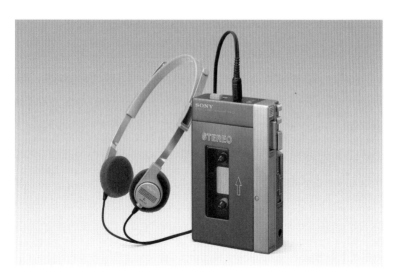

1979년 소니에서 개발한 최초의 워크맨 TPS-L2.

들 사이에서 음악 녹음용으로 쓰이기 시작하면서 상업적으로 큰 성공을 거두었다.

물론 필립스에서도 카세트테이프 플레이어를 개발했었다. 1963년 시장에 등장한 EL-3300 모델은 세계 최초의 휴대용 카세트 레코더로 녹음과 재생이 가능한 장치였다. 초기의 카세트테이프는 음질이 떨어지고 고장이 잦아서 음악 감상용으로는 잘 쓰이지 않았고, 구술 녹음이 편하고 휴대할 수 있다는 점 때문에 기자들이 많이 사용했다.

그 후 소니가 워크맨을 개발해 대히트를 치자 경쟁사인 산요, 아이와, 파나소닉 등에서도 워크맨과 유사한 모델을 만들어 판매하기 시작했다. 이에 따라 휴대용 음향기기 시장이 크게 확대되었지만 전 세계 소비자들은 브랜드와 제조사에 관계없이 모든 휴대용 카세트 플레이어를 '워크맨'이라고 불렀다. 사실 워크맨은 영어 문법에 맞지 않는 단어였음에도 불구하고 폭발적인 인기에 힘입어 일반명사의 위치까지 오른 것이다. 실제로 1986년에는 영국의 옥스퍼드 사전에 워크맨Walkman이라는 단어가 등록되었다. 그만큼 소니의 워크맨은 시대의 흐름을 완전히 바꿔놓은 히트 상품이었다.

반대를 무릅쓰고 탄생한 희대의 제품

워크맨의 시작은 소니의 연구원이었던 이다 미츠루가 우연히 만든 '장난감' 정도에 불과했다. 그는 기존에 판매되던 소니의 녹음 재생기 '프레스맨Pressman'을 개조해 녹음 기능을 제거하고 크기를 줄여 간단한 음악 재생기를 만들었다. 이를 눈여겨본 소니의 모리타 아키오 회장은 "걸어 다니면서도 음악을 들을 수 있는 새로운 개념의 오디오"를 본격적으로 개발해볼 것을 지시했다. 그러나 회사 내 기술자들과 마케터, 외부 전문가들까지도 그런 제품은 팔릴 리가 없다며 이구동성으로 반대했다. 그들은 당시 일반인들을 상대로 진행한 시장 조사 결과를 판단 근거로 삼았다. 그러나 모리타 회장은 다음과 같이 말하며 시장 조사 결과를 받아들이지 않았다.

고객들은 무엇이 가능한지 모른다. 헨리 포드(미국 포드 자동차 설립자)가 사람들에게 무엇을 원하느냐고 물었다면 사람들은 아마 자동차가 아닌, '더 빠른 말'이라고 대답했을 것이다. 새로운 아이디어를 얻기 위해 시장 조사를 하는 것은 어리석은 짓이다. (모리타 아키오, 김성기 옮김, 『나는 어떻게 미래를 지배했는가』, 황금가지, 2001)

모리타 회장의 판단은 시장에서 필요로 하는 것보다 몇 발짝 더 앞서 있었다. 그의 진두지휘 아래 워크맨이 겨우 세상에 태어났지만 난관은 계속되었다. 워크맨이 출시되자마자 기자들은 워크맨에 대한 비판을 쏟아냈다. '녹음' 기능이 빠졌다는 사실 때문이었다. 그도 그럴 것이 당시 기자들은 카세트테이프 녹음기의 주요 사용자였는데(심지어 소니가 판매하던 기존 녹음 재생기의 이름부터가 '프레스맨'이었다) 녹음과 녹취를 일상으로 하는 기자들이 보기에 녹음 기능이 빠진 기계란 알맹이가 빠진 쓸모없는 물건이었다.

하지만 녹음에 필요한 내부 구성물을 없애고 스피커까지 떼어버리자 크기는 작아지고 작동하기에도 편리해졌다. 손에 들고 걸어 다니면서 즐길 수 있다는 뜻으로 '워크맨'이라 이름 붙인 이 휴대용 카세트 플레이어는 비싼 가격과 언론의 혹평 때문에 출시 첫 달에는 3,000대에 불과한 판매 실적을 올렸다. 하지만 얼마 후 음질이 좋고 사용하기 편리하다는 입소문을 타고 워크맨은 날개 돋친 듯 팔려나가기 시작했다.

모리타 회장의 이유 있는 고집

워크맨 개발 직전에 소니의 사정은 좋지 않았다. 소니는 비디오테이프의 표준 경쟁에서 밀려 막대한 손실을 입은 상태였다. 당시 비디오테이프 시장은 소니가 1975년에 먼저 개발한 베타맥스와 1년 뒤 JVC가 내놓은 VHS가 표준 규격을 놓고 서로 경쟁하고 있었다. 베타맥스는 화질이 우수하고 테이프 크기도 작아 성능 면에서 VHS보다 더 뛰어났지만, 소니가 폐쇄적인 기술 정책을 고수하는 바람에 입지를 넓히지 못했다. 소니는 베타맥스 방식을 고집하다가 VHS 진영의 연합 전선에 밀려 막대한 손실을 자초한 상황이었다.

이처럼 위태로운 상황에서 모리타 아키오가 갑작스럽게 결정한 워크맨 개발은 난관에 부딪혔다. 당시 모리타 회장은 소니 창립 33주년을 기념해 워크맨의 판매 가격을 무조건 33,000엔(당시 US 143달러)으로 맞추어 생산하도록 지시했다. 1979년의 물가를 감안하면 매우 비싼 가격이었는데 심지어 실제 제품 제작비는 예상을 훨씬 웃돌았다. 세상에 없던 희한한 물건을 만들어야 하면서도 생산 단가는 낮춰야 했으니 개발자들의 원성이 높았음은 당연했다.

출시 직후 언론의 비판까지 쏟아지자 소니 내부에서도 워크맨에 대한 회의적인 의견이 나오기 시작했다. 워크맨을 처음 만든 이다 미츠루를 비롯해 개발에 참여했던 기술자들조차도 난색을 표했다. 음악을 즐겨 듣는 사람이라면 학생이거나 젊은이일 텐데 이렇게 비싼 제품을 어떻게 사겠느냐는 부정적인 시각이 대부분이었다.

그러나 모리타 회장은 비난 여론과 주위의 만류에 조금도 흔들리지 않았다. 소니는 당시 개발한 소형 헤드폰과 카세트테이프 재생기의 결합에 집중했다. 그동안 없던 개념인 이른바 '음악 청취의 개인화' 시대를 열어 세상을 확 바꿀 것이라고 확신했다. 모리타 회장의 이 같은 이유 있는 고집이 없었다면 워크맨은 역사 속으로 조용히 사라졌을지도 모를 일이다. 이는 훗날 미국《포춘》지가 선정한 '역사상 가장 뛰어난 경영 결단 중 하나'로도 선정되었다.

1980년, 워크맨의 미국 시장 진출

1979년 출시 3개월 만에 일본 내에서 초기 생산 물량 3만 대를 모두 팔아치울 정도로 무서운 기세로 인기를 모은 워크맨은 이듬해 미국 시장 진출을 준비했다. 1980년, 드디어 미국 시장의 문이 열리면서 이때부터 소니의 전성기가 시작되었다. 워크맨은 미국으로 건너가 대히트를 쳤고 전 세계 사람들의 일상을 바꿔놓았다. 공연장이나 오디오 앞이 아닌, 일상에서 아무 때나 음악을 들을 수 있는 시대가 처음으로 열린 것이다. 이처럼 워크맨의 미국 시장 진출은 소니의 모멘트를 만들었다.

미국 시장에 첫발을 내디뎠을 때 한 가지 문제가 있었는데, 바로 '워크맨'이라는 이름이었다. 걸어 다니면서 음악을 자유롭게 즐긴다는 의미로 붙인 이름이지만 이는 사실 영어 문법에 맞지 않는 일본식 조어였다. 그래서 소니는 초기에 워크맨이 아닌 '사운드어바웃Soundabout'이라는 이름으로 미국 판매를 시작했다. 하지만 얼마 지나지 않아 소니는 '워크맨'으로 브랜드명을 통일했다. 해외에 정식으로 출시되기 전부터 이미 일본의 워크맨이 대량으로 유출되어 판매되고 있던 터라 제품 인지도를 충분히 확보한 상태였던 것이다.

워크맨의 미국 시장 진출 이전에 소니는 휴대용 라디오나 가정용 비디오, 특히 고성능 텔레비전으로 알려진 트리니트론 TV로 미국 가전제품 시

1980년 워크맨이 미국 시장에 첫 진출했을 때 제품명은 '사운드어바웃'이었다.

장에서 호황을 누리고 있었다. 일본에서의 폭발적인 파급력을 등에 업고
진출한 소니 워크맨은 미국에서 일본 소형 전자제품 붐까지 불러일으켰다.
일본은 소형화 전략으로 더 작고 저렴한 전자기기 개발에 박차를 가하면서,
기업에서 사용하던 기기들을 개인용으로 전환하는 데에도 영향을 미쳤다.
워크맨의 성공으로 소니는 이른바 '메이드 인 재팬'의 위상을 전 세계에 알
리는 동시에 '떠오르는 일본'의 상징과도 같은 기업이 되었다.

음악을 개인의 일상으로 끌어오다

워크맨 덕분에 개인이 음향기기를 휴대하고 즐길 수 있게 되면서 사회적,
문화적으로도 많은 영향을 주었다. 1990년 워크맨 탄생 10주년을 기념해
BBC에서 제작한 다큐멘터리를 보면 소니의 창업주 모리타 아키오가 인터

뷰에서 이렇게 말한다.

"당시 젊은이들은 음악을 듣기 위해 커다란 기계를 어깨에 짊어지고 다녀야만 했습니다. 그것은 시끄럽고 무거웠지요. 그래서 우리는 사람들이 걸어 다니면서도 계속 음악을 들을 수 있는 기계를 고안했고, 저는 이것이 좋은 아이디어일 거라고 생각했습니다. 왜냐하면 젊은이들은 음악 없이는 아무것도 하지 않는다는 것을 알았기 때문이죠."

워크맨이 탄생하기 이전에 사람들은 아무데서나 음악을 들을 수 없었다. 그러나 워크맨이 생기면서 시간과 장소에 구애받지 않고 음악을 즐길 수 있게 되었는데 이는 혁명과도 같았다. 좋아하는 음악을 들으면서 일을 하고, 길을 걷고, 운동을 할 수 있다는 사실은 현대인의 생활 패턴을 완전히 바꿔놓았다. 미국 시장에 진출한 워크맨은 공원에서 운동하는 사람들과 지하철, 버스를 이용해 출퇴근하며 음악을 듣는 젊은이들을 중심으로 수요가 급증했다. 워크맨은 출시 후 10년간 5000만 대를 팔아치웠고, 1992년에는 누적 생산량이 1억 대를 돌파했다. 2010년 판매가 중단될 때까지 워크맨은 전 세계에서 2억2000만 대가 판매되었다.

워크맨 성공의 또 다른 일등공신은 소니가 개발한 헤드폰이었다. 이전의 헤드폰은 크고 무거워서 휴대가 불가능했지만 소니는 헤드폰의 크기를 열 배 이상 줄여 워크맨에 최적화된 작고 가벼운 헤드폰을 개발해 시장의 판도를 바꿨다. 이로 인해 1980년대부터 개인 헤드폰의 시대로 들어서게 되었고, 당시 막 퍼지기 시작한 개인주의 문화와 맞물리면서 '나 홀로 듣는 음악'의 열풍이 더욱 거세게 불었다.

위기의 극복

한편 미국에 워크맨 열풍이 불어오자 여러 도시에서 반대 여론이 일어나기 시작했다. 사람들이 길거리를 걸을 때 귀에 헤드폰을 꽂고 다니면 주위의 위험 요소를 인지하기 어려워 사고가 날 수 있다는 걱정 때문이었다. 실제로 한 청년이 헤드폰을 끼고 워크맨으로 음악을 듣다가 기차가 다가오는 소리를 듣지 못해 열차에 치여 사망한 사건도 있었다. 1982년 뉴저지주 우드브리지에서는 보행자 사고를 방지하기 위해 길을 건너거나 외부에서 작업할 때 헤드폰으로 음악을 듣는 행위를 금지하는 조례가 만들어지기도 했다.

워크맨은 사람들에게 자신이 좋아하는 음악을 자유롭게 들을 수 있는 즐거움을 안겨준 반면, 지나친 개인주의 문화를 양산함으로써 주변 환경과 '단절'시킨다는 비판도 있었다. 이런 여론을 잠재우기 위해 소니는 적극적인 마케팅 방안을 생각해냈다. 그중 하나가 워크맨을 바라보는 부정적인 시선을 긍정적인 시선으로 바꾸는 것이었다. 광고에서는 매력적인 사람들이 공공장소에서 즐겁게 워크맨을 사용하는 모습을 계속해서 보여주었다. 또한 당시 미국의 인기 스타였던 마돈나, 톰 행크스 등 소위 잘나가는 유명 인사들에게 워크맨을 쥐어주며 그들이 워크맨을 사용하는 모습을 지속적으로 미디어에 노출시켰다. 이는 곧 오늘날의 인플루언서 마케팅과 비슷한 방식이었다. 그 결과 출시 다음해부터 워크맨의 수요는 폭발적으로 증가하게 되었다.

'단절'이라는 단점을 기술적으로 해결하려는 노력도 있었다. 1981년 소니는 두 사람이 동시에 음악을 들을 수 있도록 헤드폰 잭을 두 개로 만들었다. 또 '핫라인' 버튼을 만들었는데, 이 버튼을 누르면 재생 중인 음악 소리가 줄어들면서 마이크를 통해 소리를 전달할 수 있는 기능이었다. 그래서 두 사람이 함께 음악을 들을 때 헤드폰을 벗지 않고도 대화를 나눌 수 있었다. 이처럼 '혼자 듣는 음악'을 이제는 '함께 듣는 음악'으로 즐길 수 있다는 점을 부각시키자 단절과 고립에 대한 비판은 점차 사그라졌다.

그 밖에도 워크맨의 인기는 카세트테이프의 발전에도 영향을 미쳤는데, 특히 공테이프의 출현으로 자신만의 취향대로 믹스 테이프를 만들 수 있었다. 믹스 테이프를 직접 제작해 서로 주고받으면서 자신을 표현하는 것은 미국뿐 아니라 전 세계 청소년 문화의 한 부분이 되었다. 그렇게 워크맨은 1980년대부터 1990년대 초반까지 문화적 아이콘으로 입지를 굳혔다. 〈백 투 더 퓨처〉, 〈고스트 버스터스〉, 〈프리티 우먼〉 등 유명 할리우드 영화에서도 주인공들이 워크맨을 사용하는 모습이 자주 등장했다.

초창기 워크맨의 광고는 매력적인 사람들이 공공장소에서 즐겁게 워크맨을 사용하는 모습을 자주 보여주었다.

버블경제 이후에 찾아온 시련

1980년대 일본의 기업들은 놀라운 성장세를 보였다. 1989년 전 세계 기업의 시가총액 순위를 살펴보면 상위 20위 가운데 일본 기업이 열네 개나 되었고, 여기에는 물론 소니를 포함해 파나소닉과 도시바 등 일본의 전자, 반도체 기업이 대거 포진해 있었다. 경제 초호황기를 누리던 일본은 자연스레 다른 나라와 무역 마찰을 빚었다. 만성적인 무역 적자를 더 이상 감당할 수 없었던 미국은 1985년 뉴욕의 플라자호텔에서 미 달러화 강세를 완화시키기 위해 일본과 '플라자 합의'를 도출했다. 플라자 합의 직전 달러당 240엔 수준이던 엔화 가치는 합의 이후 수년에 걸쳐 80엔대까지 내려갔다. 그리고 엔화가 세 배 정도 평가 절상되면서 엄청난 엔고 현상이 뒤따랐다.

엔고 현상으로 인해 가격 경쟁력이 떨어져 수출이 급격하게 감소하자 일본 정부는 내수 경기 활성화를 위한 방안으로 금리를 낮추고 대출 규제를 완화했다. 그러자 시중에 유통되는 자금이 넘쳐났고 이 돈은 토지와 주식으로 몰려들기 시작했다. 일본 기업들은 부동산을 사들이거나 설비 투자에 막대한 돈을 쏟아부었는데, 이는 소니도 마찬가지였다.

음향기기 분야에서 영향력을 넓혀가던 소니는 1984년 세계 최초의 휴대용 CD 플레이어인 '디스크맨'을 출시하며 CD 시대에도 승승장구했다. 한창 전성기였던 1987년, CEO였던 오가 노리오大賀典雄가 "이제 기술력이 아니라 그 안에 들어갈 콘텐츠로 승부해야 한다"고 선언한 후 소니는 콘텐츠 미디어 분야에 대한 투자에 매진하기 시작했다. 1988년에는 CBS레코드를 인수해 소니 뮤직 엔터테인먼트를, 1989년에는 컬럼비아 영화사를 인수해 소니 픽처스 엔터테인먼트를 설립했다.

이러한 소니의 행보는 21세기 들어 콘텐츠와 미디어 산업이 중요해진 상황에 비추어보면 틀린 것은 아니었지만, 무리한 투자가 경영 악화의 원인

1984년 소니가 출시한 세계 최초의 휴대용 CD 플레이어 디스크맨.

이 되었다. 소니의 강점이던 기술을 중심으로 사업 영역을 확장하기보다 엔터테인먼트와 게임, 금융 사업 등으로 다각화했던 것이 오히려 브랜드 정체성을 떨어뜨렸다는 의견도 있다. 특히 1990년대 중반부터 MP3가 아날로그 음악을 대체하고 있었는데 소니는 이 같은 디지털 시대로의 전환에 빠르게 대응하지 못했다. 소니도 MP3 플레이어 제품을 출시하기는 했지만 자사 제품에서만 사용할 수 있는 파일 형식을 고수했던 까닭에, 불편함을 느낀 사용자로부터 점차 외면을 받고 시장에서 힘을 쓰지 못했다. 이처럼 시장 변화에 제대로 대응하지 못한 소니는 과거 워크맨의 신화를 이어가는 데 실패하고 말았다. 버블이 붕괴되면서 장기 불황에 늪에 빠져든 일본 경제와 함께 소니는 내리막길에 들어섰다.

소니와 애플의 서로 다른 행보

한편 소니의 불황기를 비집고 들어온 것이 애플의 아이팟iPod이었다. 아이팟은 소니의 MP3 워크맨보다 음질이 다소 떨어졌지만 워크맨에 없는 편리한 인터페이스 '아이튠스'가 있었다. 아이팟을 사용하는 사람들은 음반을 고르는 대신 마음에 드는 음원을 골라 신용카드로 결제하고 곧바로 아이튠스로 다운로드해서 음악을 즐기는 데 곧 익숙해졌다.

소니 역시 "기기와 콘텐츠가 언제 어디서든 연결되는 유비쿼터스 가치사슬을 만들겠다"라는 포부를 밝힌 바 있지만 실적은 썩 좋지 않았다. 소니는 자사의 제품들이 네트워크를 이루게 하고자 독자 규격에 집착하면서 폐쇄적인 구조를 양산했고, 결국 시장에서 점차 고립되어 쇠락해갔다. 사용자 경험에서 우위를 차지한 애플은 소니를 멀찍이 따돌리고 시장의 패권을 차지했다. 한때 젊은이들의 음악 감상 문화를 바꿔놓은 혁신의 상징이었던 소니 워크맨의 지위 또한 아이팟으로 대체되었다.

2000년대 들어 소니가 정체기를 겪는 동안 애플은 스티브 잡스의 진두지휘로 성장을 가속화했다. 한 가지 재미있는 점은 스티브 잡스에게 가장 큰 영감을 준 기업이 바로 소니라는 사실이다. 잡스는 젊은 시절 소니 본사에서 직접 워크맨을 만져보고 완전히 매료되어, 이후 매킨토시 공장을 디자인할 때도 소니의 공장을 모티프로 삼았다고 한다. 또 잡스의 트레이드마크인 검은색 터틀넥 스웨터는 소니 공장 직원들의 유니폼을 만든 일본 디자이너 이세이 미야케에게 잡스가 직접 의뢰해 제작한 옷이다.

80년대의 영광을 되찾을 것인가

1990년대까지 워크맨과 TV로 시장을 호령했던 소니는 2000년대 이후 변화에 대응하지 못하고 긴 정체기를 보냈다. 전자제품 영역에서 애플과 삼성 등에 차례로 추격을 당하면서 일본의 언론조차 소니의 재기를 확신하지 못했다. 2003년에는 순이익이 전년보다 40퍼센트 이상 하락하는 '소니 쇼크'를 겪기도 했다.

2014년까지 지지부진한 매출을 이어오던 소니는 2015년부터 변화의 조짐을 보이기 시작했다. 영업손실이 큰 분야의 사업을 정리하고 대대적인 구조조정에 착수해, 선택과 집중의 전략으로 부활을 도모했던 것이다. 이 때 소니가 선택한 것은 전자 사업의 비중을 줄이고 콘텐츠 서비스 분야에 주력하는 방안이었다. 소니가 단행한 사업 재편은 2015년 이후 매출에서 그 효과를 드러냈는데 게임과 음악, 영화 등을 포함한 엔터테인먼트 사업에

소니의 플레이스테이션 시리즈는 워크맨 이후 소니의 최고 효자 상품이다.

서 눈에 띄는 실적을 기록했다.

최근 소니는 긴 정체기에서 벗어나 부활에 성공했다는 평을 받고 있다. 2017년부터 해마다 매출 최고 기록을 세웠고, 탄탄한 수익 창출이 주가에 그대로 반영되었다. 2021년 초에 발표한 자료에 따르면, 지난 해(2020년) 소니의 순이익과 매출액은 사상 최고치를 기록했으며 1946년 창업 이후 처음으로 연간 순이익이 10조 원을 넘어섰다. 이 발표 이후 소니의 주가도 급등하면서 2000년에 세웠던 시가총액 기록을 21년 만에 경신했다.

비록 워크맨과 TV로 쟁취한 전자제품 시장의 패권을 놓치고 말았지만, 오늘날의 소니는 콘텐츠 기업으로 완전히 변모하는 데 성공했다고 할 수 있다. 특히 비디오게임 시장에서 막대한 영향력을 자랑하는 플레이스테이션 시리즈는 워크맨 이후 소니의 최고 효자 상품으로 매출 성장을 견인해왔다. 이제 소니는 전기·전자 사업에서 벌어들였던 수익을 게임과 엔터테인먼트 수익으로 대체하며 부활의 발판을 튼튼하게 다졌다. 이처럼 소니가 겪어온 부침의 역사는 시장에서 영원한 승자도, 영원한 패자도 없음을 일깨워준다.

dyson

끈기와 집념이
탄생시킨
청소기

다이슨의 모멘트
1986년

지금의 다이슨 청소기가 탄생하기 전, 제임스 다이슨은 3년 간 홀로 마구간에서 5,126번의 실패 끝에 청소기 핵심 부품 인 사이클론 개발에 성공했다. 그렇게 끈기와 집념으로 완 성한 다이슨 청소기가 1986년 일본에서의 첫 판매를 시작 으로 영국의 국민 청소기가 되고, 100년간 변하지 않던 청 소기 시장을 변화시킨 혁신의 원동력에 대해 알아본다.

발명이 주특기인 사업가 제임스 다이슨

다이슨 청소기가 본격적으로 유행하기 시작한 것은 2010년대부터였지만 다이슨의 핵심 기술이 성공한 것은 훨씬 이전의 일이다. 집진 장치의 원리에 해당하는 사이클론 기술을 청소기에 적용해 세계 최초로 먼지봉투 없는 사이클론 진공청소기를 발명한 것이 1986년이었다. 다이슨에게 이해는 성장의 돌파구를 찾았던 모멘트로서, 이후 승승장구를 이어가며 영국을 대표하는 브랜드이자 국민 청소기 반열에 올랐다.

다이슨의 1986년 그해를 들여다보기 전에 먼저 사업가이자 발명가, 산업디자이너인 제임스 다이슨James Dyson에 대해 알아봐야 한다. 제임스 다이슨은 1947년 영국 노퍽의 중산층 교육자 집안에서 태어났다. 그는 영국 왕립예술대학에서 산업디자인을 전공했고, 1970년 왕립예술대학에서 공부할 당시 엔지니어링 회사인 '로토크Rotork'에서 화물을 신속하게 운반하는 고속 상륙선 '씨 트럭sea truck'을 개발하는 데 참여했다.

다이슨은 전 직장 동료와 함께 커크다이슨Kirk-Dyson이라는 회사를 설립한 후 '볼배로Ballbarrow'라는 정원용 수레를 개발했다. 기존의 정원용 수레는 바퀴 폭이 좁아서 균형을 잡기 불편하다는 점에 착안해 공 모양의 플라스틱 앞바퀴에 물을 채워 안정감을 주는 제품을 만들었다. 이것이 다이슨의 첫 번째 오리지널 발명품으로, 당시 정원이 딸린 주택이 많았던 영국에서 꽤 높은 판매량을 올리기도 했다. 1977년 다이슨은 이 제품으로 '빌딩 디자인 이노베이션' 상을 수상했다.

목마른 사람이 우물을 파듯, 불편함에서 찾은 혁신

제임스 다이슨은 몇 가지 발명으로 인지도를 쌓았지만 회사는 점점 매출

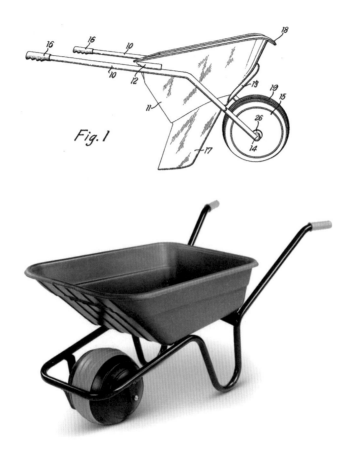

Fig. 1

1977년 제임스 다이슨이 발명한 정원용 수레 볼배로.

이 떨어져 어려움을 겪었다. 실패라고는 없었을 것 같은 그의 과거에도 꽤 오랜 시간의 암흑기가 있었다. 사실 그는 애초에 진공청소기 제조에 뛰어들 생각은 없었다. 그가 스스로 말하길, 자신은 "에디슨처럼 그저 순간적으로 번쩍이는 아이디어에 매달린 사람일 뿐"이었다. 새로운 제품 개발을 위해 고민하던 중 그는 생활 속 불편함에서 한 가지 아이디어를 떠올렸다. 바로 먼지봉투가 필요 없는 진공청소기였다.

1978년 제임스 다이슨은 집에서 진공청소기를 돌리다 화가 치밀어 올랐다. 가장 흡입력이 강력하다고 알려진 제품을 샀는데, 청소기가 먼지를 제대로 빨아들이지 못했던 것이다. 도대체 뭐가 문제인지를 알아내려고 청소기를 분해해 살펴보다가 청소기 안에 있던 먼지를 모으는 봉투를 꺼내 뜯어보고는 깨달았다. 먼지봉투에 담기는 먼지가 봉투 표면의 틈을 막으면서 청소기의 흡입력이 떨어진다는 사실을 발견한 것이다.

생활의 불편을 발명으로 해결했던 이전의 경험을 바탕으로 다이슨은 청소기의 문제점을 해결해보기로 했다. 그는 '답답하면 내가 뛰자'는 마음으로, 흡입력 문제를 해결할 새로운 개념의 진공청소기를 개발해야겠다고 마음먹었다. 그러던 중 우연히 제재소를 방문했는데 그곳에서 공기 회전을 이용해 공기와 톱밥을 분리하는 기술을 보고 힌트를 얻었다. 그는 새로운 진공청소기의 핵심 부품이 될 '사이클론' 개발에 돌입했다.

그는 실패를 반복하면서도 포기하지 않았다. 계속된 실패 끝에 만들어진 기술을 신뢰했다. 이전 직장에서 만들었던 '씨 트럭'과 새로운 정원용 수레 '볼배로'의 성공으로 기술에 대한 감각을 쌓았기 때문이었다. 하지만 과정은 쉽지 않았다. 제재소의 집진 장치에서 사용되는 원심분리와 공기 회전 원리를 접목해 먼지와 바람을 분리하는 청소기를 만들려고 했지만, 이 방식으로 제대로 된 진공청소기를 개발하는 데에는 무려 5년의 시간이 필요했다. 좁은 마구간에서 5,126번의 도전이 실패로 끝났고 5,127번째 만든 시제품으로 드디어 사이클론 기술 개발에 성공했다.

마구간에서 보낸 인내의 시간

다이슨은 사이클론을 개발하는 5년의 시간 중 3년을 마구간에서 보냈다. 매일 아침 마구간으로 출근해 시제품을 만들었고, 미술 교사였던 아내가 벌어오는 돈으로 생계를 이어갔다. 점점 빚이 늘어나 파산할 지경에 이르렀지만 그는 도전을 멈추지 않았다. 그의 자서전에는 눈물겨운 사이클론 개발 과정이 생생하게 기록되어 있다.

5,126개(시제품)는 좁은 마구간에서 태어났다. 매일매일 사이클론 시제품을 만들었다. 오전 7시 반, 아내와 아침 식사를 하고 제이콥과 에밀리를 학교에 바래다준 뒤 오전 9시면 마당 건너편 마구간으로 출근했다. …… 나에게는 돈이 나올 구멍이 없었기 때문에 아내가 미술 교실을 열어 돈을 벌었다. 정물이나 인물 스케치 같은 수업을 했다. 그녀는 도시 화랑을 통해 자기 그림을 팔기도 했고,《보그》에 정기적으로 삽화를 그렸다. 돈을 아끼기 위해 청소는 물론이고, 커튼 만드는 일이나 배관 수리 같은 집 안팎의 모든 일은 우리가 직접 했다. 그러는 동안에도 나는 계속 사이클론을 만들었다. 아크릴 사이클론, 놋쇠 사이클론, 알루미늄 사이클론이 태어났다가 사라졌다. (제임스 다이슨, 박수찬 옮김, 『제임스 다이슨 자서전』, 미래사, 2017)

사이클론이라는 청소기 핵심 부품을 개발했지만 문제는 어떻게 제품으로 만드느냐였다. 3년 동안 사이클론을 개발하느라 고난을 겪은 후 이제는 이

기술을 적용해 제품을 만들 곳을 찾아야 했다. 어떻게 보면 그의 시련은 이제 시작이었다. 그를 도운 투자자조차 이 아이디어는 성공하기 어려울 것 같다고 했다. 그는 동업자에게 사이클론 시제품을 바탕으로 먼지봉투 없는 진공청소기를 만들자고 제안했지만, 동업자는 "그 아이디어가 시장에서 통했다면 '후버'가 이미 만들지 않았겠어?"라며 그의 제안을 비웃었다.

당시 후버Hoover는 영국에서 진공청소기의 동의어로 쓰일 정도로 시장의 지배자였다. 또한 가장 역사가 오래된 진공청소기 제조업체이면서 줄곧 청소기라는 한 우물만 팠기 때문에 영국과 미국의 청소기 시장을 장악하고 있었다. 그런 상황에서 먼지봉투는 진공청소기 구조에 당연히 있어야 할 부분으로 인식되었다. 게다가 후버는 먼지봉투 같은 소모품의 판매로도 꽤 많은 수익을 거두었다. 그러니 후버사의 입장에서는 먼지봉투 없는 청소기란 시도하기 어려운 제품이었다.

자신이 창업한 회사인 커크다이슨조차 그의 제안을 거절했고, 동료들과의 불화로 결국 다이슨은 회사를 떠날 수밖에 없었다. 유럽의 여러 회사를 찾아다니며 제품을 만들어달라고 제안했지만 퇴짜를 맞는 경우가 다반사였다. 많은 기업들이 자사 제품을 우선할 뿐 제임스 다이슨의 혁신적인 발명품을 받아들이려 하지 않았다. 관심이 있어도 단지 싼값에 특허를 가져오려는 생각뿐이었다.

일본에서 찾아온 희망

벼랑 끝에 내몰린 다이슨은 자신이 할 수 있는 최후의 방법으로 미국에서 발행되는 어느 디자인 잡지에 사이클론 시제품 사진을 실어 홍보했다. 그러고 나서 얼마 후 에이펙스Apex라는 일본의 업체가 잡지에 실린 사이클론 사진을 보고 연락을 해왔다. 다이슨에게는 한 줄기 희망의 빛이 되어주었고, 그길로 지구 반 바퀴를 돌아 일본으로 건너갔다. 다이슨은 당시의 상황을 이렇게 기록했다.

> 당시 나는 파산 상태였지만 어쨌든 일본으로 가야만 했다. 도쿄로 가는 가장 싼 비행기 표는 모스크바를 경유하는 아에로플로트였고 나는 마치 제2차 세계대전 이전에 나온 것 같은 덜컹거리는 비행기를 타고 도쿄로 날아갔다. 나에겐 사이클론에 부정적인 사람들의 코를 납작하게 만들어 줄 확실한 성공이 필요했다. 만약 일본에서 성공한다면 나는 다시 한번 싸울 기회가 생긴다는 것을 알고 있었다. (제임스 다이슨, 박수찬 옮김, 『제임스 다이슨 자서전』, 미래사, 2017)

다이슨에게 연락을 해온 일본의 에이펙스는 주로 스위스산 고급 시계나 파일로팩스 다이어리 등 명품을 수입하는 업체였다. 다이슨은 일본 회사가 왜 진공청소기에 관심을 갖게 되었는지 영문을 몰랐지만 마지막 희망일 수도 있다는 생각에 일본으로 향했다. 협상을 시작하고 보니 에이펙스는 의외로 다이슨이 하고자 하는 일을 정확하게 이해하고 있었고 어떻게 팔아야 할지에 대해서도 거침없이 의견을 주었다. 그렇게 협상을 시작한 지 3주 만에 다이슨과 에이펙스는 일사천리로 특허 사용 계약을 맺었다. 다이슨은 지식재산권을 갖고, 제품 판매액의 10퍼센트를 로열티로 받는 조건이었다. 이렇게 해서 탄생한 청소기가 바로 G포스G-force였다.

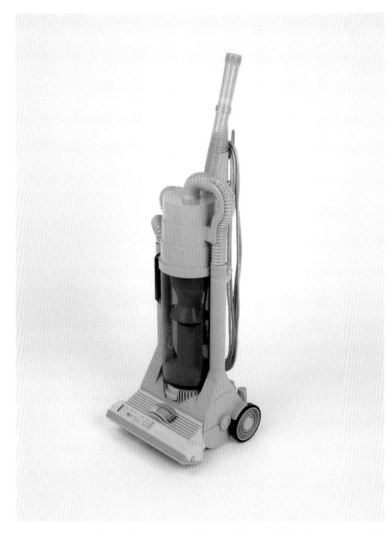

다이슨이 일본의 에이펙스와 손을 잡고 출시한 진공청소기 G포스. 최초로 개발된 먼지봉투 없는 진공청소기였다. © Design Museum

1986년, 돌파구를 찾다

1985년부터 다이슨은 G포스 개발에 매달렸다. 일본에 머무르며 제품 디자인과 생산 과정을 지켜보면서 일본 특유의 완벽주의를 경험했고, 작은 용접 자국이나 지문 하나도 용납하지 않는 일본인의 작업 방식에 깊은 인상을 받았다. 1986년, 드디어 일본에서 최초로 먼지봉투 없는 청소기 G포스가 출시되었다. 설계와 개발을 거쳐 제품이 완성되기까지, 5년간의 피눈물 나는 고생 끝에 찾아온 결실이었다.

에이펙스에서 출시된 G포스 진공청소기는 한 대당 1,200파운드, 우리 돈으로 약 175만 원에 판매되었다. 당시 가전제품치고는 꽤 비싼 가격임에도 불구하고 일본 부유층 가정을 중심으로 인기를 모았다. G포스가 성공할 수 있었던 까닭은 그 당시 일본이 호황을 누리던 버블경제 시대였기 때문이었다. 또한 기존 진공청소기보다 크기를 줄인 G포스는 규모가 작은 일본의 가옥 형태에서 더욱 활용도가 높았다. G포스를 처음 출시했을 때는 대형 유통업체를 뚫지 못해 주로 카탈로그 판매 방식으로 팔았는데, 점차 판매량이 늘어나자 유통업체들도 하나둘씩 문을 열었다. 작고 가벼운 크기에 멋진 디자인의 G포스 진공청소기는 유행을 좋아하는 일본 소비자들의 마음을 움직이며 필수 가전제품으로 자리를 잡아갔다.

다이슨에게 G포스는 효자 상품이었다. 일본 시장에서의 판매는 순조로웠고 특허 사용 계약으로 매년 로열티를 받은 덕분에 그를 괴롭히던 빚더미에서도 벗어날 수 있었다. 다이슨은 G포스의 성공을 발판으로 삼아 다음 도약을 준비했다. 1993년, 다이슨은 영국에서 자신의 이름을 내건 두 번째 회사를 설립했는데 그것이 바로 지금의 '다이슨'이다.

자신만의 회사를 설립한 다이슨은 더욱 진화한 사이클론 진공청소기를 내놓았다. '듀얼 사이클론' 기술을 적용한 최초의 진공청소기로 'DC01'

자신의 이름을 내건 회사를 설립한 후, 최초로 듀얼 사이클론 기술을 적용해 출시한 진공청소기 DC01.

이라는 이름을 붙였다. 이 제품은 출시 18개월 만에 영국 진공청소기 판매 순위에서 1위를 차지했다. 그리고 창업 10년 만인 2003년에는 유럽 청소기 시장 점유율 1위를 차지했고, 그해 미국에서는 진공청소기의 원조 브랜드 인 후버를 제치고 판매 금액 기준 1위를 기록했다. 그야말로 청소기 하나로 이루어낸 성과였다.

비밀 엄수, 기술을 지키기 위한 노력

이후 다이슨의 행보는 더욱 넓어졌다. 그는 진공청소기에 이어 무선청소기 시장을 새롭게 연 강력한 '다이슨 디지털 모터'도 개발했다. 먼지봉투 없는 진공청소기로 혁신을 시작해 날개 없는 선풍기, 소음 없는 헤어드라이어 등 기존 제품이 가진 불편함을 아예 제거해버리는 방식으로 혁신을 이어갔다. 그중 날개 없는 선풍기는 선풍기에 대한 고정 관념을 깨버린 제품이었다. 이 모든 제품들이 끝없는 시행착오 끝에 나온 결과였다.

힘겹게 얻은 기술인만큼 이를 지키기 위해 다이슨은 힘을 썼다. 당시 청소기 시장에서 시장을 선점했던 경쟁사들은 다이슨의 아이디어를 베껴 제품을 만들기도 했는데, 다이슨은 이를 소송으로 대응했다. 특히 중국에서 다이슨의 제품을 베낀 카피 상품이 '차이슨'이라는 별칭으로 불리며 국내에서 유통되는 경우도 있었다. 2019년 한국을 처음 방문한 제임스 다이슨은《조선일보》와의 인터뷰에서 카피 제품에 관해 이렇게 언급했다.

"새로운 기술을 개발하려면 정말 비용이 많이 들어요. 가격이 비싸질 수밖에 없습니다. 카피는 거저먹는 거 아닌가요? 학교에서 친구 아이디어를 베끼면 속임수라고 혼나지 않나요? 도덕 문제입니다. 소비자들이 다양한 기술을 선택할 수 있는 기쁨을 뺏는 나쁜 행위입니다." (「5126번의 실패가 나를 만들었다」,《조선일보》, 2019년 10월 5일자 기사)

다이슨 제품에 대한 지식재산권 침해 사례는 최근에 부각되었지만, 사실 이런 사건들은 제임스 다이슨이 첫 번째 회사를 운영하던 시절에도 발생했었다. 공 모양 앞바퀴를 장착한 정원용 수레 볼배로를 개발했을 때 영국에서 시장 점유율 70퍼센트를 차지할 정도로 괜찮은 판매량을 기록했지만,

미국의 한 기업이 똑같은 제품을 만들어 판매하기 시작하면서 사세가 기울었던 적이 있었다. G포스 진공청소기가 일본에서 성공한 이후에도 여기저기에서 모방 제품을 내놓아 다이슨은 특허 분쟁을 벌이며 자사의 기술을 지키기 위해 치열하게 싸워왔다.

이러한 경험들 때문에 다이슨은 기업 비밀을 지키는 데 엄청난 노력을 기울이는 회사로 잘 알려져 있다. 철저한 비밀 유지를 위해 사내에서는 메모를 할 수 없고, 직원들에게는 '필요할 때 필요한 것만 알려주는 방식으로' 기업을 운영하며, 직원들은 공용 구내식당을 포함해 팀 외부에서는 사업에 대한 이야기를 해서는 안 된다고 한다.

기술에 대한 신념과 시행착오를 통한 개선

다이슨의 경영 철학을 한마디로 말하면 기술에 대한 신념과 시행착오를 통한 개선이다. 수천 번의 실패를 딛고 수천 개의 시제품을 만들면서 그는 시행착오를 두려워하지 않게 되었다. 그리고 결국 개발에 성공하면서 기술에 대한 확신을 얻었다. 다이슨의 도전은 하나의 아이디어 상품만 개발하고 끝나는 것이 아니라, 영속하는 기업으로 성장하는 것을 목표로 한다.

한때 애플의 스티브 잡스와 함께 혁신의 아이콘으로 불리던 제임스 다이슨이었지만, 정작 그는 '혁신'이라는 단어를 좋아하지 않는다. 혁신이란 그저 기존 기술을 재포장해서 새로운 어떤 것을 제공하는 것처럼 보여주기 위해 마케터들이 만들어낸 단어라는 것이다. 2012년 제임스 다이슨은 CEO 자리에서 물러나 전문 경영인에게 회사를 맡기고 자신은 '수석 엔지니어'라는 직급을 달고서 신제품 개발에 전념하고 있다.

2018년에 발표된 실적을 살펴보면, 세계 80여 개 국가에 진출해 있는 다이슨의 매출은 전년 대비 28퍼센트 증가한 44억 파운드(약 6조 4000억 원), 영업이익은 33퍼센트 증가한 11억 파운드(약 1조 6000억 원)를 기록했다. 미래 기술에 대한 투자와 인력 투자 규모도 늘었다. 에너지 저장과 전열 기술, 로봇 공학, 머신 러닝, 디지털 모터 등 핵심 기술과 첨단 생산 및 연구에 대한 투자 규모도 역대 최고 수준을 기록했다. 연구 개발 엔지니어와 과학자 수는 전체 직원의 절반가량인 6,000여 명 정도 된다.

한편 최근 다이슨은 전기차 사업의 대규모 연구 개발을 시행착오라고 인정하고 접었다. 모터와 배터리 등의 기술을 가지고 있는 다이슨에게 새롭게 열리고 있는 전기차 시장은 매력적으로 보였다. 다이슨은 2015년부터 비밀리에 사람들을 모아 문을 닫은 공군기지에서 전기차를 연구했다. 테슬라도 충분히 따라잡을 수 있다고 자신했던 모양이다. 그러나 그는 전기차를 경쟁력 있는 가격으로 판매할 수 없다는 사실을 깨닫자, 오랜 시간과 많은 비용을 들인 전기차 개발을 결국 포기하기로 마음먹었다.

사실 개발 초기에 사업을 접는 것은 다이슨에게 그리 이례적인 일은 아니다. 50년 가까이 발명을 이어오면서 다이슨은 "실수에서 성공이 나온다"는 신념을 더욱 확고히 다졌다. 비록 전기차 출시 프로젝트는 포기했지만 전기차 제조 과정에서 확보한 배터리 기술을 다른 분야에 활용하겠다는 포부를 밝혔다. 앞으로 미래 기술 개발을 위해 어떤 도전을 보여줄지, 또 어떤 모멘트를 기록할지 다이슨의 행보가 기대된다.

16년 연속
성장 신화의
비밀

LG생활건강의 모멘트
2005년

2005년부터 2021년까지 16년 연속 성장 신화를 써 내려가고 있는 LG생활건강. 하지만 사업 초기에는 빈번한 실패와 갈수록 곤두박질치는 매출에 구조조정 이야기까지 나오던 시절이 있었다. LG생활건강을 상승궤도로 올린 주인공은 누구인지, 멈춤 없이 성장 가도를 달려가고 있는 비법은 무엇인지 살펴본다.

조용하지만 강한 기업

시가총액이 높다는 건 한편으로는 회사의 경영 성과가 좋음을 뜻한다. 많은 이들이 그 회사의 성장 가치를 보고 주식을 사니 주가도 꾸준히 올라 시가총액이 올라간 것이다. 코스피 시장에서 부동의 시가총액 1위는 삼성전자다. SK하이닉스, 네이버, LG화학, 삼성바이오로직스, 카카오, 현대차, 셀트리온, 삼성SDI, LG생활건강, 현대모비스, 포스코, 기아차 등이 주가 등락에 따라 상위 20위권 안에서 오르내린다. 대부분 요즘 잘나간다는 반도체와 IT, 자동차, 생명과학 회사다.

이 가운데 눈에 띄는 회사가 있다. 화장품과 생활용품, 음료를 파는 LG생활건강이다. 몇 푼 안 되어 보이는 잡화를 파는 회사처럼 보이는 LG생활건강이 한국을 대표하는 반도체, 자동차 기업과 어깨를 나란히 하고 있다. 더욱 놀라운 사실은 LG생활건강의 실적이다. 최근 여러 국내 경제지에서 LG생활건강의 '64분기 연속 성장'이 화제가 되었다. 2020년은 코로나바이러스로 인해 면세점 사업과 유통업이 직격탄을 맞았고 그 여파로 국내 화장품 시장이 침체되었음에도 불구하고 LG생활건강은 64분기 연속 흑자 달성에 성공했다고 한다. 게다가 2021년 1분기 매출은 2조367억 원으로 전년 동기 대비 7.4퍼센트 상승했고, 영업이익은 3706억 원, 당기순이익은 2588억 원을 달성하며 전년 동기 대비 각각 11퍼센트, 10.5퍼센트 성장했다고 발표했다.

64분기라면 햇수로 무려 16년에 해당한다. 지금으로부터 16년 전인 2005년에 5만 원 안팎이던 주가는 2021년 1월에 170만 원 가까이 치솟았다. 증권가에서는 LG생활건강에 대해 '조용하지만 강한 기업', '조용히 무서운 기업'이라고 표현한다. 그만큼 오랜 기간 동안 큰 부침 없이 꾸준한 성장세를 이어왔기 때문일 것이다.

위기의 시대

LG생활건강은 2001년 모기업인 LG화학에서 분사했다. 주요 사업 부문은 화장품과 생활용품, 음료, 이렇게 세 영역으로 구성되어 있으며 이 가운데 화장품과 생활용품의 매출 비중이 크다. 법인 설립일 기준으로 보면 20년 남짓 되는 기업이지만, 생활과 밀접한 제품들을 생산하는 까닭에 집 안 곳곳에서 LG생활건강의 제품 브랜드를 쉽게 찾아볼 수 있다. 대표적으로 샤프란(세탁용품), 퐁퐁(주방세제), 엘라스틴(샴푸), 페리오(치약) 등의 제품을 만들어 판매해오고 있다.

2005년부터 연속 성장을 기록해온 기업이지만 그 이전에는 상황이 좋지 않았다. LG생활건강이 LG화학과 분리할 당시 매출과 영업이익은 매년 내려앉고 있었고, 2004년에는 구조조정 이야기가 나올 정도로 분위기는 심각했다. 특히 분사 첫해에 화장품 부문의 영업이익이 400억 원이었는데, 3년 뒤인 2004년에는 38억 원으로 그야말로 폭삭 주저앉은 상황이었다.

LG생활건강이 어려움에 처해 있던 당시 사회 전반에는 소비의 양극화 현상이 나타나고 있었다. 화장품 시장도 예외가 아니었는데 럭셔리 브랜드는 백화점을 중심으로 시장을 확장시켰고, 저가 화장품 브랜드는 로드숍으로 판매망을 구축하며 선풍적인 유행을 이끌었다. 미샤, 더페이스샵, 에뛰드, 스킨푸드 같은 1세대 로드숍 화장품 브랜드들은 2000년대 초반에 설립되어 거리를 장악하며 부흥기를 누렸다. 그러나 LG생활건강에서 내놓은 제품들은 가격이나 브랜드 이미지에서 다소 어중간한 위치에 있었다. 예를 들어 1990년대 후반에 나온 이자녹스나 라끄베르, 오휘 등은 중간 가격대의 화장품 브랜드로 양극화된 화장품 시장에서 점점 설 자리를 잃어갔다. 이런 변화의 움직임을 따라가지 못한 LG생활건강의 화장품은 자연스럽게 라이벌 업체들과의 경쟁에서도 밀려나게 되었다.

훨씬 이전으로 거슬러 올라가보면, LG생활건강이 LG화학에서 분사하기 이전인 1990년대에 화장품뿐만 아니라 다른 사업 부문에서도 위기를 겪은 적이 있었다. 주력 사업이던 생활용품 분야에서 1위를 지키고 있었지만 성장에 한계가 있었다. 그때 생각지도 못한 데서 경쟁자가 나타났다. 제일제당(현 CJ)이었다. 식품회사였던 제일제당이 사업을 다각화하면서 1991년 말 세탁용품 '비트'를 내놓으며 생활용품 시장에 진출했던 것이다. 제일제당은 식품 업계에서 쌓아온 강력한 유통망과 풍부한 자금력으로 생활용품 분야를 야금야금 침범하고 있었다.

이런 상황을 역전시키기 위해 LG생활건강(당시 LG화학)도 제일제당이 장악하고 있던 조미료 시장에 뛰어들었다. 제일제당은 1975년에 내놓은 '쇠고기 다시다'로 오랫동안 시장 1위를 지키고 있었다. LG생활건강은 1993년 야심 차게 '맛그린'이라는 브랜드를 선보이며 업계 1위에 도전장을 내밀었다. 식품 분야에서 또 다른 경쟁에 나선 셈이다. 하지만 1위의 벽은 높았고, 맛그린은 역사 뒤로 사라졌다.

초창기 음료 사업도 순탄치 않았다. 1993년 비락식혜가 출시되어 인기를 끌자 '미투 상품'으로 식혜를 내놓았다. 맛그린 브랜드를 확장하기 위해 조미료 브랜드에서 가져온 생뚱맞은 이름의 '맛그린 식혜'였는데, 이것도 물론 실패로 돌아갔다. 1999년에는 당시 최고의 아이돌 그룹 H.O.T. 이름을 딴 탄산음료 '틱톡 에쵸티TIC-TOC H.O.T.'도 내놓았지만 인기는 오래가지 못했다. 이 외에도 감식초 음료 '마이빈', 비타민 음료 '레모니아' 등을 출시했지만 결과는 대실패였다. 결국 LG생활건강은 음료 부문을 CJ에 매각하면서 음료 사업을 접었다. 조미료부터 음료까지 진출하며 사업 다각화를 노렸으나 거듭된 실패로 손실만 떠안고 정리할 수밖에 없었다.

구원투수의 등장과 함께 모멘트가 열리다

구조조정 이야기가 나오던 2005년, 당시 LG의 구본무 회장은 위기를 타개하기 위해 외부에서 영입한 전문 경영인을 LG생활건강에 투입하기로 결정했다. 바로 차석용 현 부회장이었다. 2005년 1월, 그는 LG생활건강의 구원투수가 되어 CEO로 취임했다.

차석용 부회장은 1953년 서울에서 태어나 경기고등학교를 졸업한 뒤 고려대학교 법학과에 입학했다. 군복무를 마친 후 미국으로 유학을 떠나 뉴욕주립대학교에서 회계학을 전공했고, 코넬대학교 대학원에서 경영학 석사학위를 받았다. 1985년 미국 P&G에 입사한 후 14년이 지난 1999년에 P&G 한국총괄사장이 되었다. 2001년에는 당시 법정관리를 받고 있던 해태제과 대표이사 사장으로 영입된 뒤 1년 만에 흑자 전환을 이끌어냈다. 취임 후 2002년에 출시한 '호두마루'가 큰 성공을 거뒀고, 연달아 마루 시리즈를 내놓으며 엄청난 매출을 기록했던 것이다. 또한 사내 체질 개선과 대대적인 개혁을 밀어붙이는 등 경영인으로서의 저력을 발휘해 적자 기업을 흑자 기업으로 전환시킨 이력으로도 유명했다.

그의 사업 수완과 행보를 눈여겨보던 이가 있었으니, 바로 LG그룹 구본무 회장이었다. 두 사람은 어떻게 알게 되었을까? 두 사람은 1990년대 말 LG생활건강이 식품 사업 매각을 추진하는 과정에서 만났다. 매각 협상 대상자 가운데 CJ그룹과 한국 P&G가 있었다. 차 부회장은 그때 한국 P&G의 사장이었다. 구본무 회장은 협상 테이블에서 만난 차 부회장의 업무 처리 능력을 눈여겨보았다. 알짜 기업 인수에 뛰어날 뿐만 아니라 적자 기업을 인수하더라도 짧은 기간에 흑자로 만드는 수완이 있음을 알아챈 것이다.

차석용 부회장의 영입 과정은 전화 한 통으로 시작되었다. 2004년 말 해태제과 사장실로 LG그룹 관계자의 전화가 한 통 걸려왔다. LG생활건강을 맡아달라는 제안이었다. "영광입니다." 이 한마디 답변으로 LG그룹의 제안을 수락했다는 일화는 업계에서 유명하다. 연봉이 얼마인지, 근무 조건은 어떠한지에 대한 사전 정보도 전혀 없이 그가 영입 제안을 선뜻 받아들인 데에는 'LG의 정도경영과 인재중심주의에 대한 신뢰'가 있었기 때문이라고 한다. 그리하여 차석용 부회장은 2005년 1월부터 LG생활건강의 경영을 맡았고, 이때부터 마법 같은 성과를 보여주기 시작했다. 따라서 차석용 부회장의 취임이 곧 LG생활건강의 모멘트가 되었다고 할 수 있다.

차석용의 세발자전거론

취임 이후 차석용 부회장의 행보 가운데 주목할 만한 것은 사업의 구조를 바꾼 전략이었다. 당시 화장품과 생활용품이라는 두 가지 부문으로 굴러가던 사업 구조를 바꾸기 위해 음료 사업에 뛰어들기로 했다. 차석용 부회장은 이 전략을 설득하기 위해 '세발자전거론'을 근거로 제시했다.

> 차 부회장이 LG생건에 적용한 포트폴리오는 그의 표현대로 하면 '세발자전거론'이다. 그는 "생활용품, 화장품만 가지고는 두발자전거를 타고 가는 것과 같다"고 했다. 둘 다 잘될 수도 있지만, 혹여 화장품이 좀 어렵더라도 생활용품이 잘돼서 끌고 나가주고, 또 생활용품이 어려울 때는 화장품이 잘돼서 끌어줄 수 있다. 지금까지는 그렁저렁 운 좋게 잘해오고 있었는데, 이게 위태롭다는 것이다. 그런데 사업 포트폴리오가 생활용품, 화장품만이 아니라 하나 정도 더 있으면 세발자전거가 된다. 두발자전거는 멈추면 넘어지지만 세발자전거는 훨씬 안정적이다. (홍성태, 『그로잉 업 -LG생활건강의 멈춤 없는 성장의 원리』, 북스톤, 2019)

LG생활건강의 생활용품 부문은 시기를 타지 않고 비교적 안정적으로 유지되었지만, 화장품은 상황이 달랐다. 더운 여름에는 사람들이 화장을 덜 하기 때문에 겨울보다 여름이 비수기였던 것이다. 실제로 화장품 부문이 연간 매출에서는 흑자일지라도 여름에는 적자를 기록하곤 했다. 이런 리스크를 보완하기 위해서는 여름에 잘 팔리는 사업 아이템이 필요했다. 이때 차석용 부회장이 선택한 것이 음료 사업이었다. 화장품과 생활용품에 음료를 더해 전체 사업의 계절 지수를 고르게 하고, 사업의 다각화로 더 안정적으로 수익을 올리려는 계획이었다.

하지만 LG생활건강은 과거에 음료 사업에서 이미 실패한 경험이 있었다. 야심 차게 내놓은 제품들이 모두 실적 부진을 낳았고, 결국 CJ에 매각되는 뼈아픈 기억을 갖고 있던 터였다. 그러다 보니 주변에서는 음료 사업을 다시 시작하겠다는 계획을 반기지 않는 분위기였다. 이에 차 부회장은 음료 부문에서 성과를 내지 못한 이유가 그 분야에 역량이 없는 상태에서 뛰어들었기 때문이라고 파악했다. 그는 추진력을 발휘해 자신의 계획대로 음료 사업을 밀어붙였다.

코카콜라 M&A로 신호탄을 쏘다

"자기 혼자 공부해서 실력이 안 될 것 같으면 과외를 받아야죠. 그리고 기왕이면 잘하는 선생님에게 배워야죠. 음료 사업을 누가 가장 잘합니까? 코카콜라가 가장 잘합니다. 가장 잘하는 곳에서 배워야죠." 이는 음료 사업에 뛰어들 당시 차석용 부회장의 생각이었다. 차 부회장은 LG생활건강을 맡은 지 2년 만에 새로운 카드를 꺼냈다. 코카콜라 인수였다. 처음에는 회사 안팎에서 반발이 컸다. 이전에 10여 년 동안 사업 다각화를 꾀했지만 모두 접어야 했던 '실패의 추억' 때문이었다. 다소 보수적인 LG그룹의 기업 문화와는 다른 M&A 방식이어서 이를 탐탁지 않게 여기는 사람들도 많았다. 또한 탄산음료의 유해성 논란이 불거진다면 LG생활건강이 추구하는 '건강' 이미지가 깨져버린다는, 증권가의 부정적인 평가도 있었다.

게다가 한국에서 코카콜라 매출은 2002년을 기점으로 계속 떨어지고 있었다. 2002년에 5990억 원을 기록한 매출이 2005년에는 4984억 원까지 떨어졌다. 펩시콜라와의 점유율 차이도 10퍼센트(코카콜라 55퍼센트, 펩시 45퍼센트)까지 줄어들고 있었다. 회사 안팎의 우려와 반대에도 불구하고 결국 LG생활건강은 2007년 한국코카콜라를 3853억 원에 인수했다. 결과는 성공이었다. 한국코카콜라는 인수 당시인 2007년 연매출 4600억 원, 영업손실 70억 원을 기록했는데, 2019년의 실적을 보면 연매출 1조2600억 원, 영업이익 1400억 원의 회사로 거듭났다.

코카콜라 인수는 LG생활건강의 본격적인 M&A 행보를 알리는 신호탄이었다. 2009년 다이아몬드샘물, 2010년 더페이스샵코리아, 2011년 해태음료를 인수한 데 이어 2012년 긴자스테파니, 2013년 에버라이프를 인수하며 일본 시장에서도 사업 기반을 다졌다. 그리고 2019년에는 미국 화장품 회사 뉴에이본을 인수해 미국 진출의 발판을 만들었다.

차석용 부회장의 M&A 원칙

기업은 성장 동력을 확보하기 위해 신규 사업을 시작하거나 M&A를 통해 새로운 영역에 진출하기도 한다. LG생활건강은 M&A를 추진하면서 새 먹거리 사업을 찾았다. 차석용 부회장이 단지 유명 브랜드를 인수 합병했기 때문에 돋보였던 것은 아니다. M&A를 추진한 뒤 단기간에 적자에서 벗어

LG생활건강은 2007년 한국코카콜라를 인수해 음료 사업에 다시 뛰어들었다. 이를 통해 LG생활건강은 사업 다각화를 이루었고, 인수 당시 적자였던 한국코카콜라를 1년 만에 흑자로 전환시키는 데에도 성공했다.

나게 하는 힘 덕분에 차석용 부회장을 일컬어 M&A의 승부사 또는 M&A의 귀재라고도 하는 것이다. 매년 수백억 원에 달하는 적자를 내던 코카콜라를 사들여 1년 만에 흑자 전환에 성공하고 전 세계 코카콜라 회사 가운데 가장 모범적인 회사로 탈바꿈시킨 것이 대표적 사례다. 이는 어떻게 가능했을까?

차석용 부회장이 M&A를 추진할 때에는 몇 가지 원칙이 있었다. 그중 가장 중요시했던 것은 조직 통합의 효율과 속도였다. M&A 이후 조직 통합 작업을 빠르게 추진하기 위해 인수팀은 해당 회사의 문제점 및 개선 방안을 찾아서 조직을 재정비한 후 사업 정상화에 필요한 핵심 과제를 3개월 내에 80퍼센트까지 수행하는 것을 목표로 움직였다.

코카콜라를 인수하던 당시 내부 상황을 살펴보니 인수 합병 이전의 코카콜라는 경영진과 현장이 따로 움직이고 있었다. 공장의 설비 투자가 거의 이루어지지 않았을 뿐만 아니라 생산성이나 품질, 환경, 안전 등 공장이 기본적으로 갖춰야 할 사항도 제대로 관리되지 않았음을 알게 되었다. 공장을 둘러본 후 차석용 부회장은 '음료는 음식'이라는 인식을 직원들에게 심어주면서 공장의 문제점을 개선하는 데 박차를 가했다. 그리고 콜라 생산의 필수 요소가 아님에도 식품안전관리인증HACCP을 취득해 안전성을 확보했다.

차 부회장은 가끔씩 임직원들에게 'CEO 메시지'를 보내 자신의 경영 철학과 생각을 공유하곤 한다. 그중 M&A에 관한 메시지를 살펴보면 그가 어떤 원칙으로 M&A를 추진하는지를 잘 알 수 있다.

> 일부 언론에서는 우리가 M&A를 할 때마다 "LG생활건강, M&A를 통한 몸집 불리기"라는 기사를 띄우곤 하는데, 이는 우리의 M&A 철학과 맞지 않는 표현인 것 같습니다. 우리에게는 '고객의 아름다운 꿈을 실현하는 최고의 생활 문화 기업'이라는 큰 그림이 있습니다. 이를 위해 그동안 크고 작은 M&A를 차근차근 진행해 성공시켰고, 앞으로도 큰 그림을 맞추는 관점에서 한 발 한 발 더 나아갈 것입니다. 임직원 여러분께서도 각자의 위치에서 이 큰 그림을 만들어가는 과정에 동참해주실 것을 부탁드립니다.
> (홍성태, 『그로잉 업-LG생활건강의 멈춤 없는 성장의 원리』, 북스톤, 2019)

2007년 코카콜라 인수를 시작으로 본격적인 음료 사업을 시작한 LG생활건강은 기존의 주력 사업이었던 화장품 부문에서도 공격적인 M&A를 이어갔다. 2010년에는 더페이스샵을 인수하여 화장품 사업에서 중요한 전환점을 만들어냈다. 당시 LG생활건강은 고가와 중가 화장품 위주로 사업을 구성했는데, 더페이스샵의 인수로 저가 화장품 라인을 보완함으로써 더욱 안정적인 포트폴리오를 확보할 수 있었다. 이 또한 "큰 그림을 먼저 그리고 퍼즐 맞추듯 꼭 필요한 분야의 회사를 인수한다"라는 차 부회장의 M&A 원칙이 적용된 성공 사례였다.

왕후의 역사를 쓰며 K-뷰티를 이끌다

LG생활건강이 럭셔리 화장품 브랜드를 선보인 것은 2003년이었다. 브랜드 이름은 왕후의 의미를 담아 '더 히스토리 오브 후后'라고 지었다. 화려한 이름과 달리 첫해 매출은 103억 원이라는 초라한 성적을 보였다. 당시만 해도 한방 화장품으로는 아모레의 '설화수'가 럭셔리 라인을 선점하고 있었다. 설화수는 고급 브랜드 이미지를 갖췄을 뿐만 아니라 중국에서도 최고 인기를 누리고 있었다. 2015년에는 단일 화장품 브랜드 최초로 매출 1조 원을 기록했다.

후발주자로 고급 한방 화장품을 내놓은 LG생활건강은 마케팅에 고민이 많았다. 어떻게 하면 설화수와 차별화하면서 한방 화장품 시장에서 입지를 굳힐 수 있을지가 가장 큰 관건이었다. 차석용 부회장이 LG생활건강에 CEO로 취임하고 얼마 지나지 않았을 때 그가 아이디어 하나를 제안했다. "한방 브랜드로 승부를 보려고 하지 말고 궁중 브랜드로 차별화하자"는 것이었다. LG생활건강은 브랜드 콘셉트를 수정했다. 한방 화장품을 넘어서서 왕후가 바르는 '궁중 화장품'으로 포지셔닝했던 것이다. 중국 시장에 진출할 때도 중국 대도시의 최고급 백화점을 중심으로 입점하면서 철저히 고급화 전략으로 다가섰다. 특급 호텔을 빌려 VIP 초청 뷰티 행사를 여는 등 중국 상위 5퍼센트 고객을 공략하기 위해 다양한 마케팅 활동을 꾸준히 펼쳤다.

그렇게 2005년부터 매출과 수익을 꾸준히 올리다가 위기가 한 차례 찾아왔다. 사드THADD(고고도미사일방어체계) 사태였다. 중국은 한국에 사드가 배치된 뒤 2017년부터 본격적으로 한한령限韓令이라는 칼을 빼내 들었다. 한국에서 제작한 콘텐츠와 한국 연예인의 방송 출연을 차단한 데 이어 한국 제품의 불매 운동을 벌였다. 중국에 진출한 한국 기업은 큰 타격을 받았다. 화장품 사업을 대대적으로 벌이고 있던 LG생활건강도 벗어날 수 없는 듯 보였다.

하지만 결과는 예상과 달랐다. 2017년 후는 '넘사벽'이던 설화수를 제치고 판매 1위 자리에 올랐다. 어떻게 된 일일까? 중저가 브랜드로 중국에 진출한 국내 화장품 업체는 큰 타격을 받았지만, 후는 럭셔리 브랜드로 포지셔닝을 했기에 사드 사태를 살짝 피해갈 수 있었다. 중국 정부의 규제로 중국의 단체 관광객이 한국에 오지 못해도 중국 부자들은 개별 관광으로 한국에 와서 후를 구입해 중국으로 건너갔다. 중국 부자들은 사드 사태에도 아랑곳하지 않고 백화점에서 사던 한국 화장품을 똑같이 구입했다.

브랜드를 관리하는 경영자의 시각 차이도 사드 사태에서 승패를 갈라 놓았다. 사드 사태로 한국 화장품 판매망이 막혔지만, 한국 화장품을 사고 싶어 하는 중국인들은 많았다. 이걸 해결해준 사람들이 바로 따이궁代工이라 불리는 중국 보따리 장사꾼들이었다. 이들은 한국 면세점에서 길게 줄을 서서 기다리며 한국 화장품을 쓸어담아 중국에서 판매했다.

이때 아모레는 브랜드를 철저하게 관리한다는 이유로 따이궁의 설화수 구매 개수를 제한했다. 럭셔리 브랜드의 희소가치에 중점을 두고 브랜드를 관리했던 것이다. 반면 LG생활건강은 원하는 사람에게 제품을 판다는 실용적인 전략으로 대응하며 판매 개수에 제한을 두지 않았다. 자연히 따이궁들은 설화수를 덜 찾았고, 그런 반면 후는 판매 수치가 점점 올라갔다.

두 기업이 위기에 대응하는 전략의 차이는 결국 1, 2위 자리를 바꿔놓

The history of

2003년 LG생활건강이 럭셔리 화장품 브랜드로 선보인 '더 히스토리 오브 후'는 왕후가 바르는 궁중 화장품으로 포지셔닝해 중국 시장을 겨냥했다.

았다. 사드 사태를 기점으로 설화수는 1위 자리를 후에 내주게 되었다. 후는 2018년 국내 화장품 업계 최초로 단일 브랜드 매출 2조 원을 돌파한 데 이어 2020년 상반기 코로나19 사태에서도 매출 1조 원을 달성했다.

위기에도 꺾이지 않는 힘

위기가 찾아올 때마다 LG생활건강은 적절한 전략을 구사하며 쭉 상승 기세를 유지하고 있다. 2020년은 코로나 바이러스로 인해 화장품 사업의 실적 부진을 면치 못했지만, 후와 숨 등 고가 화장품 라인의 판매 채널을 온라인 중심으로 전환하고, 특히 중국의 최대 쇼핑 축제인 광군제를 겨냥한 마케팅 전략이 효과를 거둬 어려운 상황에서도 호실적을 기록했다.

또한 2020년은 차석용 부회장의 '세발자전거론'이 빛을 본 해이기도 했다. 상대적으로 화장품 사업의 매출이 줄었을 때 음료와 생활용품 사업이 실적을 받쳐주었기 때문에 꺾이지 않는 연속 성장이 가능했던 것이다. 음료 부문에서는 코로나의 영향으로 야외활동이 제한적이었음에도 불구하고 홈 피크닉, 홈 캠핑 등의 콘셉트를 담은 '에디션 콜라'를 출시해 인기를 모았고, 생활용품 부문에서는 코로나 시대의 소비 수요에 맞는 손 소독제와 항균 제품 등 위생용품을 속속 출시하면서 사업을 확대했다. 이처럼 세 가지 사업 부문이 서로의 장단점을 보완하고 리스크를 상쇄하는 차석용의 '세발자전거론' 전략이 유효했음을 명백히 입증한 셈이다.

사업 다각화를 위한 적극적인 M&A도 계속 추진하고 있다. 2020년 초 LG생활건강은 유럽 더마코스메틱의 대표 브랜드인 '피지오겔'의 아시아·북미 사업권을 인수했다. 피지오겔은 크림과 로션 제품으로 유명한데, 피지오겔 인수를 통해 LG생활건강 화장품의 피부 진정 및 보습 라인을 강화하면서 경쟁력을 키울 것으로 예상된다. 또한 피지오겔이 화장품 3대 시장인 미국과 중국, 일본에 아직 진출하기 전이라 LG생활건강의 기존 글로벌 유통망을 활용해 이들 시장을 공략한다면 앞으로도 큰 성과가 있을 것으로 업계에서는 전망하고 있다.

2005년 LG생활건강이 '실패의 추억'으로 마이너스 성장을 하고 있을 때, 차석용 부회장은 구원투수로 등장하여 그야말로 괄목할 만한 멋진 퍼포먼스를 보여주었다. 홍콩에서 발행되는 아시아 대표 금융경제지인《아시아머니》는 2009년부터 2011년까지 연속 3년 동안 '한국의 최고경영자'로 차석용 부회장을 선정했고, 2015년에는《하버드 비즈니스 리뷰》가 선정한 '베스트 퍼포밍 코리안 CEO' 1위 자리에 올랐다. 현재 차석용 부회장은 국내에서 업계 최장수 CEO라는 기록도 갖고 있다.

차석용 부회장이 CEO로 취임한 2005년이 LG생활건강의 모멘트가 된 그해임은 의심할 여지가 없다. 새로운 먹거리 사업을 찾아냈고, 만년 2위였던 화장품을 1위로 바꿔놓았으며, 무엇보다도 취임 후 한 해도 거르지 않는 실적 성장을 이루어냈으니 말이다.

가구 DIY 시대를 연 세계 최대의 가구 기업

이케아의 모멘트 1956년

가구는 완제품으로 판매한다는 고정관념을 깨뜨리고 가구 DIY를 선도한 세계 최대 가구 기업 이케아는 오늘날 전 세계 사람들의 라이프스타일까지 주도하고 있다. 구매부터 조립까지, 소비자들은 왜 불편함을 감수하고 이케아를 선택하는 걸까? 이케아는 어떻게 해서 세계 최대 가구 업체로 거듭날 수 있었는지 그들의 전략을 파헤쳐본다.

열일곱 살에 이케아를 탄생시킨 창업 신동

이케아를 설립한 잉바르 캄프라드Ingvar Kamprad는 어린 시절부터 장사꾼 기질을 보였던 것으로 유명하다. 그는 독일 이민자 출신 가난한 농부의 아들로 태어나 다섯 살 무렵에 이미 장사를 경험했다. 친척 어른의 도움을 받아 스톡홀름에서 성냥 100갑을 사와서 여기에 마진을 붙여 학교 친구들과 마을 사람들에게 되팔아 용돈을 벌었다고 한다. 그다음에는 같은 방식으로 장식품, 연필, 볼펜, 씨앗 등 돈이 될 만한 것이라면 뭐든지 가져다가 팔았고 열한 살 때는 자신이 번 돈으로 자전거와 타자기를 사기도 했다.

1943년 캄프라드가 열일곱 살이 되던 해, 학교에서 좋은 성적을 받아 오자 아버지는 그에 대한 보상으로 용돈을 주었다. 캄프라드는 그동안 모은 돈과 아버지에게서 받은 용돈을 합해 장사를 본격적으로 시작했다. 오늘날의 이케아가 이렇게 탄생한 것이다. 이때 그는 용돈벌이의 수준을 넘어 정식으로 사업체를 꾸렸다. 업체의 이름은 자신의 이름 '잉바르 캄프라드'에서 이니셜인 I와 K를 따고, 그가 자란 농장의 이름 엘름타리드Elmtaryd에서 E를, 농장이 위치한 곳의 지명 아군나리드Agunnaryd에서 A를 각각 따와 이를 합쳐 'IKEA'라 지었다. 사업 초기에는 지갑, 스타킹, 엽서, 연필 등 주로 생활용품과 사무용품을 팔았고, 점차 사세를 키우면서 시계, 넥타이, 양말 등도 취급했다.

이케아 창업자 잉바르 캄프라드. 그는 1943년 열일곱의 나이로 이케아를 설립해 1988년까지 이케아의 고문으로 일했다. 2018년 향년 아흔한 살을 일기로 세상을 떠났다.

가구를 처음 판매하기 시작한 것은 1948년이었다. 캄프라드는 자신이 살던 지역의 장인들이 수공예로 제작한 가구를 들여와 팔기 시작했다. 다른 가구 업체들과 차별점이 있었는데, 보통 제품에 일련번호를 붙이는 것과 달리 이케아는 제품마다 이름을 붙여 판매했다. 그중 '루트Ruth'라고 이름을 지은 의자가 불티나게 팔리면서 100만 크로나라는 매출을 올렸다. 지금의 가치로 환산하면 우리 돈으로 1억 원이 넘는 금액이었다.

가구 전시장을 열다

당시에는 대부분 고객이 카탈로그에서 제품을 보고 마음에 드는 상품을 주문하는 식으로 거래가 이루어졌다. 1950년대에 이르러 카탈로그 판매 사업에 점차 경쟁이 붙기 시작했다. 업체들이 서로 가격 경쟁을 벌이다 보니 가격을 낮추느라 품질을 좋게 만들 수 없었다. 이 때문에 카탈로그 판매 상품은 질이 나쁘다는 부정적인 인식마저 퍼지고 있었다.

그 무렵 일손이 더 필요했던 잉바르 캄프라드는 이케아의 첫 직원을 채용했다. 스벤예테 한손Sven-Göte Hansson이라는 인물로, 캄프라드와의 긴 면접을 거쳐 입사한 이후 둘은 신뢰를 쌓아가며 함께 일했다. 캄프라드는 한손과 이케아의 운영에 대해 의견을 나누곤 했는데, 이 시기에 둘은 논의 끝에 중요한 두 가지 사안을 결정했다. 하나는 사업 아이템을 가구에만 집중하기로 한 것이고, 다른 하나는 가구 전시장을 세우는 것이었다.

기존의 이케아는 잡화점식으로 운영하면서 다양한 물건들을 판매하고 있었다. 캄프라드와 한손은 '이렇게 많은 품목을 취급하는 것이 사업성이 있을까' 하는 문제를 놓고 자주 의견을 나누었다. 그 결과 사업 방향을 바꾸기로 결론을 내렸다. 잡화점식에서 벗어나 한 가지 품목을 전문적으로 취급하기로 했고, 이때 집중하기로 한 품목이 바로 가구였다.

당시 가구를 구입할 때는 대부분 카탈로그에서 제품을 보고 주문했다.

일부 고급 가구점만 전시장을 운영하고 있어서 일반 소비자들이 가구를 직접 보고 구입하는 경우는 많지 않았다. 캄프라드는 고객에게 실제 가구를 보여주면 카탈로그로만 보여주고 판매하는 것보다 더 신뢰를 얻으리라 생각했다. 카탈로그로 판매되는 가구의 품질에 대한 부정적인 인식을 바꾸면서, 경쟁 업체들과의 차별성도 가질 수 있는 방법이라 생각했던 것이다. 그리고 소비자에게도 가구를 직접 보고 선택하고 싶은 욕망이 있을 것이라고 판단했다.

그리하여 캄프라드는 1953년 엘름홀트 기차역 인근에 가구 전시장을 열었다. 이것이 이케아의 첫 쇼룸이었다. 기차역 근처에 위치해서 고객들이 오가다 쉽게 들를 수 있었고, 전시장에서는 가구를 마음껏 만지고 살펴볼 수 있었다. 또한 방문 고객에게 차와 빵을 대접해 단순히 가구를 사고파는 공간이 아니라 잠시 쉬며 서로 이야기도 나누는 사랑방 같은 공간을 제

엘름홀트 기차역 인근에 처음으로 문을 연 이케아의 가구 전시장.

시했다. 전시장 문을 연 첫날 1,000명이 넘는 사람들이 방문하는 것을 보고 캄프라드는 자신의 판단이 맞았음을 직감했다.

전시장으로 인한 효과는 대단했다. 방문 고객들이 전시장을 둘러보고 제품에 대한 불만이나 의견을 말하면 이를 곧바로 참고할 수 있었고, 고객의 니즈를 파악하는 데에도 도움이 되었다. 전시장을 연 다음해인 1954년 이케아는 100만 달러의 매출을 올렸는데, 이를 지금의 가치로 환산하면 약 1조 원에 달하는 규모였다. 또 그다음 해에는 매출이 200만 달러로 껑충 뛰었다.

스웨덴 가구 업계의 반발

이케아가 가구 판매에 집중하고 전시장을 열어 매출 상승을 이룰 수 있었던 것은 어떻게 보면 정부의 정책과 시기를 잘 파악한 덕분이었다. 1950년대 스웨덴 정부는 서민들에게 집을 공급하기 위해 주택 100만 가구 건설을 추진했다. 제2차 세계대전 이후 복구 시기를 거쳐 부흥기가 찾아오면서 사람들은 일자리를 찾아 돈을 많이 벌 수 있는 도시로 대거 이동해왔다. 이에 따라 주택의 수요가 점점 늘어났고, 동시에 가구의 수요도 증가했다.

도시에 막 정착한 사람들은 화려하면서 무겁고 비싼 가구보다는 저렴하고 현대적이면서 실용적인 가구를 더 필요로 했다. 이를 눈여겨본 캄프라드는 저렴한 가구에 대한 소비자의 니즈가 분명 있을 거라 판단했다. 그래서 기존의 가구 업계에서 판매하는 값비싼 가구와 차별화해 저렴한 가구를 박리다매하는 전략을 선택했다.

스웨덴 가구 업체들은 제조사와 판매사가 단합해 가구의 값을 올려 비싸게 판매하는 경향이 있었다. 이처럼 가격을 올려놓고도 잘 팔리는 상황이었는데, 이케아가 마진을 얼마 남기지 않고 저렴한 가격으로 가구를 판매하니 기존의 가구 업체들은 위기의식을 느꼈다. 이케아의 성장은 스웨덴 가구 업계의 반발을 불러왔고 불매 운동으로까지 번졌다.

이케아에 대한 반발은 조직적으로 이어졌다. 가구를 납품하는 제조업체에게 이케아와의 거래 중지를 요구하거나 원자재 업체에게는 공급을 방해했다. 또 스웨덴 가구상 협회는 가구 시장의 중요한 이벤트였던 무역 박람회에 이케아가 전시하지 못하도록 출입을 거부하기까지 했다.

이러한 상황을 타개하기 위해 이케아가 먼저 생각해낸 방안은 업체들을 회유하는 것이었다. 당시 가구 업계의 관행은 물건을 받고 3~4개월 후에 거래 대금을 지불했는데, 이케아는 10일 안에 지불할 것을 약속하며 업체들을 설득했다. 가구 제조업체는 거래 대금을 빨리 회수하면 현금 흐름에 유리하기 때문에 이케아의 아군으로 돌아서는 경우도 있었다.

플랫팩의 도입, 이케아의 결정적 사건

이케아는 경쟁 업체들의 방해 공작에도 끄떡하지 않을 무기가 필요했다. 그런 와중에 오늘날의 이케아를 있게 한 결정적인 사건이 일어났다. 1956년, 가구를 완제품으로 판매하는 것이 아니라 조립해야 하는 상태로 판매하는 '플랫팩flat pack' 방식을 도입한 것이다. 이 플랫팩의 도입은 이후 이케아가 경쟁 업체를 따돌리고 성공의 발판을 확실하게 마련한 계기이자 모멘트가 되었다.

플랫팩은 간단히 말해 가구를 '납작하게 포장'하는 것이다. 플랫팩이 도입되기 이전까지 가구들은 대부분 완성된 상태로 배송되었다. 이를테면 공장에서 옷장을 완성하면 파손되지 않게 잘 포장해서 트럭에 실어 운반해야 하고, 부피가 큰 가구를 고객에게 배송할 때는 두 명 이상의 직원이 필요했다. 플랫팩은 상품의 부피를 6분의 1 크기까지 줄일 수 있어서 물류에 엄청난 비용 절감 효과를 가져왔다. 완제품일 경우 트럭에 하나만 실을 수 있지만 플랫팩은 여섯 개까지 운반이 가능하니 운송비를 대폭 줄일 수 있었고, 똑같은 공간에 더 많이 쌓을 수 있어서 보관 비용도 줄어들었다. 또한 운송 과정에서 파손될 위험도 줄어들 뿐만 아니라 조립과 설치 과정에 필요한 인건비도 절감했다. 여러모로 비용을 줄이는 획기적인 방법이었던 것이다.

플랫팩 방식을 고안한 사람은 1953년 이케아에 합류한 디자이너 길리스 룬드그렌Gillis Lundgren이었다. 그는 카탈로그 업무를 위해 고용되었으나 이후에 이케아의 첫 번째 디자인 매니저가 되어 수많은 제품을 디자인했다. 오늘날의 이케아가 있기까지 가장 큰 공로를 세운 직원이라 해도 과언이 아닌데, 플랫팩 시스템을 최초로 생각해냈을 뿐만 아니라 이케아의 역대 최고 판매량을 기록한 '빌리' 책장을 디자인하기도 했다. 이케아의 로고 또한 그가 디자인한 것이다.

이케아의 플랫팩 방식을 최초로 고안한 디자이너 길리스 룬드그렌.

길리스 룬드그렌이 플랫팩 방식을 떠올리게 된 것은 우연한 사건 때문이었다. 1955년 어느 날 카탈로그에 수록할 테이블 제품을 촬영하기 위해 캄프라드와 룬드그렌이 함께 작업을 하고 있었다. 공장에서 가져온 테이블의 사진을 찍은 후 다시 커다란 상자에 통째로 담아 포장을 하고 차에 실으려고 하는데 부피가 너무 커서 차에 들어가지 않았다. 이때 룬드그렌이 테이블 다리를 떼어내고 상판에 붙여 포장한 다음 다시 조립하자는 의견을 냈다. 그러면 납작하게 포장할 수 있으니 차에도 쉽게 들어가고 파손될 위험도 줄일 수 있다고 생각했던 것이다.

당시 이케아는 스웨덴 가구상 협회와의 불화, 제조업체의 하청 생산 거부, 불매 운동 등으로 어려움을 겪고 있던 터라 제품 디자인과 생산을 자체적으로 해결해야 했다. 평소 원가 절감을 계속 고민하던 캄프라드는 룬드그렌이 테이블 다리를 떼어내는 모습을 옆에서 지켜보았는데, 이를 통해 원가를 줄이면서도 운송 공간을 훨씬 많이 확보할 수 있음을 확인했다. 그리하여 이케아는 이듬해부터 조립이 안 된 상태로 제품을 판매하기 시작했고, 플랫팩 형태로 포장된 다양한 제품을 선보이기에 이르렀다.

DIY 원칙으로 인한 이케아 효과

이케아의 결정적 터닝 포인트가 된 해는 1956년으로, 플랫팩 방식으로 가구를 판매하기 시작한 시점이다. 플랫팩은 부품을 상자에 담아 배송하면 소비자가 수령해서 직접 조립하는 과정을 거치게 된다. 완제품이 아닌 부품을 모아서 포장하기 때문에 가구의 패키지는 말 그대로 평평해진다. 이는 이케아 하면 떠올리는 'DIYDo It Yourself' 원칙을 전면화했다. 플랫팩 아이디어는 1955년에 최초로 떠올렸지만 본격적으로 제품을 판매하기 시작한 것은 이듬해인 1956년부터였다.

캄프라드는 "트럭에 공기를 실어나르는 것은 죄악이다"라고 말할 정도로 플랫팩에 대한 신념이 확고했다. 하지만 플랫팩을 도입한 초기에는 가구를 조립이 안 된 상태로 판매한다는 아이디어에 거부감이 있을 거라는 의견도 있었다. 고객들이 직접 제품을 조립해야 하는 수고로움과 불편함을 감

이케아의 뢰베트 테이블. 디자이너 길리스 룬드그렌이 플랫팩 아이디어를 최초로 떠올렸던 제품이다.

수하겠느냐는 것이었다. 캄프라드는 저렴한 가격이 이런 불편함을 상쇄할 거라 생각했다. 그리하여 '뢰베트LÖVET'라는 이름의 테이블을 시작으로 플랫팩 방식을 도입한 제품들을 하나둘씩 선보였다. 이 제품은 룬드그렌이 카탈로그 촬영 후 자동차에 실을 때 다리를 잘라냈던 바로 그 테이블이었다.

플랫팩 방식으로 판매된 제품들은 고객에게 큰 반향을 일으켰다. 조립식 가구를 판매한다는 생각을 아무도 하지 않던 시기였으니, 가구 업계에서는 '콜럼버스의 달걀'에 비유될 정도로 획기적인 일이었다. 이케아는 플랫팩으로 판매하는 제품을 점점 더 늘려갔다. 플랫팩 포장을 개봉하면 나오는 가구 부품들은 기본 도구만 있으면 제품으로 조립할 수 있었다. 이때 조립은 번거롭지만 동시에 자신이 뭔가를 완성했다는 만족감을 주었다. 고객들은 약간의 불편함을 감수하되 만드는 행위의 즐거움을 맛보고, 스스로 집을 꾸미는 데 관심도 높아졌다. 이로써 이케아가 성장할 수 있는 동력이 마련되었다고 할 수 있다.

제품을 작게 포장해서 비용을 줄이고 저렴한 가격으로 더 많이 판매할 수 있다는 표면적인 효과 외에도, 플랫팩의 성공에는 숨은 비밀이 있었다. 그것은 바로 '이케아 효과'였다. 듀크대학교 행동경제학 교수 댄 애리얼리Dan Ariely와 하버드 비즈니스 스쿨 경영학 교수 마이클 노턴Michael Norton은 실험을 통해 이케아를 선호하는 이유를 심리적 만족도에서 찾았다. 실험 참가자에게 종이접기를 시킨 후 그 결과물을 구입한다면 얼마에 살 것인지 가격을 적어내게 하는 실험을 진행했더니, 자신이 직접 만든 종이접기의 가격을 다른 것보다 훨씬 높게 매기는 결과를 나타냈다. 심지어 전문가가 만들어서 완성도가 더 높은 비교 대상이 있음에도 불구하고, 스스로 만든 것에는 자신의 노동력이 들어갔다는 이유로 더 높은 가치를 매겼다. 이처

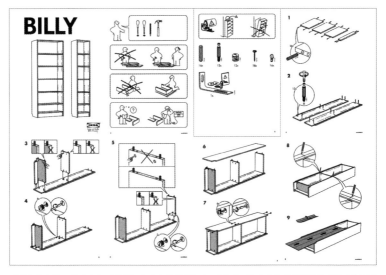

이케아의 가구 조립 설명서. 이케아는 소비자의 심리를 정교하게 파고들어 완성 후 뿌듯함과 만족감을 동시에 느낄 수 있도록 조립의 난이도를 너무 어렵거나 너무 쉽게 만들지 않는다.

럼 가구에서도 조립형 제품을 구입해 손수 조립할 때 완제품을 구입했을 때보다 더 큰 애착과 만족감을 느끼는 현상이 발생했고, 이를 '이케아 효과'라고 일컫게 되었다.

조립식 가구로 DIY 문화를 만들어낸 이케아는 이후 조립식 가구 브랜드의 선두주자가 되었다. 이케아는 소비자의 심리를 더욱 정교하게 파고들었다. 이케아의 가구를 조립하면 창의적이고 생산적이라는 느낌을 가지도록 조립 난이도를 너무 어렵게 또는 너무 쉽게 만들지 않았다. 조립이 너무 쉽다면 완성한 후 느끼는 뿌듯함이 덜할 것이고, 너무 어려우면 도중에 포기하고 이케아 제품을 다시는 구입하지 않을 것이기 때문이었다.

캐시 앤 캐리, 이케아 시스템을 완성하다

이케아는 스웨덴 자국에 있던 생산 공장을 철수하고 인건비가 저렴한 폴란드에 공장을 세우면서 또다시 비용을 절감할 수 있었다. 그런데 1970년 9월 스톡홀름 외곽에 있던 이케아의 대형 가구 전시장에 화재가 발생해 내부에 진열된 제품들이 모두 불에 타는 사고가 발생했다. 다행히 이케아는 화재 보험에 가입되어 있어서 당시 스웨덴 역사상 최대의 보상금을 받았다고 한다. 사고 이후 이케아는 화재에서 살아남은 양호한 제품들을 정상가의 90퍼센트까지 할인 판매하는 이벤트를 열어 주목을 받기도 했다.

화재 사고를 기회로 삼아 이케아는 가구 전시장을 전면적으로 리모델링하면서 시스템을 개편했다. 이전까지는 고객이 전시장에서 가구를 보고 고른 후 판매 직원에게 주문을 하고, 이케아는 주문 받은 가구를 찾아 플랫팩 포장된 제품을 배송하는 시스템으로 운영되었다. 그러나 한정된 인력으로는 이러한 시스템을 원활하게 운영하기가 어려웠다. 비용 절감을 통한 고 효율을 추구했던 캄프라드는 캐시 앤 캐리cash and carry 시스템을 도입했다. 고객이 슈퍼마켓에서 물건을 사는 것처럼 원하는 물건을 고르고 가격을 치른 후 직접 가지고 나가는 방식이었다.

이케아는 캐시 앤 캐리 시스템을 도입해 가구 전시장에 창고형 매장을 구축했다. 이 창고형 매장에 플랫팩 제품들을 쌓아놓으면 고객들이 원하는 제품을 찾아서 계산대로 가져와 계산한 후 직접 집으로 운반해간다. 기존 가구 업체의 작업량 가운데 80퍼센트가 제품을 운송하고 조립하는 데서 발생했는데, 이케아는 캐시 앤 캐리 시스템을 통해 그만큼의 노동량과 그에 따른 비용을 절감했다.

또한 이케아는 비용을 절감한 만큼 생산 단가를 줄일 수 있었고, 소비자는 수고로움을 감수하는 대신 저렴한 가격으로 가구를 구입할 수 있었다. 디자인 전문가 베른트 폴스터Bernd Polster는 이케아의 시스템에 대해 "컨베이어 벨트를 고객의 거실까지 연장해놓은 것"이라고 했다. 이는 소비자가 생산의 상당 부분에 관여하게 되므로, 공급자는 생산을 하고 수요자는 구매를 한다는 대명제를 아예 깨뜨린 셈이었다.

가구 매장을 테마파크처럼

화재로 인해 가구 전시장을 리모델링하면서 이케아는 매장에 레스토랑을 추가했다. 처음 가구 전시장을 열었을 때 커피와 빵을 제공했는데, 이제는 식음료 판매를 본격화한 것이다. 레스토랑에서는 두 가지 원칙을 강조했다. 하나는 스웨덴의 문화적 특징을 드러낼 것, 그리고 다른 하나는 저렴해야 한다는 원칙이었다. 이곳에서 판매되는 음식들은 이윤을 남기기 위한 것이라기보다는 고객의 편의를 위해 운영되는 만큼 저렴한 가격으로 즐길 수

이케아의 창고형 매장. 이곳에 플랫팩 제품들을 쌓아놓으면 고객들이 원하는 제품을 직접 찾아서 계산한 후
집으로 가져가는 '캐시 앤 캐리' 방식으로 운영된다.

있게 했다. 그 덕분에 큰 인기를 얻어 매장 내 레스토랑은 이케아를 방문하는 고객들이 빼놓지 않고 들르는 장소가 되었고, 전 세계 355개 매장에서 음식 판매로만 벌어들이는 매출이 전체의 5퍼센트에 이른다.

레스토랑과 함께 매장에는 어린이 놀이공간도 설치했다. '스몰란드'라는 이름의 이 공간은 부모가 편하게 쇼핑할 수 있도록 정해진 시간 동안 아이를 돌봐주기도 하고, 어린이들이 즐거운 시간을 보낼 수 있도록 다양한 놀이시설과 프로그램을 운영하고 있다. 부담 없는 가격의 제품을 판매하면서, 구경하고 먹고 노는 즐거운 경험까지 제공하는 까닭에 이케아는 단순한 가구 매장이 아닌 스웨덴식 디즈니랜드라고도 불린다.

이케아는 매장에서의 경험이 제품을 구입하는 것으로 끝나는 게 아니라 더 많은 체험을 할 수 있도록 섬세하게 쇼룸을 구성했다. 이케아의 제품만으로 구성된 저마다 고유한 특색을 지닌 공간으로 꾸민 쇼룸에서는 고객들이 침대에 누워보기도 하고 소파에 앉아보기도 하며, 아이들은 장난감이 가득한 방에서 이것저것 만져보기도 한다. 가구뿐만 아니라 텍스타일, 조명, 액자 등 소품까지 모두 구비되어 있어서 고객들은 홈 퍼니싱에 필요한 제품도 함께 구입할 수 있다. 이처럼 이케아는 매장을 소비자의 욕구를 채우고 경험을 제공하는 공간으로 만들면서, 가구 업체에서 더 나아가 세계 최대의 홈 퍼니싱 기업으로 성장할 수 있었다.

이케아는 어떤 기업으로 남을 것인가

지금의 이케아를 있게 한 인물로 첫손에 꼽히는 사람은 단연코 잉바르 캄프라드다. 2018년 1월, 아흔한 살을 일기로 타계한 그는 생전에 막대한 부를 쌓아 스웨덴 최고의 부자이자 세계 8위의 부자로 등극했다. 경제 전문 매

이케아가 지향하는 것은 소수의 특권층만 이용하는 값비싼 가구가 아니라 대중이 쉽게 접근할 수 있는 가구를 생산해 디자인과 생활의 민주화를 이루는 것이었다.

체 블룸버그가 추산하길 생전 그의 순자산은 587억 달러로, 2018년 당시 우리 돈으로 환산하면 63조 원에 이르는 자산가였다. 그가 돈을 모은 원동력은 '돈을 안 쓰는 것'이었다. 평상시 1993년식 낡은 볼보 240 모델을 15년간 직접 몰고 다녔고 해외 출장을 갈 땐 저비용 항공사의 이코노미 클래스만 이용했다. 옷은 벼룩시장에서 사서 입고 다녔으며 정장은 거의 입지 않았다. 차를 마실 땐 두 번 이상 우려먹었고 외식은 이케아 쇼룸에서 운영하는 푸드코트를 자주 이용했다고 한다. 그의 스크루지 영감 기질은 이케아의 터닝 포인트를 만든 원인이기도 했다. 가구 시장의 혁신을 이끌었던 플랫팩 방식이나 쇼룸 운영 방식도 결국 원가를 절감할 수 있을 때까지 최대한 고민하다 찾아낸 방법이었으니 말이다.

1976년, 그는 이케아의 기업 철학을 담은 「한 가구상의 성서」라는 글을 썼다. 서두에서 그는 기업의 설립 배경에 대해 이렇게 설명했다. "대중을 위해 더 나은 일상을 창조하라. 그러기 위해 뛰어난 디자인과 우수한 기능의 다양한 제품을 가능한 한 많은 사람이 지불할 수 있는 낮은 가격에 제공해야 한다. 우리는 다수의 편에 서기로 했다." 훌륭한 디자인의 제품을 더 많은 사람들이 누릴 수 있어야 한다는 이러한 이념에 따라 이케아의 디자인을 '디자인 민주주의'라고도 한다. 소수의 특권층만 이용하는 값비싼 가구가 아니라 대중이 쉽게 접근할 수 있는 가구를 지향함으로써 디자인과 생활의 민주화를 이루는 것이 캄프라드가 이루고자 했던 목표였다.

이러한 기업 철학을 바탕으로 이케아는 전 세계로 영역을 넓혔다. 1970년대에 스위스와 캐나다, 1980년대에는 세계 최대의 시장인 미국, 1990년대에는 동유럽으로, 2000년대 들어서는 러시아, 중국, 아시아에 잇달아 매장을 설립하면서 세계적인 기업으로 자리를 잡았다. 하지만 빛이 있으면 그림자도 있는 법. 한때 캄프라드의 탈세 의혹이 세간에 알려지면서 논란을 불러일으키기도 했다. 캄프라드는 1973년 스웨덴의 부유세를 피해 덴마크로 주거지를 옮겼다가 3년 뒤 스위스 로잔으로 이주했다. 캄프라드가 스웨덴으로 다시 돌아온 것은 2014년, 떠난 지 약 40년 후였다.

캄프라드가 친親나치 활동 전력에다 탈세 의혹까지 받고 있는 까닭에 이케아가 스웨덴을 대표하는 이미지를 갖고 있음에도 그에 대한 본국의 반응은 싸늘했다. 복지국가로 자리 잡은 스웨덴의 이미지를 이용하면서 정작 본국에 세금은 내지 않는 상황이라, 어떤 이들은 이케아의 이미지가 스웨덴의 전부인 듯 인식되는 데 거부감을 느끼기도 한다. 지난 2018년 1월 캄프라드가 별세했을 당시 스웨덴 언론은 '잉바르 캄프라드 사망', '이케아 창립자 별세' 등 건조한 제목의 기사들을 내보냈을 뿐이었다.

이케아가 이룬 혁신과 디자인의 민주화는 분명 되새겨볼 가치가 있는 한편, 해결해야 할 문제도 꾸준히 거론되고 있다. 대표적으로 환경 문제다.

이케아의 핵심 전략인 저가 정책을 고수하다 보니 대량생산 대량소비 시스템을 유지해야 하고, 이로 인한 환경 문제가 뒤따를 수밖에 없다. 전 세계 기업들이 환경Environmental, 사회Social, 지배구조Governance의 앞 글자를 딴 ESG 경영에 주목하는 가운데, 이케아는 2020년을 '지속가능성의 해'로 지정하고 다양한 사업을 펼쳤다. 예를 들어 재활용 목재나 재생 플라스틱으로 제품을 만들고, 고객이 사용하던 제품을 다시 매입해 판매하는 서비스를 선보이기도 했다. 이러한 행보가 앞으로 이케아를 어떻게 변화시킬지, 그리고 이케아의 역사에서 유의미한 터닝 포인트를 또다시 만들어낼 수 있을지는 계속 지켜봐야 할 것이다.

3M

실패에서 찾은 혁신의 성장 동력

3M의 모멘트 1980년

스카치테이프와 포스트잇의 개발은 우리의 일상에 편리함을 더했다. 119년의 긴 역사를 가진 3M은 지금도 매년 1,000가지가 넘는 신제품을 탄생시키고 있다. 이토록 무한한 가능성의 원천은 무엇일까? 3M이 혁신의 대표 기업으로 자리 잡을 수 있었던 비결, 그리고 구글도 따라 했다는 3M의 획기적인 기업 문화를 살펴본다.

혁신을 멈추지 않는 장수 기업의 출발점

가정에서나 직장에서나 책상 위에는 '포스트잇'과 '스카치테이프'가 있고, 주방에는 '스카치브라이트'의 수세미와 청소용품을 두고 사용한다. 집 안을 정리할 때는 3M의 양면테이프를 이용하기도 하고, 어쩌다 손을 다치면 3M의 '넥스케어' 밴드를 붙인다. 미세먼지가 심한 날에는 3M의 마스크를 쓰고, 출퇴근길에 이용하는 차량의 공기 필터도 3M의 제품이다. 매일 길에서 보는 도로 위 표지판에도 3M의 기술이 들어 있다.

이처럼 3M의 제품은 우리의 일상생활 곳곳에서 발견할 수 있다. 하지만 이게 전부가 아니다. 일반적으로 3M 하면 생활 소비재 제품을 생산하는 기업으로 생각하는 사람들이 많지만, 3M의 전체 매출 가운데 생활 소비재 제품의 매출은 16퍼센트에 불과하다. 즉 3M의 매출 중 80퍼센트 넘게 차지하는 제품들이 우리가 가까이에서 접하지 못한 제품이거나 가까이 있지만 잘 알지 못하는 제품들이다. 3M은 리튬 이온 전지, 지아 충전재, 태양광 패널, 주택 단열재 등 6만 가지에 이르는 제품과 11만 개가 넘는 기술 특허를 보유하고 있다. 이렇게 많은 제품과 기술을 보유한 만큼 기업의 역사 또한 아주 오래되었다.

1902년에 최초로 창업한 3M은 지금까지 120년에 가까운 역사를 이어오며 기술 혁신을 선보이고 있다. 3M의 시작은 광산업이었다. 3M이라는 이름도 미네소타 광산 제조회사Minnesota Mining and Manufacturing Company의 앞 글자를 따서 지은 것이다. 19세기 말에서 20세기 초 미국에서는 금광이나 보석 채굴, 석유 채굴에 관한 투자가 활발하게 이루어지고 있었고 이것으로 막대한 부를 창출하던, 이른바 골드러시의 시대였다. 미네소타에서 다섯 명의 투자자가 1,000달러씩 출자해 광산 회사를 세우고, 연마재의 재료인 강옥을 채굴하기 위해 의기투합한 회사가 바로 3M이었다. 그러나 광산에서

3M의 첫 시작은 '미네소타 광산 제조회사'라는 이름으로 설립된 광산 업체였다.

나온 것은 강옥이 아니었고 질이 낮은 사암만 채굴할 수 있었다. 이 때문에 사업성이 불확실해진 3M은 파산 위기에 몰리면서 결국 광산업을 접고 샌드페이퍼(사포) 제조에 집중하기 시작했다.

의외의 상황에서 잭팟을 터트린 발명품

샌드페이퍼를 만들기 위해서는 종이에 돌가루를 바르고 접착제로 붙이는 기술이 필요했다. 이들은 이 기술을 연구해 연마재 중 하나인 샌드페이퍼를 만들어 판매하면서 회사의 명맥을 유지했다. 1900년대 초 3M이 만든 샌드페이퍼는 유연성과 금속 연마력이 좋아서 미국의 자동차 제조사와 자동차 정비소에서 인기가 많았다. 이렇게 샌드페이퍼가 베스트셀러 상품이 되면서 1916년에는 남아 있던 채무를 모두 변제하고 세인트폴에 본사를 새로 설립하면서 제품 품질 테스트를 위한 연구소까지 세울 수 있었다.

3M은 연구를 계속해 세계 최초로 '방수 샌드페이퍼'를 개발했다. 이

3M이 초기에 생산한 샌드페이퍼 및 방수용 사포는 3M의 대표 상품이 되어 많은 수익을 가져다주었다.

방수 사포는 자동차 공업사와 공장에서는 혁신적인 제품이었다. 종이에 모래를 바른 기존의 사포는 물에 젖으면 쓸 수가 없지만, 이 제품은 물과 함께 사용할 수 있다는 것이 가장 큰 장점이었다. 그래서 자동차 제조 과정에서 연마 시 물을 함께 사용힘으로써 먼지를 줄이고 마찰도 줄여 더욱 정교하게 마감할 수 있었다. 공정의 효율성을 높였을 뿐만 아니라 깨끗한 작업 환경을 만들어 공장 근로자들에게도 좋은 반응을 얻었다.

　1920년대 중반까지 이 방수 사포는 3M의 대표 상품으로 많은 수익을 가져다주었다. 출시 초기에는 자동차 생산 공장을 중심으로 사용되다가 점차 가구 제조업체들도 방수 사포를 사용하기 시작했다. 이처럼 사소한 아이디어에서 시작된 제품 하나가 큰 수익을 가져다주었을 뿐 아니라 이후에는 미국 내 공장 근로자의 건강에도 도움을 주었다는 평가를 받았다.

연마재에서 시작된 접착 기술의 발전

3M의 연구 개발은 이것으로 끝이 아니었다. 당시 샌드페이퍼를 만들 때 처

음 개발했던 접착제 기술을 다양하게 응용했고, 그 결과 접착제 기술만으로 수백 가지가 넘는 제품들을 만들어냈다. 연마재 시장을 넓혀가던 도중, 1925년에 최초로 개발한 마스킹 테이프는 3M을 세계 최고 수준의 접착 기술을 보유한 기업으로 우뚝 서게 해주었다.

마스킹 테이프는 3M의 연구 보조원으로 일하던 리처드 드루Richard Drew가 자동차 연마재 샘플을 테스트하기 위해 정비소를 방문했던 일을 계기로 만들게 되었다. 그곳에서 그는 우연히 자동차 도색 과정을 지켜볼 수 있었고, 도장공들이 차의 일부분을 가린 후 도색하는 작업을 굉장히 어려워하는 걸 목격했다. 당시에는 차량을 도색할 때 투톤으로 색을 입히는 게 유행이었다. 이를 위해서는 먼저 한 가지 색상을 바른 다음 일부를 덮어놓고 다른 색을 칠해야 했는데, 이때 종이를 덮어 테이프로 고정하면 나중에 떼어낼 때 접착제가 끈끈하게 남아 있거나 칠해놓은 페인트까지 아예 벗겨

리처드 드루는 자동차 정비소에서 우연히 도장공들의 도색 작업을 지켜본 후 붙였다 떼어내도 끈적이지 않는 테이프에 대한 아이디어를 떠올렸다.

지는 문제가 발생했다.

　리처드 드루는 이 모습을 보고 한 가지 아이디어를 떠올렸다. 붙였다 떼어내도 끈적이지 않는 테이프를 만들어봐야겠다는 생각이었다. 이러한 결심으로 연구에 착수해 개발해낸 것이 바로 마스킹 테이프였다. 3M의 마스킹 테이프는 방수가 잘되고 접착력이 우수해 당시로서는 매우 혁신적인 제품이었다. 사람들이 음식을 포장할 때나 부서진 물건을 고칠 때, 찢어진 책 등을 붙일 때 사용하면서 엄청나게 팔려나갔다.

　마스킹 테이프를 시작으로 3M은 박스 포장용 셀로판테이프, 가정용 스카치테이프 등을 선보였다. 당시 셀로판지는 수요는 많았으나 접착을 할 수 없어 활용이 제한적이었는데 리처드 드루가 여기에 접착제를 발라보았고 이것이 '스카치 셀로판테이프'의 개발로 이어졌다.

　1920년대 후반은 세계 대공황이 시작되던 시기였다. 공황으로 인해 회사들이 망해가면서 찢어진 서류나 책이 넘쳐났고 이를 붙여 쓰기 위해 스카치테이프의 수요가 폭발적으로 늘어났다. 물건을 새로 사기보다는 수리

1930년에 첫 출시된 스카치 셀로판테이프.

하거나 보수해서 다시 아껴 쓰던 시기라 테이프를 필요로 하는 사람들이 많았던 것이다. 3M은 이러한 접착 기술을 활용해 이후 수백 가지 제품을 개발하면서 회사 규모를 급속도로 키워나갔다.

그 후에 발생한 제2차 세계대전 역시 3M에게는 기회로 작용했다. 3M은 전쟁에 관련한 소재들로 눈을 돌려 고속도로용 반사 시트 소재, 마그네틱 음성 녹음용 테이프, 필라멘트 접착테이프 등 방산 제품들을 개발했다. 또한 항공기의 래핑wrapping에도 3M의 기술이 투입되었다. 항공기의 기체에는 각 항공사의 로고 등을 나타낸 그래픽 필름을 입히는데, 이 필름은 수만 미터 상공의 영하 40~50도를 넘나드는 환경에서도 들뜨거나 변형이 일어나지 않아야 한다. 3M은 접착제에 관한 원천 기술을 응용해 이 분야에도 진출하면서 시장을 확대해갔다.

자율성이 혁신을 이끌다

3M이 이처럼 하나의 원천 기술을 다양한 분야에서 응용할 수 있었던 것은 3M의 모든 사업 부서와 세계 각지의 연구소가 원천 기술을 공유하고 있기 때문이었다. 연마재와 접착제에서 출발한 기술부터 의료, 전자, 항공 등에 관련한 기술까지 모든 원천 기술을 공유함으로써 여러 부서에서 다양한 신제품들을 내놓을 수 있었다. 이는 각 영역의 기술들을 철저하게 숨기려고 하는 여타 기업들과는 조금 다른 사고방식이다. 실제로 3M의 특허 중 80퍼센트 이상이 두 명 이상의 공동 발명가로 등록되어 있다.

특히 3M 고유의 혁신적인 기업 문화를 이끌어낸 장본인으로 거론되는 인물이 있는데, 1930년대부터 1966년까지 3M의 사장과 회장을 역임한 윌리엄 맥나이트William McKnight다. 그는 인재를 고용해서 '그냥 가만히 놔두

3M의 혁신적인 기업 문화를 만들었던 CEO 윌리엄 맥나이트.

라'고 하는, 간단하면서도 신뢰를 바탕으로 한 원칙을 고수했다. 직원들에게 자율성을 부여하면 그들 스스로 자신만의 방법으로 새로운 것을 시도하고 발전을 주도할 수 있다고 생각했던 것이다. 저마다 사고방식이나 일하는 방식이 다르기 때문에 이를 존중해주고 지켜봐주는 관용이 필요하다는 주장이었다.

지금이야 이런 방식이 혁신 기업의 기본으로 여겨지고 있지만 당시로서는 엄청난 파격이었다. 맥나이트 회장은 직원이 실수를 저질렀을 때 경영진이 이를 비판한다면 그건 직원의 창의성을 죽이는 것이라고 강조하면서, "창의적인 아이디어는 실패가 용인되는 자유로운 분위기에서 나온다"라고 말했다. 시대를 앞서간 경영 철학은 3M의 기본 정신이 되어 수십 년간 이어졌고, 맥나이트 회장은 '3M의 전설'로 두고두고 회자되었다.

이러한 기업 문화를 바탕으로 3M은 끊임없는 기술 혁신을 선보였다. 특히 1960~1980년대에 원천 기술을 다양하게 응용해 사업 영역을 대폭 확장했다. 1960년대 들어서는 전자·전기 및 기계 관련 제품에서부터

OHPoverhead projector 시스템, 의료 및 치과 제품까지 전문적인 분야로 산업군을 넓혀갔다. OHP 원천 기술인 '미세복제micro-replication 기술'은 렌즈, 필름, 도로 표지판, 접착제, 연마재, 전자 부품 등으로 폭넓게 확장되면서 3M의 변혁을 이끌었다.

1969년에는 미국의 우주비행사 닐 암스트롱Neil Armstrong이 3M에서 만든 합성물질로 바닥을 댄 항공 부츠를 신고 달에 올라 화제가 되기도 했다. 닐 암스트롱이 달에 착륙했을 당시 달 표면 온도는 섭씨 영하 150도였는데, 극저온으로부터 우주비행사의 발을 보호하기 위해 미 항공우주국NASA과 3M이 의기투합해 특수 신발을 제작했다. 이때 개발된 '신슐레이트Thinsulate'는 닐 암스트롱의 항공 부츠에 사용되어 인류의 역사적인 순간에 발자취를 남겼다. 신슐레이트는 지금도 보온과 단열 소재로 널리 쓰이고 있다.

닐 암스트롱이 인류 최초로 달에 착륙했을 때 신었던 부츠는 3M이 개발한 신슐레이트 소재를 사용해 만들어졌다. 영하 150도를 견디는 신슐레이트는 지금도 보온과 단열 소재로 널리 쓰인다.

실패에서 탄생한 혁신의 발명품, 포스트잇

1980년에 개발된 포스트잇은 3M의 혁신과 정체성을 대중에 각인시킨 대표 상품이다. 포스트잇은 단순히 인기 상품이라기보다 실패작에 완전히 새로운 가치를 부여하여 성공으로 전환해낸 사례로서 큰 의미를 가진다. 포스트잇의 개발로 인해 혁신을 중요시하는 3M의 고유한 기업 문화가 널리 알려지게 되었고, 출시 후 40년이 지난 지금까지도 혁신적인 연구 개발의 모범적인 사례로 손꼽히고 있다.

포스트잇이 세상에 나오기 10년 전인 1970년, 3M의 연구원이었던 스펜서 실버Spencer Silver는 강력 접착제를 개발하던 중 실수로 접착력이 약하고 끈적임이 없는 접착제를 만들게 되었다. 접착제란 일단 붙으면 잘 떨어지지 않아야 하는데, 실버가 개발한 접착제는 잘 붙되 잘 떨어졌기 때문에 실패로 여겨졌다. 그러나 실버는 이 실패를 그냥 두지 않고 사내 기술 세미나에 보고한 후 데이터베이스에 기록해놓았다.

사라질 뻔했던 실버의 접착제를 되살린 사람은 같은 연구소 직원 아서 프라이Arthur Fry였다. 교회의 성가대원으로 활동하던 프라이는 찬송가 책 사이에 종잇조각을 끼워 책갈피처럼 사용하곤 했는데, 이 종이가 자꾸 빠져 불편함을 겪었다. 프라이는 실버가 실패했던 접착제를 이용해 붙였다 뗐다 할 수 있는 종잇조각을 만들면 어떨까 하는 아이디어를 떠올렸다. 1974년부터 연구를 거듭한 결과, 프라이는 쉽게 붙였다 말끔하게 떼어낼 수 있는 적당한 접착력을 가진 종이를 개발해냈다. 그리고 1977년, 책갈피로는 물론이고 메모지로도 활용할 수 있는 '포스트 스틱 노트Post-stick note'라는 제품을 출시했고, 이후 이 제품은 지금의 '포스트잇'으로 이름을 바꾼다.

포스트잇이 처음 출시되었을 때만 해도 "이런 것을 어디에 쓰느냐"는 의견이 다수였다. 이 때문에 초기에는 보잘것없는 판매 실적을 기록했다.

위   포스트잇을 개발한 아서 프라이.

아래   3M의 모멘트를 만들어준 가장 성공적인 제품 포스트잇.

그러나 프라이는 좌절하지 않고 《포춘》이 선정한 500대 기업의 회장 비서들에게 3M 회장의 비서 이름으로 포스트잇 샘플을 보냈다. 이를 써본 각 기업의 비서들은 포스트잇의 기능에 매료되었다. 서류에 표시를 하거나, 그날의 일정을 적어 책상머리에 붙여두는 등 쓸모가 많음을 깨닫게 된 것이다. 1980년에 포스트잇은 미국 전역에서 판매되기 시작했고, 1년 후에는 캐나다와 유럽 등 전 세계로 판매가 확대되었다.

1980년을 기점으로 나타난 매출 변화

포스트잇은 그동안 3M의 베스트셀러였던 스카치테이프의 판매량을 뛰어넘으며 큰 성공을 거두었다. 보급된 지 6년 만에 단일 제품으로 연간 매출이 1억 달러를 넘어 3M 역사상 가장 성공적인 신제품이 되었다. 이때까지만 해도 포스트잇은 단순한 상품명에 불과했지만, 훗날 포스트잇이라는 단어 자체가 일반명사가 될 정도로 유명해졌다. 사람들이 테이프라는 단어를 들으면 3M의 스카치테이프를 떠올리는 것처럼, 포스트잇 역시 붙였다 뗄 수 있는 간단한 메모지를 뜻하는 단어로 전 세계 사람들의 생활 속에 자리를 잡았다. 무엇보다 포스트잇은 사람들의 업무 소통 방식을 변화시켰고 누구나 사무실 책상 서랍에 하나씩 넣어두고 사용하는 필수 사무용품이 되었다. 이로 인해 3M의 브랜드 가치가 엄청나게 올라갔음은 물론이다. 포스트잇은 AP통신이 선정한 '20세기 10대 히트 상품'에도 포함되는 영광을 안았다.

포스트잇이 출시된 1980년은 3M의 모멘트로 기록된다. 전체 매출액도 포스트잇이 세상에 나온 이해를 기점으로 변곡점을 맞이했다. 1972년 3M의 매출이 20억 달러(2조2000억 원), 포스트잇이 나오기 직전인 1979년 매출은 50억 달러(5조5000억 원)였던 것에 비해, 포스트잇의 인기와 생활용품 영역의 확장으로 1990년의 매출은 10년 사이에 3배 규모인 150억 달러(16조7000억 원)로 껑충 뛰었다. 지속적인 성장을 보여준 3M은 2013년에 총매출이 300억 달러를 넘었고, 2019년의 매출은 320억 달러, 우리 돈으로 36조5000억 원을 기록했다.

3M의 경영진은 혁신을 '완전히 새로운 것이나 첨단 기술'을 뜻하는 것이 아닌, '기존 기술을 통해 새로운 제품이 나오게 하는 것'이라고 말한다. 3M의 원천 기술 중 하나인 접착 기술을 통해 포스트잇이 세상에 나온 것이 그 대표적인 사례다. 그리고 훗날 이 기술은 적용 범위가 무한대로 뻗어나갔다. 3M은 접착 기술 외에도 나노, 세라믹 등 수십여 가지의 원천 기술을 응용해 계속해서 가지를 치며 매년 1,000가지가 넘는 신제품을 출시하고 있다.

오늘날 3M의 사업 영역은 안전 및 산업 부문, 운송 및 전자 부문, 건강관리 부문, 소비재 부문, 이렇게 네 가지 부문으로 나뉘어 운영된다. 포스트잇과 스카치테이프를 비롯해 우리가 흔히 알고 있는 생활용품은 소비재 부문으로 전체 매출의 16퍼센트에 불과하다. 나머지 84퍼센트는 주로 의료용품이나 전자기기 부품, 조선·자동차 부품 등에서 수익을 창출하고 있다.

구글도 따라 했다는 3M의 기업 문화

3M이 원천 기술을 활용해 매년 1,000가지가 넘는 신제품을 만들어낼 수 있었던 것은 기업의 독특한 문화가 있기 때문이었다. 3M은 포스트잇의 개발 과정에서 얻은 교훈을 놓치지 않았다. '실패'를 용인하고 외면하지 않는 것이다. 3M은 최선을 다했지만 실패한 연구원에게는 '실패 세미나'를 열어

준다. 이 연구원은 자신의 실패를 다른 직원들에게 마음껏 자랑한다. 실패를 공유하고 실패에서 배우자는 취지다. 또한 예산을 배정받지 못하고 외면받은 아이디어를 낸 연구원에게도 일정 금액을 지원해주는 '제너시스 프로그램Genesis Program'을 운영하고 있다.

3M의 기업 문화 가운데 구글이 벤치마킹하면서 주목받게 된 것도 있다. 바로 '15퍼센트 룰'이다. 구글에서는 직원들이 업무 시간의 20퍼센트, 즉 일주일 중 하루를 현재 수행하고 있는 프로젝트와 전혀 관련이 없는 창의적인 프로젝트에 활용하도록 장려한다. 향후 기업의 성공 요인은 지식 근로자에게서 얼마나 많은 것을 이끌어내느냐에 달려 있다고 보는 것이다. 3M은 1920년대부터 연구원들이 자기 시간의 15퍼센트를 업무와 관계없이 본인이 하고 싶은 연구에 할애할 수 있도록 했다. 연구가 실패해도 책임을 묻지 않는 이 15퍼센트 룰은 구글이 2000년대에 만든 20퍼센트 룰보다 80여 년이나 앞선 것이다.

이때 직원에게는 시간만 주는 것이 아니라 개인 연구비도 지원해준다. 아이디어에 따라 5,000달러에서 10만 달러까지 개발 비용이 주어지는데, 아이디어를 구현하는 데 얼마가 필요하고 누구를 지원하는지는 모두 직원들이 결정한다. 이중 최고의 능력을 보여준 이들에게는 '칼튼 소사이어티Carlton Society' 회원 자격을 준다. 이른바 3M판 '명예의 전당'인 셈이다. 전 세계 9만 명이 넘는 3M 직원 중 칼튼 소사이어티 회원은 200명이 채 안 될 정도로 매우 특별한 자격이다.

더 나아가 3M에는 아무리 경기가 나빠도 건드리지 않는 불문율이 있다. 해마다 매출의 6퍼센트는 연구개발비로 투자하는 '6퍼센트 룰'이다. 2008년 글로벌 금융위기 때 근로 시간을 줄이고 월급을 깎고 출장도 줄였지만, 유일하게 예외를 둔 항목이 연구개발비였다. 지금 개발에 투자하지 않으면 10년 후 더 어려워질 것이라는 판단 때문이었다. 2019년 3M의 매출은 320억 달러(약 36조 원), 영업이익이 5조 원이었는데 6퍼센트 룰을 적용하여 이중 2조 원 이상을 연구개발비로 쓰고 있다.

세계적인 경영학자 짐 콜린스Jim Collins의 저서 『성공하는 기업들의 8가지 습관』을 보면 휴렛패커드의 공동 창업자 빌 휴렛William Hewlett과의 인터뷰가 나오는데, 여기서 짐 콜린스는 빌 휴렛에게 존경하는 기업이 있느냐는 질문을 던진다. 이 질문에 빌 휴렛은 3M을 언급하며 "3M은 무슨 상품을 가지고 나올지 아무도 모른다. 3M조차도 그들이 무엇을 개발하게 될지 모른다는 점이 3M의 매력이다. 비록 3M이 무엇을 개발할지 예측하지 못한다고 해도 당신은 3M이 계속 성공하리라는 걸 알고 있을 것이다"라고 대답한다. 짐 콜린스 역시 빌 휴렛의 말에 공감하며 "향후 100년 동안 지속적으로 성공을 유지할 수 있는 적응력을 갖춘 기업을 하나만 들라면 3M을 꼽겠다"라고 말한다. 1902년에 창업한 3M이 120년 가까이 역사를 이어오며 지금도 여전히 건재한 것을 보면 이들의 예측은 어느 정도 들어맞았다고 볼 수 있다.

패션과 문화,
트렌드를 선도하는
기업들,
이들은 어떻게
라이프스타일을
변화시키는가

3부

NETFLIX

시대를 앞서간 세계 최대 OTT 기업

넷플릭스의 모멘트 2007년

급변하는 미디어와 콘텐츠 시장의 변화로 인해 TV 채널은 점점 힘을 잃어가고 지금은 OTT 플랫폼이 대세로 떠올랐다. DVD 대여 사업으로 시작한 넷플릭스는 스트리밍 서비스로 발 빠르게 전환하면서 OTT 시장을 새롭게 열었다. 전 세계 2억 명이 넘는 가입자를 확보하고 세계 1위 OTT 기업으로 우뚝 선 넷플릭스의 힘은 무엇인지 알아본다.

두 창업꾼의 아이디어로 사업의 싹을 틔우다

넷플릭스는 세계 최대 온라인 동영상 서비스OTT 기업이다. 한국에서는 2016년에 1월에 처음으로 서비스를 시작해 5년이 지난 현재 국내 유료 가입자 수는 약 330만 명, 월 사용자 수는 1000만 명을 넘어섰다. 넷플릭스의 설립 배경에 대해서는 창업자 리드 헤이스팅스Reed Hastings가 비디오테이프를 늦게 반납해 연체료가 많이 나와서 연체료 없이 비디오테이프를 빌려보는 사업을 구상하게 되었다는 이야기가 세간에 널리 알려져 있다. 그러나이는 넷플릭스의 사업 모델을 홍보하기 위해 만들어낸, 일종의 '창업 신화'라는 시각도 있다. 이 배경의 진위 여부에 대해서는 의견이 분분하지만, 중요한 사실은 넷플릭스의 설립 배경은 그것만이 전부가 아니라는 것이다.

넷플릭스는 어느 날 우연히 뚝딱 차린 사업이 아니었다. 넷플릭스를 공동으로 창업한 리드 헤이스팅스와 마크 랜돌프Marc Randolph는 소프트웨어 개발 기업인 퓨어 아트리아에서 인연을 맺었다. 헤이스팅스는 스탠퍼드대학교에서 컴퓨터공학으로 석사학위를 받았고 프로그램 개발자로 일했다. 1991년에 자신의 첫 회사 퓨어 소프트웨어를 창업해 5년 후인 1996년 아트리아 소프트웨어와 합병해서 탄생한 것이 퓨어 아트리아였다. 마크 랜돌프는 퓨어 아트리아가 인수한 스타트업 인티그리티 QA에서 마케팅 관련 일을 하고 있었고, 헤이스팅스는 랜돌프에게 퓨어 아트리아의 마케팅 부사장 자리를 맡겼다.

퓨어 아트리아를 꾸린 지 채 1년도 되지 않아 헤이스팅스는 이 회사를 래셔널 소프트웨어에 매각한 후 새로 사업을 구상했다. 헤이스팅스는 이미 창업과 인수 합병에 대한 여러 경험과 실력을 쌓았고, 마크 랜돌프는 마케팅에 남다른 재주가 있는 아이디어맨이었다. 둘은 모두 새로운 사업에 대한 열망이 있었다. 매각 절차를 밟는 기간 동안 헤이스팅스는 랜돌프와 함께

1990년대 비디오 대여 시장을 주름잡았던 비디오 체인점 블록버스터.

아침마다 같이 차를 타고 출근하며 다음 창업은 무엇으로 하면 좋을지 이야기를 나누었다. 랜돌프가 자신이 구상한 사업 아이템을 하나씩 던지면 헤이스팅스가 이를 평가하고 진단하면서 토론을 이어갔는데, 그때 거론되었던 사업 아이템 중 하나가 비디오 우편 대여 사업이었다.

연체료에서 얻은 힌트

1990년대까지만 해도 비디오 대여점은 전 세계적으로 성행했다. 미국에서는 비디오 대여 체인점 블록버스터Blockbuster가 당시 비디오 대여점의 대명사로 통했다. 1995년을 기준으로 미국 전역에 체인점이 4,500개, 매출이 24억 달러(약 2조8000억 원)일 정도로 거대한 기업이었다. 블록버스터는 비디오 테이프를 대여 기간에 따라 돈을 받고 빌려준 후 약속한 기한을 넘겨서 반납하면 꽤 높은 연체료를 지불해야 하는 시스템으로 운영되었다. 비디오

테이프를 3일간 빌리는 데 4.99달러인데, 연체료가 하루에 0.99달러였다. 2000년에는 블록버스터가 거둬들인 연체료 수익만 8억 달러(약 9000억 원)였고, 이는 전체 매출의 16퍼센트를 차지하는 규모였다.

리드 헤이스팅스도 동네 비디오 가게에서 틈틈이 영화를 빌려보곤 했다. 어느 날 그는 비디오테이프를 반납하는 것을 깜빡 잊고 있다가 블록버스터에 돌려주러 갔더니 연체료만 40달러가 나와 언짢은 일을 겪었다. 이 경험으로 인해 '연체료 같은 불쾌한 일 없이, 고객이 기분 좋게 영화를 보게 할 순 없을까?' 하는 생각을 떠올렸다고 한다. 따지고 보면 블록버스터의 수익 중 일부를 차지하는 연체료는 서비스를 이용하는 고객의 기분을 상하게 하는 요인이기도 했다.

그럼에도 불구하고 당시 블록버스터가 계속 번창할 수 있었던 것은 TV 프로그램이 아닌, 자신이 원하는 시간에 원하는 콘텐츠를 보고 싶어 하는 소비자의 니즈가 있었기 때문이었다. 그래서 헤이스팅스와 랜돌프는 영화를 고객에게 제공하는 서비스가 사업성이 있다고 보았다. 블록버스터 같은 체인점이 운영하는 기존의 오프라인 대여 시스템은 번거롭고 연체료 문제로 불만이 생길 수 있으니, 이를 보완해서 생각해낸 것이 온라인 영화 대여 서비스였다. 이처럼 연체료 문제는 초창기 넷플릭스의 사업을 구상하는 데 힌트가 되었다. 리드 헤이스팅스는 블록버스터와 차별화하고자 한 달 단위로 구독하는 방식을 떠올렸다. 월정액제로 일정 구독료를 내면 이용자가 원하는 비디오테이프를 집으로 배달해주는 서비스였다.

영화계의 아마존이 되자!

1997년 초 리드 헤이스팅스와 마크 랜돌프는 우편을 이용해 비디오테이프를 대여해주는 사업을 본격적으로 구상하기 시작했다. 당시 아마존은 온라인 서점으로 시작한 사업이 이미 궤도에 올라 돈을 쏟아 담고 있었다. 이들이 생각한 사업 모델은 웹사이트에서 비디오를 빌리고 우편으로 반납하게 하는 것이었다. 하지만 비디오를 보낼 때마다 우편 요금으로 4달러가 들어 비용 부담이 너무 크다는 문제가 있었다.

"CD 정도 크기인데, 영화 한 편이 통째로 들어간다니까!" 당시 헤이스팅스의 한 친구가 이제 곧 DVD 세상이 될 거라며, DVD라는 새로운 발명품 이야기를 들려주었다. 1996년 일본의 소니, 도시바, 네덜란드의 필립스 등이 공동으로 개발한 DVD는 비디오테이프를 대체할 새로운 영상 매체였다. 이들은 DVD를 구하지 못해 CD를 봉투에 넣어 헤이스팅스의 집 주소로 시험 삼아 발송해보았다. CD를 담은 봉투는 다음날 무사히 헤이스팅스의 집으로 도착했고, 한 번 보내는 데 우편 요금으로 32센트가 들었다. 비디오테이프를 배송하는 것과는 비교가 되지 않는 비용 절감이었다.

그리하여 이들은 비디오테이프 대여가 아닌, DVD 대여 사업으로 방향을 잡았다. 인터넷과 DVD 시장이 앞으로 더 성장하리라고 예상했던 것이다. 1998년 5월, 리드 헤이스팅스와 마크 랜돌프는 '세계 최초 온라인 DVD 대여점'으로 넷플릭스를 설립했다. 회사의 이름은 인터넷을 뜻하는 '넷net'과 영화 대여 주문을 뜻하는 '플릭스flix'를 합쳐 '넷플릭스'라 지었다. 직원 30명, 925편의 DVD 영화를 확보한 것이 사업의 시작이었다.

그 후 넷플릭스는 영화 보유 편수를 점차 확대해 월정액으로 20달러를 내면 수만 편의 DVD 목록 가운데 한 번에 세 편 이내로 신청할 수 있었다. 사용자는 연체료 걱정 없이 보고 싶은 대로 빌려서 보고 우편으로 다시 재발송하는 방식으로 서비스를 이용했다. 넷플릭스는 배송 시스템에 신속성과 안정성을 확보하기 위해 미국 전역에 50여 곳의 물류센터를 세우고 배송

1997년 리드 헤이스팅스와 마크 랜돌프는 온라인 영화 대여 사업을 구상하기 시작해 세계 최초 온라인 DVD 대여점으로 넷플릭스를 설립했다.

도중 DVD가 파손되지 않도록 전용 우편 봉투도 만들었다. 이 사업 모델로 넷플릭스는 2001년 초까지 40만 명의 회원과 120명의 직원을 확보한 중견 기업으로 성장했다.

기업 인수 합병 역사에 남을 '노딜'

넷플릭스가 본격적으로 스트리밍 서비스를 시작하기 전까지 업계의 독점적인 지배 기업은 따로 있었다. 바로 미국 전역에 7,700개의 DVD/비디오 체인점을 갖고 있던 블록버스터였다. 2000년 초, 헤이스팅스와 랜돌프는 블록버스터의 CEO 존 안티오코John Antioco를 만나 5000만 달러(약 570억 원)에 넷플릭스 매각을 제안했다. 당시 블록버스터의 기업 가치는 60억 달러(약 6조8000억 원)로 넷플릭스와는 비교가 안 되는 수준이었다. 닷컴 버블로

돈줄이 마른 탓에 넷플릭스의 수익성은 썩 좋지 않은 상황이었다. 사용자에게 받는 개별 요금이 낮은 데다 운송비로 나가는 비용이 너무 컸고, 콘텐츠의 순환이 빨리 이루어지지 않아서 창립 이래로 계속 적자 행진이었던 것이다. 다만 당시 블록버스터는 온라인 대여 시스템이 없었기 때문에 이들은 좋은 거래가 될 수 있으리라고 생각했다.

하지만 매각은 성사되지 않았다. 당시 블록버스터는 넷플릭스의 제안을 단칼에 거절했다. 랜돌프의 표현에 따르면 안티오코는 그들의 제안에 "웃지 않기 위해 노력하고 있었다"고 할 정도였다. 당시만 해도 넷플릭스는 여전히 규모 면에서 블록버스터에 한참 뒤처지는 작은 DVD 대여업을 했을 뿐, 스트리밍 사업은 시작하지 않은 상태였다. 수익 면에서도 블록버스터에 비하면 보잘것없는 수준이라 우습게 보일 수밖에 없었던 것이다.

인수를 거절당한 뒤 넷플릭스는 자체적으로 성장해야겠다고 결심하고 계속해서 온라인을 바탕으로 사업을 이어갔다. 이들은 2002년 기업공개IPO를 하며 회사를 키워나갔다. 2005년에는 3만 5,000개의 콘텐츠를 보유하고 매일 100만 개의 DVD를 유통할 정도로 성장했다. 당시 회원 수는 420만 명, 기업 가치는 15억 달러(약 1조 7000억 원)였다.

넷플릭스의 무서운 성장세에 불안감을 느낀 블록버스터는 넷플릭스를 따라서 우편 DVD 발송 시스템을 도입하고 온오프라인을 통합해 운영했지만 역부족이었다. 넷플릭스는 자신들의 시스템을 모방한 블록버스터를 상대로 특허 침해 소송을 걸어 승소했다. 넷플릭스가 구축한 시스템과 인프라를 따라잡지 못한 블록버스터는 시장에서 점점 힘을 잃어갔다. 결국 인수 제안을 거절했던 그때로부터 10년이 지난 2010년, 블록버스터는 파산을 선언했다. 만약 당시 블록버스터와 넷플릭스의 인수 합병이 성사되었다면 판도는 크게 바뀌었을 뻔했다.

스트리밍 서비스를 시작하다

2007년 넷플릭스는 DVD 우편 배송과 별개로 영화와 TV 프로그램을 스트리밍할 수 있는 옵션을 제공하기 시작했다. 이 스트리밍 서비스는 넷플릭스를 크게 도약시킨 터닝 포인트이자 이후 미디어와 엔터테인먼트 시장의 판도를 바꿔놓은 계기가 되었다. 넷플릭스는 온라인 DVD 대여만으로도 충분히 독점적인 시장을 확보했지만 이들은 여기에 안주하지 않았다.

헤이스팅스와 랜돌프가 포착한 것은 DVD 시장의 정체 및 매출 감소 현상이었다. 2007년을 기점으로 홈 엔터테인먼트 형식으로서의 DVD에 대한 관심이 줄어들기 시작했다. 그해 DVD 판매율은 전년 대비 4.5퍼센트 감소했다. 10년 전인 1997년 DVD 포맷이 도입된 이후 처음으로 전년 대비 DVD 판매가 감소했던 것이다. 넷플릭스의 DVD 대여 사업은 점차 성장하면서 수익을 창출하고 있었지만, 헤이스팅스는 그것이 지속되지 않으리라는 것을 판매 실적에서 알 수 있었다. 이 때문에 스트리밍 전환에 대한 필요성을 느끼게 되었고, 그리하여 2007년 넷플릭스는 스트리밍 서비스를 시작했다. 이해는 곧 넷플릭스의 모멘트가 된 시기로 기록된다.

비용 측면에서도 2007년이 넷플릭스에게는 '골든 크로스'의 해였다. 헤이스팅스는 우편 요금은 계속 올라갈 것이고, 인터넷은 18개월마다 절반의 가격으로 두 배 빨라질 것으로 전망했다. 이런 추세가 교차한 시기가 바로 2007년이었다. 즉 우편으로 DVD를 보내는 것보다 스트리밍 서비스를 하는 비용이 더 저렴하고 더 효율적이게 된 해였던 것이다. 또한 이 시기는 스트리밍 서비스를 할 만큼 인터넷이 충분히 성장했음을 의미하기도 한다. 2006년 미국 가정의 45퍼센트가 집에서 인터넷 서비스를 사용했고, 18~29세의 인터넷 사용률은 86퍼센트에 달했다. 2000년대 중반 유튜브의 등장은 온라인 콘텐츠 소비 방식의 중요한 분기점이 되었다.

넷플릭스는 2007년 스트리밍 서비스를 시작하기에 앞서 약 2년 동안 '사이드 프로젝트'로 이를 준비했다. 리드 헤이스팅스와 마크 랜돌프는 직원들을 대상으로 누가 자원할 것인지 묻자 로버트 킨슬Robert Kyncl이라는 직원이 유일하게 손을 들었다. 넷플릭스의 스트리밍 서비스 프로젝트에 주도적으로 참여한 로버트 킨슬은 "2000년대 중반에야 데이터 속도와 대역폭 비용이 마침내 사용자에게 전체 영화를 온라인으로 다운로드하도록 요청하는 것이 더 이상 미친 생각처럼 보이지 않게 됐다"고 언급했다. (로버트 킨슬, 마니 페이반 지음, 신솔잎 옮김, 『유튜브 레볼루션』, 더퀘스트, 2018)

로버트 킨슬이 초기에 생각한 아이디어는 고객이 다음날 시청하기 위해 밤새 영화를 다운로드하는 데 사용할 수 있는 '넷플릭스 상자'를 만들어 고객에게 제공하는 것이었다. 새로운 '상자'와 서비스를 만드는 것이 어려웠던 만큼 영화 다운로드 권한을 얻는 것도 엄청나게 어려웠지만, 2005년에 마침내 이를 출시할 기반이 마련되었다. 즉 처음에는 스트리밍이 아니라 다운로드 방식으로 먼저 접근했던 것이다. 그러나 유튜브가 저해상도 콘텐츠임에도 불구하고 충분히 인기를 얻는 것을 보고 이들은 스트리밍 서비스의 가능성을 확인했다. 그리하여 결국 원래의 계획을 뒤엎고 스트리밍으로 재접근해 서비스를 출시하게 되었다.

무제한으로 즐기는 콘텐츠

스트리밍 서비스를 하기 전까지 넷플릭스는 좀 더 빠른 배송, 더 많은 유통센터 구축 등으로 (마치 아마존처럼) 시간차를 줄이는 데 주력해왔다. 그 극점에는 클릭한 즉시 영화를 볼 수 있는 스트리밍이 있었다고 볼 수 있다. 장기적으로 미래를 내다보고, 사용자에게 어떤 장치에서든 즉시 콘텐츠에 접근할 수 있게 하는 데 4000만 달러(약 470억 원) 이상을 투자했다. 당시 스트리밍 비디오에 대한 소비자의 수요는 거의 존재하지 않았을 뿐더러, 가장 빠른 광대역 연결조차도 고해상도 비디오의 비트 전송률을 처리하기에는 용량이 부족했기 때문에 전체 비디오 영상의 품질은 DVD보다 낮았다는 점에서 위험한 투자이기도 했다.

넷플릭스가 스트리밍 서비스를 원활하게 운영하기 위해서는 두 가지 문제를 해결해야 했다. 하나는 넷플릭스를 볼 수 있는 장치가 많지 않다는 문제였고, 다른 하나는 이용할 수 있는 콘텐츠가 제한적이라는 문제였다. 이를 해결하기 위해 넷플릭스는 가전제품 회사와 손을 잡고 스트리밍 프로그램을 탑재한 장치를 개발하거나 독자적인 소프트웨어를 만들었다. 또한 콘텐츠 라이선스를 가진 업체들과 계약을 맺어 신규 콘텐츠를 지속적으로 확보해갔다.

스트리밍 서비스는 넷플릭스를 양적, 질적으로 도약하게 했다. 사용자 측면에서 보면 DVD는 한 달에 세 편까지만 빌릴 수 있는 제한이 있으면서 대여 순서를 기다려야 하지만, 스트리밍은 무제한이라는 점이 매력적이었다. 물론 처음에는 많은 콘텐츠 유통사들이 콘텐츠 제공 자체를 거부해서 라인업이 좋지 않았다. 한동안 최신 콘텐츠는 DVD로, 한물간 콘텐츠는 스트리밍으로 제공하는 식으로 운영되기도 했다. 그러다 가입자가 점점 늘고 넷플릭스가 콘텐츠 유통사에 투자하는 돈이 늘면서 점점 더 다양한 콘텐츠를 제공할 수 있게 되었다. 2010년을 기점으로 넷플릭스의 주력 서비스는 DVD 대여가 아니라 스트리밍으로 넘어갔다.

인터넷 동영상 스트리밍 서비스를 시작한 후 넷플릭스는 급속히 성장했다. 2002년 IPO 당시 1억 5000만 달러에 불과했던 넷플릭스의 매출은 2007년 12억 500만 달러, 2010년 21억 6000만 달러, 2013년 43억 7000만 달러, 2015년에는 67억8000만 달러로 성장했는데 거의 3년에 두 배씩 성장한 셈이다.

코드 커팅을 주도하는 선두주자이자 콘텐츠 생산자로서의 발돋움

요즘에는 음악이나 영상 콘텐츠를 스트리밍 방식으로 이용하는 게 그리 대단해 보이지 않을 정도로 당연해졌다. 하지만 스포티파이Spotify와 넷플릭스, 유튜브의 대중화 이전까지만 하더라도 온라인 콘텐츠 소비의 기본 방식은 다운로드였다. 이들 플랫폼의 스트리밍 서비스는 콘텐츠 소비 방식을 완전히 바꿔놓았다.

지금까지 미디어 시장에서는 크게 세 가지 물결이 판도를 바꾸어왔다. 미국 TV 역사에서 NBC, ABC 등 지상파 방송사가 주도한 첫 번째 물결에 이어, CNN, MTV 등의 케이블 채널이 두 번째 물결을 이끌었다. 그 후 인터넷을 통해 방송 프로그램, 영화 등의 미디어 콘텐츠를 제공하는 OTT 서비스가 세 번째 물결을 일으켰는데, 넷플릭스는 이 세 번째 물결을 이끄는 대표 주자로 자리매김했다.

또한 넷플릭스는 '코드 커팅cord-cutting' 현상을 주도하는 대표적인 기업이다. 코트 커팅이란 말 그대로 TV를 볼 때 필요한 케이블선 등을 끊는다는 의미다. 인터넷만 된다면 언제 어디서든 스트리밍으로 영화와 TV 프로그램을 시청할 수 있게 되자, 1990년대부터 자리 잡은 케이블 TV 산업은 몰락을 가속화했다.

스트리밍 서비스를 시작하면서 넷플릭스 직원들은 시청자들의 시청 방식에 대한 중요한 통찰을 얻었다. 바로 '시리즈 정주행'과 '알고리즘 추천'에 대한 잠재력이다. 시청자들은 일반적인 TV 시리즈를 시청하는 것처럼 한 주 한 주 기다려서 보는 게 아니라, 밤을 새워서라도 시리즈를 한번에 보고 싶어 하는 니즈가 있음을 알아차린 것이다. 이에 넷플릭스는 향후 오리지널 시리즈를 한번에 공개하는 방식을 고수했다. 또 DVD 서비스 때부터 축적해둔 데이터를 바탕으로 개인화 추천 알고리즘을 고도화하는 한편, 콘텐츠 제작에도 반영해 시청자들을 넷플릭스에 묶어두기 위해 다각도로 노력했다.

대표적인 사례가 2013년 넷플릭스에서 최초로 제작한 오리지널 드라마 시리즈 〈하우스 오브 카드House of Cards〉다. 이 드라마 시리즈의 대성공으로 넷플릭스는 자체 오리지널 콘텐츠 제작에 더욱 적극적으로 나섰다. 그 결과 넷플릭스는 더 이상 콘텐츠 제공 서비스에만 그치는 것이 아니라 할리우드 영화계와 HBO 등의 방송 채널을 움츠러들게 하는 콘텐츠 제작사로도 거듭나게 되었다.

자유와 책임이라는 넷플릭스 문화

넷플릭스의 성공 스토리만큼이나 내부 조직 문화에도 관심이 쏠리고 있다. 업계 외부에서 넷플릭스는 비범한 성과를 내지 못하는 직원에 대해서는 가차 없이 해고하는 것으로 잘 알려져 있었다. 리드 헤이스팅스는 넷플릭스의 기업 문화를 소개하는 『규칙 없음No Rules Rules』이라는 책을 펴냈는데, 여기서 그는 '자유와 책임'이라는 원칙 아래 투명하고 솔직한 소통을 강조하고 있다.

솔직함을 강화하는 제도는 넷플릭스의 빠른 혁신에 기여했다. 넷플릭스에서 14년간 최고인재책임자CTO로 일하며 독창적인 기업 문화를 구축하는 데 큰 역할을 했던 패티 맥코드Patty McCord는 『파워풀Powerful』이라는 책에서 솔직하게 질문하기에 관한 일화를 소개하고 있다. 넷플릭스의 최고 콘텐츠책임자CCO인 테드 서랜도스Ted Sarandos가 신입 사원을 대상으로 한 교육 시간에 '콘텐츠 윈도잉'에 관해 설명했는데, 질의응답 시간에 한 신입 엔지니어가 고정관념을 깨는 질문을 던졌다고 한다. 콘텐츠 윈도잉이란 관례적으로 따르던 전통적인 영화 배급 방식을 말한다. 즉 영화는 반드시 극장에서 최초로 공개하고, 그다음은 호텔 등에서 보여주는 주문형 유료 방송으로, 그 이후에 DVD로 만들어 유통하는 방식으로 오랫동안 진행되어 왔다. 그러나 신입 엔지니어는 서랜도스에게 "꼭 저렇게 진행해야만 하나요? 바보 같아 보이는데요"라고 반문했던 것이다.

스트리밍 서비스를 하기 이전에 넷플릭스는 DVD 대여로 돈을 벌었다. 당시 넷플릭스는 DVD 출시에 앞서 극장에서 먼저 공개되는 것을 당연하게 받아들였다. 그전까지 이들은 DVD로 나오는 데 걸리는 시간을 단축해 최대한 빠르게 DVD를 확보한 후 고객에게 대여해주는 데 집중하고 있었다. 관행적으로 따르던 이 방식에 대해 아무도 의문을 품지 않았으나, 신입 직원의 솔직한 질문을 계기로 서랜도스는 콘텐츠 배급 방식을 다시 생각해보게 되었다고 한다. 몇 년 후 넷플릭스는 오리지널 시리즈를 제작한 후 기존 방송국들처럼 한 회씩 공개하지 않고 '전 회차 공개'라는 독특한 방식을 도입함으로써 콘텐츠 배급 관행에 도전장을 던졌다.

OTT 시장의 최종 승자는?

OTT 기업들이 좋은 콘텐츠를 확보하기 위해 서로 경쟁하다 보면 콘텐츠 라이선스 비용은 점점 올라가고 지속적인 공급이 불안정한 경우도 잦다. 넷플릭스가 자체 콘텐츠를 제작하는 데 투자와 노력을 아끼지 않는 것도 이와 관련이 있다. 자체 콘텐츠를 늘릴수록 라이선스로 인한 문제를 줄일 수 있고, 좋은 콘텐츠의 힘이 결국 사용자를 만족시키면서 신규 가입자를 끌어들일 수 있으니 선순환 구조가 마련되는 것이다.

넷플릭스는 콘텐츠를 제작할 때도 철저한 계산을 바탕으로 한다. 이미 넷플릭스의 '시네매치'로 콘텐츠 추천 알고리즘의 고유한 효과를 입증했듯이, 콘텐츠 제작에도 인공지능AI 알고리즘을 활용해 고객이 무엇을 좋아하는지 철저히 파악해서 반영했다. 넷플릭스에서는 '태거tagger'라고 부르는 영상 콘텐츠 분석 전문가들이 콘텐츠를 감상하고 분석해서 꼬리표tag를 다는 역할을 한다. 이들은 콘텐츠의 기존 장르와 줄거리뿐만 아니라 분위기, 등장인물의 특성 등 미묘한 뉘앙스까지 파악해 콘텐츠 카테고리를 잘게 쪼갠다. 이렇게 분류한 태그 유형에 의해 넷플릭스의 영상 콘텐츠는 무려 7만 6,000개의 장르로 구분되어 있다. 이러한 알고리즘의 고도화와 세분화를 넷플릭스에서는 '양자이론'이라고 일컫는다. 콘텐츠 정보를 더 이상 쪼갤 수 없을 만큼 세분화하고, 이렇게 축적한 데이터를 분석하여 정교한 알고리즘으로 만들어내기 때문이다.

오리지널 시리즈를 비롯한 양질의 콘텐츠, 정교한 추천 알고리즘, 단일 플랫폼을 통한 서비스 제공과 편리한 접근성 등은 넷플릭스를 차별화하는 요소들이다. 스트리밍 서비스로 일찍이 글로벌 OTT 시장의 선두주자로 올라섰지만 이들은 여기서 멈추지 않고 혁신을 거듭했다. 넷플릭스는 오늘날 세계에서 가장 기업 가치가 높은 엔터테인먼트 기업으로서 시가총액이 2700억 달러(약 322조 원)에 이르며, 2002년 상장 당시 1달러였던 주가는 약 20년이 지난 현재 600달러를 넘어서는 수준이다. 2021년 초 넷플릭스의 전 세계 유료 가입자 수는 2억 명을 돌파했다.

코로나 팬데믹으로 전 세계 주요 기업들이 타격을 입은 와중에도 넷플릭스는 건재했다. 외출이 자유롭지 못하고 집에서 머무는 시간이 늘어나면서 넷플릭스는 오히려 코로나 수혜를 톡톡히 누렸다. 콘텐츠 시장은 계속해서 확장하고 있고, 디즈니와 애플, 아마존 등의 쟁쟁한 기업들이 OTT 분야에 새롭게 뛰어들면서 경쟁은 점점 더 치열해질 전망이다. 이에 넷플릭스는 오리지널 콘텐츠를 활용한 새로운 사업을 모색하면서 영토 확장에 나섰다. 대표적으로 거론되는 것이 게임 제작과 굿즈 판매, 이커머스 플랫폼 구축 사업이다.

리드 헤이스팅스는 "넷플릭스의 경쟁자는 수면 시간일 뿐"이라며 후발주자들의 맹추격에도 끄떡없는 자신만만함을 보였다. 넷플릭스가 OTT 시장의 왕좌를 계속 지킬 수 있을지, 앞으로 이 분야에 어떤 지각 변동이 일어날지는 미지수다. 하지만 그동안 넷플릭스가 쌓아온 콘텐츠에 대한 인사이트, 그리고 데이터를 바탕으로 한 과감한 혁신과 도전은 이들이 쉽게 무너지지 않을 탄탄한 토대가 되어주고 있음이 확실하다.

장난감을 넘어
문화를 만드는
기업

레고의 모멘트
2004년

블록으로 세계 장난감 업계의 1위를 거머쥔 레고. 하지만 1990년대 비디오 및 PC 게임의 유행으로 시장에서 밀려나는 위기를 맞았고, 계속되는 악수에 더 깊은 수렁에 빠진 시기가 있었는데……. 위기에 처한 레고가 다시 장난감 업계를 평정할 수 있었던 비결은 무엇이었는지, 이 기업이 지켜온 가치는 무엇이었는지 분석해본다.

목공소에서 출발한 장난감 회사

1999년 미국 경제 전문지《포춘》은 레고를 '세기의 상품' 중 하나로 선정했다. 그 밖에도 수많은 매체들이 레고를 역사상 가장 위대한 어린이 장난감으로 꼽는다. 손톱만 한 블록에서 손가락만 한 블록까지, 수천 수백 개의 조각들이 '딸깍' 소리를 내고 끼워지면 화려한 디즈니 캐슬부터 스타워즈에 나오는 거대 우주선 밀레니엄 팔콘까지 눈앞에서 완성된다. 조립 완구의 최고봉인 레고 블록은 오늘날의 모양으로 완성된 1958년부터 지금까지 전 세계 수백만 어린이와 어른들의 상상력을 키워주는 장난감으로, 혹은 그 이상의 도구로 자리 잡았다.

레고가 탄생한 곳은 덴마크의 시골마을 빌룬이다. 이곳은 덴마크의 어느 도시에서도 세 시간을 더 들어가야 나오는 외딴 마을이다. 레고의 창업자 올레 키르크 크리스티안센Ole Kirk Kristiansen은 목수였다. 1912년에 그는 빌룬의 작은 목공소를 인수해 생활 소품이나 가구를 만들어 팔았다. 그러

레고의 창업자 올레 키르크 크리스티안센.

나 가구 제작만으로는 수익이 나지 않자 가구를 만들다 남은 나무토막으로 장난감을 만들어 팔면서 생계를 이어갔다.

올레는 결혼 후 아내가 일찍 세상을 떠나 홀로 네 아들을 키우며 살았다. 그가 자투리 목재를 깎아 오리, 기차 등의 장난감을 아이들에게 만들어 주니 반응이 꽤 좋았다. 여기서 힌트를 얻은 그는 목공소에서 본격적으로 장난감을 만들어 판매하는 사업을 시작했다. 1932년에 그는 아예 장난감 회사를 차렸고, 지금의 '레고'라는 이름을 만들었다. 덴마크어로 '라이leg'와 '고트godt'를 합성한 이 단어는 '잘 놀다play well'라는 의미를 담고 있다. 세계 대공황과 제2차 세계대전, 그리고 공장이 전소되는 위기까지 겪었지만 올레는 꾸준히 사업체를 키워나갔다.

제2차 세계대전 후 베이비붐 현상으로 출생률이 급격히 증가하면서 집집마다 아이들이 많아졌고 장난감 수요도 크게 늘었다. 그런데 나무로 만들어서 장난감을 생산하는 데에는 한계가 있었다. 그러던 중 올레는

레고의 초기 생산품인 목각 오리 인형. 목수였던 올레 키르크 크리스티안센이 레고를 설립한 후 초기에는 주로 나무 장난감을 만들어 판매했다. ⓒLEGO

1946년 런던에서 열린 제조업 박람회에서 최신 기술의 플라스틱 사출 성형기를 보게 되었다. 플라스틱이라는 재료가 주목을 받기 시작하자 레고는 덴마크 장난감 업계 최초로 플라스틱 사출 성형기를 도입했다. 당시 업계에서는 플라스틱 장난감이 품질 좋고 튼튼한 나무 장난감을 대체하지 못할 거라는 냉소가 있었지만 굴하지 않았다. 이때부터 레고는 플라스틱 장난감과 나무로 만든 장난감을 모두 합쳐 200여 종을 생산하는 완구 중견 기업으로 성장했다.

레고 블록의 기본형이 완성되다

레고가 본격적으로 블록을 만들기 시작한 것은 1940년대 중반 이후였다. 올레 키르크가 플라스틱 사출 성형기를 구입했을 때 이 기계로 만든 샘플을 입수했는데, 그것은 키디크래프트Kiddicraft가 생산한 플라스틱 블록이었다. 이 블록은 키디크래프트의 창업자 힐러리 피셔 페이지Hilary Fisher Page가 디자인한 것으로 1939년에 이미 특허를 받은 제품이었다. '자체 결속interlocking', 즉 서로 맞물리는 형식이라는 개념으로 디자인된 제품이지만 여기에는 한 가지 문제가 있었다. 블록 윗부분에 돌기가 있고 속은 텅 비어 있었기 때문에, 이 돌기만으로는 결속하는 힘이 약해 조립 후 무너지기 십상이었던 것이다.

레고의 1대 회장인 올레의 셋째 아들 고트프레 키르크 크리스티안센Godtfred Kirk Kristiansen은 훗날 레고의 2대 회장이 되는데, 그는 아버지를 도와 레고에서 일하면서 사출 성형기를 잘 활용할 수 있는 방법을 연구했다. 10년 가까이 블록 생산 방식을 연구하면서 쉽게 무너지지 않는 블록을 개발하는 데 몰두했고, 그 결과 1958년에 마침내 '원통 결합 시스템'을 고안

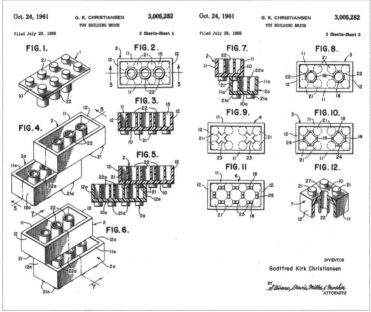

위 　1939년 힐러리 피셔 페이지가 디자인해 특허를 받은 키디크래프트 플라스틱 블록.

아래 　1958년 레고가 특허를 신청한 블록 조립 시스템.

해냈다. 이는 윗부분에 튜브(돌기)가 있고 아랫부분에는 튜브를 꽉 무는 스터드가 있는 방식으로, 블록의 품질과 서로 맞물리는 힘을 높은 수준으로 끌어올린 결과물이었다. 이때 완성된 방식이 지금 우리가 아는 레고 블록의 기본형이 된다. 그리고 같은 해 고트프레는 레고 블록과 블록 조립 시스템에 대한 특허를 처음으로 등록했다.

레고의 기본형이 완성된 1958년, 1대 회장 올레 키르크 크리스티안센이 심장마비로 타계하고 셋째 아들 고트프레가 2대 회장으로 취임했다. 그는 장난감을 단지 팔기 위한 생산품으로만 생각하지 않는다는 아버지의 뜻을 이어 "건설의 즐거움과 함께 상상력과 창의성을 자극하고, 우리 각자의 내면에 있는 아이를 육성한다"는 사명감으로 레고의 철학을 정립해갔다. 이를 바탕으로 그는 레고 시스템을 위한 십계명을 만들어 사내에 공유하기도 했다.

무한한 놀이의 가능성을 갖춘 레고

여아와 남아 모두를 위한 레고

모든 연령층을 위한 레고

1년 내내 즐길 수 있는 레고

건전하고 차분하게 즐길 수 있는 레고

싫증나지 않고 장시간 즐길 수 있는 레고

상상력, 창의력, 성장 발달을 높여주는 레고

신제품이 기존 제품의 놀이 효과를 극대화하는 레고

늘 화제 만발인 레고

안전과 품질이 보장된 레고

(다니엘 립코위츠, 이정미 옮김, 『레고 북』, 디자인하우스, 2020)

"최고만이 최선이다"의 철학

레고는 이 십계명 중에서도 특히 품질에 관한 규칙이 엄격했다. 1대 회장 올레가 늘 강조해온 "최고만이 최선이다"라는 말은 지금까지 레고를 관통하는 가장 중요한 철학이 되었다. 2대 회장 고트프레가 어린 시절에 겪었던 한 일화는 "최고만이 최선이다"라는 창업주의 철학과 그 출발점을 잘 드러낸다. 아버지와 함께 일하던 어느 날 고트프레가 당시 레고의 대표 상품이었던 목각 오리 인형에 기름칠을 두 번만 해서 비용을 절감했다고 자랑스레 이야기하자, 아버지는 불같이 화를 내며 창고에 있던 장난감을 모두 가져오게 해 기름칠을 다시 시켰다는 것이다.

이 일로 인해 레고는 최고의 품질이 절대적 사명이 되었고, 오늘날까지 이를 고수하고 있다. 그 덕분에 레고에서 생산하는 블록은 불량률이 100만 개 중 겨우 열여덟 개에 불과하며, 생산 오차는 0.005밀리미터 이내라고 한다. 이는 머리카락 굵기인 0.01밀리미터보다 훨씬 적은 수치다. 그뿐 아니라 2009년 이후로 지금까지 단 한 건의 리콜도 발생하지 않았을 정도로 엄격한 품질 관리를 실시하고 있다.

2대 회장 고트프레는 레고를 성장 궤도에 올려놓은 사람이다. 또한 아버지와 함께 완성한 블록의 '무한한 확장성'을 '완전하게 통합된 시스템'으로 이끈 장본인이기도 하다. 1954년 고트프레는 출장 중에 만난 백화점 장난감 매장 직원의 의견을 듣고 '시스템'에 대한 힌트를 얻었다. 그 직원의 말에 따르면 한 가지 장난감으로 끝나는 게 아니라 여러 세트의 장난감이 서로 연관되는 시스템을 만들어야 재구매를 유도할 수 있다는 것이었다.

여기서 고트프레는 시스템을 바탕으로 한 확장성에 관한 영감을 얻었고, 이를 반영한 '타운' 시리즈를 내놓았다. 이는 레고 시리즈 사상 가장 큰 인기를 끈 '시티'의 전신이 되는 시리즈로서 집과 가족, 자동차와 기차뿐 아

레고 시티의 전신이 되는 '타운' 시리즈. 기차역, 소방서, 경찰서 등 제품을 확장해가며 마을을 완성하는 즐거움을 누릴 수 있도록 통합 시스템을 추구했다.

니라 기차역, 소방서, 경찰서로 제품 라인을 늘여가는 방식으로 통합된 시스템을 추구했다. 또한 정교하고 현실에 가까운 형태를 갖추면서도 블록 색깔은 빨강, 파랑, 노랑, 초록, 하양, 검정이라는 여섯 가지 색깔로 한정하면서 레고의 정체성을 확립하는 또 하나의 통합된 시스템을 구축했다.

아이들은 한 철 쓰고 버리는 장난감이 아니라 단계적으로 하나의 마을이나 성을 완성하는 즐거움을 누렸다. 그 덕분에 레고는 완전히 새로운 제품을 개발하지 않아도 확장을 통해 매출을 늘릴 수 있는 방안을 갖추게 되었다. 이런 시스템은 마을뿐 아니라 우주, 해적 등으로 테마가 점점 늘어났고 18개월부터 6세 이하의 어린이를 대상으로 한 유아용 '듀플로' 라인도 출시되었다. 1960년대부터 레고는 해외 진출과 레고랜드 개장 등으로 사업을 다각화하면서 본격적인 성장세를 탔다.

비약적 발전, 그리고 추락

1979년 키엘 키르크 크리스티안센Kjeld Kirk Kristiansen이 서른두 살의 젊은 나이에 레고의 3대 회장으로 취임했다. 그는 2대 회장 고트프레의 아들이자 창업주 올레의 손자로 가업을 이어받아 경영에 나섰다. 키엘은 제품 라인을 세 그룹으로 나눠 전문적인 관리 체제를 구축했다. 그가 회장을 맡은 뒤 1990년대 초까지 15년 동안 레고는 5년마다 두 배의 성장을 이루는 눈부신 성과를 거두었다.

키엘은 시스템을 구성하는 테마 세트를 전면에 내세워 캐슬 라인, 스페이스 라인 등의 대대적인 성공작들을 내놓았다. 스페이스 라인은 200개가 넘는 세트를 출시해 매출 기록을 올리는 대표적인 효자 상품이었다. 또 블록 못지않게 레고의 성공적 발명품으로 꼽히는 피규어가 이 당시에 만들어졌다. 그동안 아이들이 레고를 가지고 주로 집을 짓거나 마을을 만드는 건설 놀이를 했다면, 피규어의 등장으로 역할 놀이까지 가능해졌다. 장난감에 스토리를 입히는 '시스템'에 이어 역할 놀이를 가능하게 하는 피규어의 개발로 주요 소비자인 아이들의 몰입도가 높아졌고 그 덕분에 레고의 인기도 더욱 올라갔다.

1932년 창립 후 10억 크로네(1979년 기준 약 1억8000만 달러)의 매출을 올리는 데 46년이 걸렸는데, 이후 매출이 50억 크로네로 다섯 배 늘어나는 데에는 불과 10년밖에 걸리지 않았다. 1991년 기록에 의하면 전체 장난감 업계의 연 매출이 4퍼센트가량 늘었을 때 레고는 18퍼센트나 늘었다. 그러나 1990년 중반에 이르자 레고는 정체 국면에 접어들었다.

1980년대 말 특허권 만료는 위기의 전조가 되었다. 1958년에 취득한 특허가 20년이 지난 후 효력이 사라졌고, 레고를 따라 하는 블록 업체들이 앞다투어 나타났다. 이들 업체는 레고처럼 안전성과 최고의 품질이라는 자부심은 없었지만 레고보다 절반 이하의 가격으로 승부를 걸었다. 레고는 어설픈 후발주자들을 따돌릴 혁신적 제품을 개발하기보다는 소송으로 이 업체들에 맞섰다. 만료된 특허권 대신 지식재산권의 소유를 주장하며 법적 싸움을 시작했다. 하지만 안타깝게도 여러 나라에서 이루어진 소송에서 모두 패소하고 말았다.

더 큰 위기는 외부에서 밀어닥쳤다. 퍼스널 컴퓨터가 일반 가정에 보급되면서 컴퓨터는 레고보다 더 매력적인 아이들의 장난감으로 떠올랐다. 또한 중국이 세계의 공장으로 꿈틀거리기 시작하면서 해즈브로Hasbro, 마텔Mattel 등 경쟁 장난감 업체들이 중국에다 공장을 세웠다. 그 결과 품질은 다소 떨어져도 대량으로 생산할 수 있는 저가의 장난감들이 급속도로 늘어났다. 직접 손으로 조립하는 아날로그의 미덕과 최고의 품질을 자부하는 레고는 점점 발붙일 영토가 줄어들었다.

새로운 제품 라인은 전멸하다시피 흥행에 실패했고, 2대 회장이 세상을 떠난 1995년 레고는 처음으로 매출이 이전 해보다 떨어지는 기록을 세웠다. 1998년에는 결국 4800만 달러, 우리 돈으로 500억 원가량의 적자 실적을 발표했다.

혁신의 함정

1998년 레고는 실패를 인정하고 처음으로 외부에서 경영 전문가를 영입했다. 덴마크의 대표 브랜드 뱅앤올룹슨Bang & Olufsen을 침체에서 되살린 기업 회생 전문가 포울 플로우만Poul Plougmann을 재무이사로 선임했다. 플로우만은 이듬해 전체 인원의 10퍼센트가 넘는 1,000여 명의 직원을 해고하며 인원을 감축했다. 또 뱅앤올룹슨에서 함께 일했던 이탈리아 출신의 브랜드

디렉터 프란체스코 치코렐라Francesco Ciccolella에게 브랜딩을 맡기며 레고의 브랜드 재구축을 단행했다. 치코렐라는 반세기 가까이 이어온 레고의 모토 'play well(잘 논다)'을 'play on(계속 논다)'으로 바꾸고 과거와의 단절까지 선언하며 새로운 제품 라인 출시와 사업 다각화에 나섰다.

플로우만의 핵심 전략은 '블록을 벗어나라'는 것이었다. 레고의 가장 큰 힘이었던 블록이 가장 큰 '제약'이라고 선언했던 것이다. 그러면서 블록을 벗어나기 위해 새로운 사업을 벌였는데 아동복, 시계, 게임, 전자 기술 등, 컴퓨터 프로그래밍부터 의류업까지 사업 영역을 전방위로 확대했다. 그 결과물이 쏟아져 나온 시기가 2001년이다.

작고 섬세한 블록 조립을 아이들이 힘들어한다는 이유로 덩치가 크고 조립이 쉬운 액션 피규어 '잭 스톤' 시리즈를 내놓았고, TV 시리즈와 게임, 레고 블록을 하나의 '유니버스' 안에서 구축하려고 만든 '갤리도어' 시리즈도 이때 등장했다. 〈스타워즈〉, 〈해리 포터〉 같은 콘텐츠 대신 창작자의 이름을 사서 라이센싱한 조립식 영화 스튜디오 '레고 앤드 스티븐 스필버그 무비메이커' 세트도 나왔다. 이 가운데 하나라도 기억하는 사람이 지금은 얼마나 있을까? 혁신이라고 포장해서 새롭게 내놓았지만 시장에서 외면받고 잊힌 제품들이 대부분 이때 쏟아져 나왔다.

플로우만과 치코렐라의 전략은 단기적으로 매출을 상승시킨 것처럼 보였지만, 2002년 이후에는 매출이 다시 급감했다. 전문 경영인의 영입은 정체되어 있던 레고에 변화의 바람을 강하게 일으키기는 했으나 이들의 혁신은 잘못된 방향으로 나아가고 있었다. 너무나 많은 실험과 모험이 뒤섞이면서 혁신은 방향성을 잃고 통제력마저 잃어가고 있었다. 이에 따르는 비용의 증가는 상상을 초월하는 수준으로 늘어났다. 2003년에는 영업이익이 25퍼센트 하락해서 2억3000만 달러(약 2500억 원)의 적자를 기록했다. 당시 레고 회장이 개인 재산 1억 달러를 내놓았지만 역부족이었고, 2004년에는 적자가 4000억 원으로 더 크게 늘어났다. 1990년대 말부터 시작된 레고의 암흑기가 2004년까지 이어졌다.

그해 레고의 이사회는 위기에서 벗어나기 위해 창업자 가문의 3대 회장 키엘 키르크 크리스티안센을 물러나게 하고, 그 자리에 새로운 CEO를 앉혔다. 2001년에 입사해 당시 레고의 전략기획 책임자로 있던 외르겐 비 크누스토르프Jørgen Vig Knudstorp였다. 그는 레고 블록과 함께 어린 시절을 보냈고 경영학을 공부한 뒤 매킨지 컨설팅 그룹에서 2년간 일하다 레고에 합류했다. 그가 CEO로 재직하는 동안 레고는 재기에 성공했다. 무절제한 투자와 사업 확장으로 파산 위기에 놓인 레고를 되살린 구원투수로서 크누스토르프의 전략이 빛을 발했던 것이다.

다시 기본으로

2004년 크누스토르프가 레고의 CEO를 맡았던 당시 그의 나이는 36세였다. 3대 회장이 크누스토르프에게 CEO 자리를 넘기면서 했던 약속은 "경영 일체에 관여하지 않고 소유주로서의 지위만 유지하겠다"는 것이었다. 젊은 나이에 첫 전문 경영인으로서 레고의 수장이 된 크누스토르프는 그해 레고의 모멘트를 열었다.

크누스토르프는 레고를 살리기 위해 3단계 전략을 세웠다. 2004년부터 2010년까지 완수를 목표로 한 이 전략은 1단계 생존, 2단계 핵심 사업 재정리, 3단계 성장으로 단계별 목표를 담고 있었다. 1단계 생존을 위해서는 방대하게 커진 기업의 몸집을 줄여나갔다. 돈 먹는 하마가 된 해외 레고랜드와 방만하게 운영되던 공장들을 정리하는 등 자산을 매각하고 대규모

해고로 구조조정을 단행했다. 또한 아동복, 시계, 게임 등의 사업들을 대거 정리하고 1만5,000개까지 늘어난 블록의 종류를 7,000개까지 줄였다. 특정 시리즈에만 포함되거나 다른 블록과 호환되지 않는 것들을 과감히 없애고 표준 블록 위주로 재편성하는 전략이었다.

핵심 사업을 재정리하는 2단계에서는 '다시 기본으로back to basic', 즉 '블록'으로 되돌아가는 전략을 취했다. 이전에 플로우만이 추구했던 혁신의 핵심은 '블록을 벗어나라'였다. 이는 조립 장난감에 머물러 있으면 디지털 시대의 파고를 넘을 수 없으리라는 불안감 때문이었다. 하지만 그가 이끌던 시대의 레고 제품들은 오히려 경쟁사의 제품으로 오해받기 쉬울 정도로 정체성이 사라지고 말았다. 기존의 레고 팬들은 이런 레고의 변심에 실망했고 새로운 팬층을 끌어들이는 데에도 실패했다. 이를 교훈 삼아 크누스토르프는 기본으로 돌아가야 한다고 주장하며 레고의 핵심인 조립을 최우선으로 강조했다. 그리하여 레고 듀플로와 레고 시티, 레고 테크닉 같은, 조립이라는 레고의 전통이 담긴 제품 라인을 되살렸다.

3단계인 성장을 위해서는 연령층을 다양화하는 전략을 내놓았다. 크누스토르프는 확장과 시스템, 조립이라는 레고의 정체성을 되찾았지만 무조건 과거로의 회귀만을 추구한 것은 아니었다. 5~9세 남자아이들을 주요 타깃으로 하는 제품뿐만 아니라 다양한 연령층을 겨냥한 시리즈를 출시했는데, 크누스토르프 체제에서는 이 역시 블록 조립을 기반으로 했다. 대표적인 것이 '아키텍처' 시리즈다. 서울의 숭례문, 파리 에펠탑, 미국 백악관 등 세계적인 건축물을 제품으로 내놓은 아키텍처 시리즈는 어른들이 더 열광하는 제품이었다. 또한 여자아이를 타깃으로 한 '프렌즈' 시리즈를 출시해 인기를 끌었다. 그동안 주로 남자아이 위주의 제품을 내놓았으나 같은 연령대의 여자아이를 타깃층으로 확보하지 않는 것이 사업적 손해임을

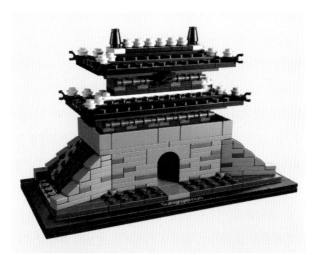

위   레고 '아키텍처' 시리즈로 출시된 서울의 숭례문.

아래   여자아이를 위한 제품으로 출시해 큰 인기를 끈 레고 프렌즈 시리즈.

깨달았던 것이다.

이때 출시된 신제품들은 레고가 재도약하는 데 큰 기여를 했다. 〈스타워즈〉, 〈해리포터〉 등 인기 콘텐츠의 캐릭터를 라이선스 방식으로 생산한 시리즈도 성공적이었지만, 이와 같은 제품들은 지식재산권IP 사용료가 높아서 많이 팔아도 이익이 많이 남지 않았다. 그래서 스토리를 담은 자체 콘텐츠를 개발하여 제품을 출시했는데, 대표적인 예가 '닌자고'와 '프렌즈' 시리즈다. 이들 제품은 레고의 인기 상품으로 급부상하며 전체 매출의 큰 부분을 차지했다. 또한 영화와 TV 애니메이션으로도 제작되어 부가가치를 높였다.

블록 안에서 무한히 확장하라

2004년부터 레고를 진두지휘한 크누스토르프는 방향성을 지닌 혁신만이 성과를 낼 수 있음을 보여주었다. 레고의 철학, 정체성, 기본에 충실하면서 확장성을 추구해 위기에 빠진 레고를 다시 성공 궤도에 올려놓은 것이다. 이런 이유로 크누스토르프가 CEO로 취임한 2004년을 레고의 모멘트라 할 수 있다.

2005년 레고는 흑자 전환에 성공하고 2009년까지 9.5퍼센트대의 안정적인 매출 증가율을 달성하며 장난감 시장에서의 입지를 재구축했다. 디지털 기술이 일상으로 파고들기 시작한 1990년대부터 오늘날에 이르기까지 고전적인 조립 장난감을 위협하는 게임과 미디어가 시장을 끊임없이 뺏어가고 있는 상황에서도 레고가 버틸 수 있었던 건 기본에 충실한 확장성 덕분이었다.

변화하는 시장에 발맞춰 확장성을 추구해 성공한 대표적인 사례가 바로 〈레고 무비〉였다. 2014년에 개봉한 〈레고 무비〉는 미국 박스오피스에서 3주 연속 1위를 차지하며 주목받았고, 4억6000만 달러(약 5000억 원)의 수입을 벌어들였다. 〈레고 무비〉가 홍행하면서 동시에 레고 판매량도 급증해 2014년 상반기 순이익은 지난해 같은 기간에 비해 14퍼센트가 증가하는 기록을 세웠다.

스마트폰과 PC, 온라인 게임과 SNS는 여전히 전통 장난감 시장을 위협하는 강력한 적수다. 2017년 미국의 거대 완구 유통업체인 토이저러스가 파산하고 마텔과 해즈브로 등의 장난감 업체들도 매출 하락세를 면치 못하고 있는 상황에서 레고 역시 어려운 시기에 다시 직면했다. 그런 와중에 2018년 초 국내외 언론은 당시 가장 주목받고 있던 중국 IT 기업 중 하나인 텐센트Tencent가 레고와 디지털 파트너십을 맺고 온라인 게임, 비디오, 소

위기에 빠진 레고가 다시 성공 궤도에 안착할 수 있었던 것은 기본에 충실한 확장성 덕분이었다.

셜 미디어 등을 함께 개발한다고 보도했다. 최근 몇 년간 특히 중국 시장에서 강한 성장세를 보여준 까닭에 레고는 중국 시장이 지닌 미래 확장성에 큰 기대를 걸었다.

중국 시장을 적극적으로 공략하고 다양한 전략적 제휴를 맺어 영역을 확대해가는 레고의 도전은 긍정적인 평가를 받고 있다. 이는 실적에서도 효과를 나타냈다. 레고 그룹의 2020년 매출은 코로나19에도 불구하고 지난해 대비 13퍼센트가 늘었다고 발표했다. 현재 레고 그룹의 최고경영자인 닐스 크리스티안센Niels B. Christiansen은 "레고의 핵심 가치를 바탕으로 아이들이 안전하고 새로운 방식으로 재미와 창의력을 얻을 수 있는 혁신적인 놀이 경험을 만들어갈 것"이라고 말했다. 이와 함께 온라인 네트워크와 디지털 기반 사업에 대한 투자를 늘리고 옴니채널 유통망을 구축한다는 계획도 밝혔다.

끊임없는 도전과 응전의 과정을 겪어온 레고 그룹의 역사를 살펴보면, 위기 상황에서도 기업의 핵심 가치를 잃지 않는 전략이 중요하다는 사실을 알 수 있다. 변화된 환경에 유연하게 대처하되 핵심 가치를 잃지 않는 것, 이는 위기와 재도약을 거듭해온 레고가 앞으로 나아가야 할 방향을 제시해줄 이정표가 될 것이다.

세계 1위
스포츠 브랜드의
성장기

나이키의 모멘트
1985년

오늘날 전 세계에서 가장 사랑받는 스포츠 브랜드 나이키는 한때 아디다스에 밀리고 리복에 기를 못 피던 시절이 있었다. 그런 나이키가 어떻게 세계 최고의 스포츠 브랜드로 거듭날 수 있었을까? 나이키가 경쟁자들을 따돌리고 정상을 차지하게 된 모멘트는 언제였을까? 흔해 빠진 운동화에 꿈과 도전을 불어넣었던 그해를 살펴본다.

운동화 소매상이 제조업체로 성장하기까지

나이키의 시작은 일본 운동화를 수입해 팔던 소매상에 불과했다. 미국 오리건대학교 육상선수 출신인 필 나이트Phil Knight는 스탠퍼드대학교 경영대학원에서 MBA 학위를 딴 뒤 1962년 세계여행을 떠났다. 일본 운동화에 관심이 있던 그는 일본을 여행하는 동안 고베에 있는 운동화 제조 공장을 방문했다. 그는 일본의 값싼 기능성 운동화를 들여와 미국 시장에서 판매하면 히트를 칠 것이라고 생각했다. 당시 독일제 운동화 일색이던 미국 운동화 시장을 바꿀 수 있으리라 예상했던 것이다. 나이트는 일본에서 운동화를 생산 판매하는 오니츠카 타이거(현재 아식스의 브랜드 중 하나)라는 브랜드와 접촉해 협상한 뒤 미국 내 독점 판매권을 확보했다.

필 나이트는 샘플 신발을 갖고 미국으로 돌아와 육상 신발에 관심이 많았던 오리건대학교 육상 코치 빌 바우어만Bill Bowerman에게 자신의 아이디어를 설명하고 동업을 제안했다. 두 사람은 1964년 오리건주에 블루 리본 스포츠Blue Ribbon Sports, BRS라는 회사를 만들었다. 이어 각각 500달러씩 투자해 오니츠카 타이거의 운동화 200켤레를 주문했다.

회사 이름만 있었지 실상은 차 트렁크에 신발을 잔뜩 싣고 다니며 운동장에 풀어놓고 판매하는 '보따리상'에 가까웠다. 나이트는 자신의 차에 운동화를 싣고서 육상 대회를 찾아다니거나 트랙을 돌아다니며 선수들에게 직접 판매했다. 바우어만은 오니츠카 타이거 운동화를 분해하며 제품 개발에 주력했다. 판매를 시작한 첫해 1,000켤레에 육박하는 운동화를 팔아 순이익으로 364달러를 남겼다. 아디다스 등 대기업 브랜드에 비하면 정말 보잘것없는 성과였지만 이것이 블루 리본 스포츠의 탄생이었다.

블루 리본 스포츠는 회사를 세운 그해에 8,000달러의 매출을 올렸다. 이듬해 나이트는 스탠퍼드대학교 대학원 동기이자 육상선수였던 제프 존

나이키의 전신인 블루 리본 스포츠. 초기에는 일본의 오니츠카 타이거 운동화를
수입해 판매했다.

슨Jeff Johnson을 고용해 회사의 관리 업무를 맡겼다. 2년 뒤 블루 리본 스포
츠는 캘리포니아 산타모니카에 첫 번째 매장을 열고 직영 판매를 시작했다.
1967년에는 미국 북동부 매사추세츠주 웰슬리에 두 번째 매장을 열었다.

나이키의 탄생

1970년 바우어만은 와플 굽는 기계에서 아이디어를 얻어 미끄럼 방지 패
턴이 들어간 운동화 밑창의 고무 스파이크를 개발했다. 바우어만은 아내
가 와플 팬을 사용하는 모습을 바라보다가 틀 속에 약간의 고무를 집어넣
고 고무 와플을 만들어보았다. 그런 다음 그것을 잘라 신발 밑창에 접착제
로 고정했다.

　그는 자신이 코치하는 팀의 선수들에게 신발을 나눠주고서 그걸 신고
뛰어보라고 했는데, 선수들의 반응이 좋았다. 기존 운동화보다 가벼우면서

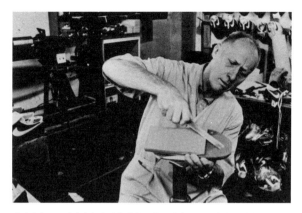

나이키의 공동 창업자인 빌 바우어만은 와플 기계를 보고 착안해 마찰력이 강한 고무 밑창 '와플솔'을 개발했다.

도 지면과의 마찰력이 강한 것이 특징이었다. 바우어만은 와플 기계를 이용해 만든 고무 밑창에 '와플솔waffle sole'이라는 이름을 붙이고 운동화 개발에 나섰다. 이렇게 해서 탄생한 신발이 바로 나이키 코르테즈cortez였다. 이후 이 신발은 나이키 최초의 운동화이자 가장 상징적인 디자인으로 사랑을 받았다. 이 기술로 블루 리본 스포츠는 커다란 성공을 거두었고 1970년대 가장 혁신적인 신발 제조업체로 명성을 쌓아갔다.

　1972년부터 블루 리본 스포츠가 독자적인 제품을 생산하면서 오니츠카 타이거와의 관계는 점점 멀어져갔다. 결국 블루 리본 스포츠는 오니츠카 타이거와의 협력 관계를 끝내고 독자적인 브랜드를 만들기로 했다. 이것이 '나이키'의 탄생이다.

　나이트와 바우어만은 승리의 여신 니케에서 브랜드 이름을 착안했다. 이와 어울리는 로고를 찾던 중 포틀랜드주립대학교에서 그래픽디자인을 전공하던 대학생 캐롤린 데이비슨Carolyn Davidson에게 디자인을 의뢰했다. 데이비슨은 여신의 날개에서 영감을 받아 승리의 'V'자를 부드럽게 뉘어놓

캐롤린 데이비슨이 디자인한 나이키의 오리지널 로고.

은 듯한 형상의 로고를 만들었다. 이 로고 디자인이 현재 나이키의 트레이드마크인 '스우시Swoosh(휙 소리를 내며 움직인다는 의미)'다.

당시 나이트는 이 스우시 디자인을 썩 마음에 들어 하지 않았다. 하지만 회사 로고가 결정되지 않아 멕시코 공장에서 신발을 생산하지 못하는 바람에 급히 이 로고를 선택할 수밖에 없었다고 한다. 로고 디자인 비용으로 캐롤린 데이비슨은 단돈 35달러를 받았는데, 당시 시급 2달러로 계산해 17시간 만에 만들었다 해서 책정된 비용이었다. 현재 이 로고 가치는 100조 원에 이른다. 지금 돌이켜보면 나이키는 헐값으로 로고를 얻은 셈이다.

조깅 열풍, 나이키의 성장 동력이 되다

나이키의 시작은 이처럼 소박했지만 1970년대 들어 급격한 성장세를 보였다. 이때 미국 사회에 불어닥친 하나의 열풍이 나이키의 성장 동력이 되었다. 바로 조깅 열풍이었다. 1970년 뉴욕 마라톤 대회 참가자가 200명도 채

되지 않았던 것을 보면, 그때까지만 해도 미국인들은 조깅에 큰 관심이 없었다. 마라톤을 비롯해 육상 스포츠에 대한 관심이 폭발적으로 증가한 것은 1970년대 이후였다. 1970년대로 접어들면서 미국 경제가 위축되었고 불황이 이어지면서 노동시간도 많이 늘어났다. 중산층이 무너지고 실업자가 크게 증가함에 따라 고통을 견뎌야 했던 시기에 혼자 즐길 수 있는 조깅이 인기를 얻었다.

미국에서는 1960년대부터 사회운동 쇠퇴하면서, 내 문제는 내가 책임져야 한다는 개인주의가 급속하게 전파됐다. 조깅은 친구나 파트너 없이도 할 수 있다. 친구와 시간 맞출 필요도 없고 아무 데나 나가서 뛰면 된다. 매우 개인적인 스포츠인 셈이다. 게다가 조깅을 하는 사람들은 대부분 중산층이다. 오후에 공원에서 마라톤을 한다는 것은 밤늦게까지 일할 필요가 없다는 메시지를 전달한다. (정혁준, 『욕망을 자극하라 - 누구라도 사지 않을 수 없게 만드는 론칭 전략』, 알에이치코리아, 2015)

1970년대까지 세계 스포츠 용품 시장에서 독보적인 존재는 아디다스였다. 하지만 아디다스는 당시 라이벌이라고 생각지도 않았던 나이키에게 1등 자리를 내주게 되었다. 나이키가 미국의 조깅 열풍을 타고 성장한 것도 아디다스를 추락시킨 원인 가운데 하나이겠지만, 그보다 더 큰 이유는 아디다스 그 자체에 있었다.

1970년대 말 미국 시장에서 선두를 차지했던 아디다스의 시장 점유율은 1990년대까지 쭉 하락세를 이어가다가 1992년에는 3퍼센트로 떨어졌다. 아디다스는 안방인 독일에서도 나이키의 거센 공격을 받았다. 아디다스의 독일 시장 점유율은 1992년 40퍼센트에서 34퍼센트로 떨어졌고, 같

1973년 나이키 코르테즈 광고. 1970년대 나이키는 미국의 조깅 열풍을 타고 급격히 성장했다.

은 기간 나이키의 독일 시장 점유율은 14퍼센트에서 18퍼센트로 올라갔다. 결국 아디다스는 1992년 적자만 1억5000만 마르크(약 970억 원)에 이르는 등 사실상 망해가는 상황에 처했다.

한때 전 세계 스포츠 시장을 휘어잡았던 아디다스는 왜 이렇게 몰락하게 되었을까? 가장 큰 원인은 아디다스가 고객의 기호와 유행을 외면한 채 고전적인 올림픽 스타일에만 집착했기 때문이었다. 다시 말해 아디다스의 몰락은 유행에 뒤처졌기 때문이었다. 아디다스의 마케팅은 여전히 1970년대 모델에 바탕을 두고 있었던 데 반해, 나이키는 새롭고 혁신적인 방식으로 젊은이들의 소비 심리를 파고들었다. 젊은이들 사이에서는 아디다스가 전통 있고 기능 면에서 뛰어난 브랜드라는 인식이 퍼져 있었지만 유행에는 어울리지 않는 브랜드로 바라보았다. 그뿐 아니라 아디다스는 조깅 열풍을 뒤늦게 알아차렸다. 한발 늦게 열풍에 대응하려 했을 때 아디다스의 신상품과 매력은 이미 방향을 상실한 상태였다. 또한 브랜드가 추구하는 핵심 가치와도 어울리지 않았다.

리복의 급습에 허를 찔린 나이키

1970년대에 조깅이 유행했다면 1980년대에는 에어로빅 열풍이 불었다. 영화배우 제인 폰다Jane Fonda는 당시 에어로빅 열풍을 주도한 인물이었다. 샌프란시스코에 스튜디오를 열어 에어로빅이라는 새로운 장르의 운동을 소개했으며 자신의 운동 비법을 담은 책과 비디오를 출시해 엄청난 인기를 모으기도 했다. 이런 유행과 함께 운동화 시장에 또 다른 바람이 불었다. 여성들은 무거운 운동화가 아닌 가벼운 스포츠화에 대한 구매 욕구를 나타내기 시작했다.

그런데 나이키는 초창기에 전 직원을 운동선수 출신으로만 채용해 운영할 만큼 정통 스포츠 분야에 주력하고 있었다. 에어로빅은 그저 음악을 틀어놓고 춤추는 것일 뿐 스포츠가 아니라고 생각했던 것이다. 또한 남성을 타깃으로 한 투박하고 튼튼한 제품에 초점을 맞추다 보니 에어로빅 열풍에 무심할 수밖에 없었다.

반면에 리복은 여성 소비자를 위해 가볍고 활동하기 좋은 여성 전용 스포츠화를 지속적으로 출시하며 특히 여성 소비자에게 주목해왔다. 그리고 '피트니스 웨어fitness wear'라는 새로운 스포츠 용품 카테고리를 개척해 여성 레저 스포츠의 거대 수요를 흡수했다. 1982년 리복은 철저한 시장 조사를 바탕으로 이런 트렌드에 맞는 가볍고 활동하기 편한 여성 전용 에어로빅화 '프리스타일Freestyle'을 선보였다. 여성만을 위해 만들어진 최초의 운동화이자, 리복이 여성의 피트니스에 가장 관심을 보이는 스포츠 브랜드라는 인식을 심어준 결정적인 제품이었다.

리복은 이 제품을 내놓으면서 당시 업계를 선도하던 나이키, 아디다스 등을 무섭게 추격해갔다. 1982년 리복의 매출은 350만 달러였는데, 폭발적으로 팔려나간 여성용 스포츠화 덕분에 1986년 나이키와 아디다스를 가볍게 앞지를 수 있었다. 이듬해 1987년에는 1400억 달러의 매출을 기록하며 5년 만에 무려 4만 배 성장이라는 기염을 보여주었다.

1970년대 조깅 붐으로 정상까지 단숨에 오른 나이키는 1980년대 에어로빅 붐이 불면서 곧바로 매출 부진을 겪고 위기를 맞이했다. 나이키가 리복의 급습을 알아채지 못하고 제대로 대응하지 못한 것은 아디다스가 10년 전 조깅 붐이 일었을 때 보였던 반응과 닮은 점이 있다. 나이키가 육상, 축구 등 기존 스포츠 영역의 사업을 중시할 때 리복은 에어로빅, 요가, 댄스 같은 새로운 시장을 개척했다. 나이키는 새롭게 떠오른 여성 에어로빅 시장을 비즈니스 모델로 생각하지 못했던 것이다. 나이키가 위기에 빠진 이유 중의 하나는 자만이었다. 나이키의 CEO 필 나이트는 한 인터뷰에서 이렇게 말했다.

"고객과 브랜드를 이해해야 합니다. 그것이 캐주얼 슈즈의 실패로부터 우리가 배운 교훈입니다. 우리는 나이키 브랜드가 진정으로 의미하는 바가 무엇인지 알게 되었으며, 초점의 중요성을 배우게 되었습니다. 초점을 잃게 되면 전체 브랜드가 위기에 빠지게 됩니다."(「하이 퍼포먼스 마케팅 - 필 나이트 나이키 CEO 인터뷰」,《하버드 비즈니스 리뷰》, 1992년 7-8월호)

마이클 조던과 나이키, 1985년 운명적인 만남

리복에게 업계 1위 자리를 내주고 고전하던 나이키는 마케팅에 다시 집중하며 돌파구를 찾아나섰다. 스포츠용품 업계에서는 주로 전도유망한 운동선수와 스폰서 계약을 맺고 신발과 의류를 후원해주는 방식으로 마케팅을 해왔다. 때때로 올림픽에 출전한 유명 선수들이 신었던 운동화가 화제를 불러일으키며 판매에 큰 영향을 주기도 했다.

1984년 나이키는 시카고 불스 팀 소속의 신인 농구선수 마이클 조던 Michael Jordan과 손을 잡으면서 재기의 발판을 마련했다. 계약 당시 마이클 조던은 인기도에서 랭킹 1위의 선수는 아니었다. 이제 막 프로 무대에 진출한 새내기였고, 신인 선수 드래프트에서도 3위에 그쳐 그다지 주목받는 선수는 아니었다. 그럼에도 불구하고 나이키는 마이클 조던의 성장성을 예견하고 파격적인 조건을 제시하며 그에게 손을 내밀었다. 최고 인기를 누리는 선수들의 경우 연간 계약금 10만 달러 수준으로 계약을 맺었는데, 마이클

1985년 나이키가 처음으로 선보인 에어조던 1. 신인 선수 마이클 조던을 모델로 섭외해 출시한 제품으로 전 세계에서 엄청난 인기를 끌었다.

조던에게는 연간 50만 달러에 조던의 이름을 붙인 상표명까지 만들어주겠다고 제안했다.

한 가지 재미있는 사실은 나이키와 계약하기 전까지 마이클 조던은 나이키의 신발을 한 번도 신어본 적이 없었다는 것이다. 대학 시절에는 컨버스를 신었고, 프로로 데뷔하기 전에는 주로 아디다스 운동화를 신고 경기를 뛰었다. 조던은 아디다스를 가장 선호해서 스폰서 계약을 한다면 아디다스와 하게 될 거라고 예상했다. 그는 나이키의 프레젠테이션을 들은 후 아디다스 담당자에게 나이키의 계약 조건을 알려주고 이와 비슷하게 맞춰준다면 아디다스와 계약하겠다는 의사를 밝혔다. 하지만 아디다스는 조던의 제안을 거절했고, 그 결과 조던은 나이키와 스폰서 계약을 맺게 되었다.

마이클 조던이 나이키의 모델이 되는 데 결정적인 역할을 한 사람은 소니 바카로Sonny Vaccaro라는 나이키의 농구 담당 마케터였다. 1984년 말 바카로는 나이키 농구화를 신을 새로운 농구 스타를 구해오라는 지시를 받고 조던을 소개했다. 하지만 프로 무대에서 1분도 뛰지 않은 신인에게 파격적인 금액을 제시했던 까닭에 내부적으로 논란이 많았다. 이에 바카로는 "마이클 조던은 지금 지불하는 돈의 몇 배, 아니 몇백 배의 수익을 우리에게 가져다줄 선수"라고 주장하며 계약을 밀어붙였다고 한다. 소니 바카로의 혜안과 나이키의 과감한 결정은 대성공으로 이어졌다.

1985년, 나이키는 마이클 조던을 모델로 한 '에어조던' 시리즈의 첫 번째 제품 '에어조던 1'을 내놓았다. 이 신발은 미드솔에 에어쿠션을 장착해 조던의 점프력을 더욱 끌어올렸고, 발가락 보호를 위해 토박스 부분에 가죽을 덧대어 디자인했다. 농구화는 당연히 흰색이라는 당시의 편견을 깨고 검은색, 빨간색까지 사용한 과감한 색상도 에어조던의 인기에 일조했다. 마이클 주던은 에어조던 1을 신고 코트를 누비며 신인이라고 믿기 어려울 만큼의 환상적인 경기를 보여주었다. 데뷔 첫해 리그 득점 3위, 올스타 선정, NBA 신인상 수상까지, 조던은 그야말로 혜성처럼 떠올랐다. 덩달아 조던의 농구화 에어조던 1의 인기 역시 치솟기 시작했다.

1985년 처음 출시된 에어조던 시리즈는 신제품이 나올 때마다 전 세계에서 화제를 모았다. 다른 농구화에 비해 두세 배 높은 가격임에도 불구하고 날개 돋친 듯 팔려나갔다. 판매 첫해인 1985년에만 에어조던은 1억 3000만 달러라는 매출을 올렸고, 나이키의 전체 매출은 10억 달러를 넘어섰다. 리복에게 밀려 고전하던 나이키가 드디어 승리의 여신 니케처럼 날개를 달고 다시 날아오르기 시작했다.

마이클 조던은 자신의 소속 팀 시카고 불스를 여섯 번이나 NBA 최종 챔피언에 등극시켰고, 그때마다 최우수선수MVP로 뽑혔다. NBA 시즌

MVP만 다섯 번 수상했으며, NBA 올스타 슬램덩크 챔피언 타이틀과 올림픽 남자 농구 금메달도 각각 두 번씩 거머쥐었다.

링을 향해 날아가는 조던과 그의 시그니처 농구화에 사람들은 열광했고, 이는 곧 엄청난 판매량으로 이어졌다. 조던은 2003년 시즌을 끝으로 은퇴했지만 에어조던의 인기는 식을 줄 몰랐다. 그 인기는 지금까지 쭉 이어져 2021년 에어조던 36까지 출시되었다.

에어조던 디자인의 탄생 비밀

에어조던의 초기 시리즈는 피터 무어Peter Moore가 디자인했다. 피터 무어에 관해서는 몇 가지 숨은 이야기가 있는데, 그중 하나가 그의 정체에 관한 것이다. 사실 피터 무어는 나이키의 최대 경쟁사였던 아디다스의 사주를 받아 나이키에서 일하도록 심어놓은 산업 스파이였다는 설이 있다. 즉 "나이키를 망하게 하고 마이클 조던을 아디다스로 데려오라"는 임무를 받고 에어조던 제작에 참여했다는 것이다.

당시 NBA에서는 농구화에 세 가지 이상의 색이 들어가면 안 된다는 규정이 있었다. 하지만 피터 무어는 흰색에 빨간색과 검은색이 섞인 화려한 디자인을 내놓았다. 마이클 조던도 이 디자인을 보고 "광대처럼 보일 것 같다"며 썩 달가워하지 않았다고 한다. 하지만 사람들은 마이클 조던이 화려한 에어조던 농구화를 신고 코트를 누비는 모습에 열광했고, 전 세계로 중계되는 조던의 경기에서 나이키는 엄청난 광고 효과를 거두었다. NBA는 규정을 어긴 마이클 조던에게 매 경기마다 벌금을 부과했는데 나이키가 대신 벌금을 내주면서 계속 에어조던을 신게 했다.

피터 무어는 전설적인 '에어조던 1'뿐만 아니라 '점프맨' 로고도 디자인했다. 마이클 조던이 농구공을 들고 뛰어오른 모습을 형상화한 로고로, 이것 역시 피터 무어가 나이키를 망하게 하려고 성의 없이 디자인한 것이라는 설이 전해진다. 하지만 이 로고도 그런 의도와는 정반대로 엄청난 사랑을 받으며 지금까지 에어조던 시리즈의 상징으로 쓰이고 있다.

피터 무어는 에어조던 1, 2와 점프맨 로고를 디자인한 후 경쟁사인 아디다스로 자리를 옮겼다. 그의 갑작스러운 이직은 산업 스파이였을 거라는 의혹을 더욱 키웠다. 이후 에어조던 3부터는 팅커 햇필드Tinker Hatfield의 디자인으로 출시되어 에어조던의 명성을 계속 이어갔다. 팅커 햇필드는 오랫동안 에어조던의 디자인을 맡으면서 전설적인 운동화를 다수 만들었고 오늘날 '에어조던의 아버지'라는 별명으로도 널리 알려져 있다.

광고 마케팅에서 캠페인까지, 나이키가 보여준 신의 한 수

1985년 마이클 조던과의 운명적인 만남으로 에어조던을 출시한 이후 눈부신 판매 기록을 달성했지만 리복에게 빼앗긴 시장 점유율을 되찾는 데에는 시간이 필요했다. 1987년에는 전체 매출의 감소로 인원을 감축할 만큼 경영난을 겪으며 설립 이래 최대 위기를 맞이했다.

회사를 다시 세우기 위해 나이키가 선택한 방안은 광고 마케팅에 공을 들이는 것이었다. 그리하여 탄생한 것이 나이키의 슬로건 '저스트 두 잇Just Do It'이었다. 우리말로 번역하면 '한번 해봐'라는 뜻의 이 슬로건은 나이키가 시장 1위 자리를 재탈환하는 데 큰 역할을 했다.

1988년부터 시작된 'Just Do It' 캠페인은 대단한 반향을 일으켰다. 이 캠페인에서 나이키는 제품이 아니라 제품을 사용하는 사람을 보여준 뒤 '한번 해보라'는 도전 정신을 표현하는 데 집중했다. 대표적인 예로 유명인

나이키를 상징하는 대표 슬로건 'Just Do It'은 나이키의 브랜드 이미지를 구축하는 데 큰 역할을 했다.

이 아닌 평범한 이웃집 할아버지를 모델로 쓴 첫 번째 광고를 들 수 있다. 80세의 월트 스택Walt Stack이라는 노인이 아침 조깅을 하면서 자기 이야기를 들려주는 내용의 이 광고는 맨 마지막에 검은 화면 위로 'Just Do It'이라는 한 줄 카피와 함께 나이키 로고를 보여주면서 끝난다. 이를 통해 나이키 운동화는 더 이상 운동선수들만의 전유물이 아닌 모두를 위한 것임을 소비자들에게 각인시키는 데 성공했다.

스우시 로고와 함께 'Just Do It'은 나이키를 상징하는 대표 슬로건으로 점차 자리를 잡았고 NBA 스타 마이클 조던을 앞세운 마케팅이 엄청난 효과를 발휘하면서, 운동화 시장에서 나이키의 시장 점유율은 큰 폭으로 뛰어올랐다. 그리하여 1988년 이후 나이키는 마침내 업계 1위 자리를 되찾았다.

나이키의 1위 굳히기 전략

영국의 한 컨설팅 회사가 발표한 조사 결과에 따르면, '가장 가치 있는 의류 브랜드'에 구찌, 루이 비통 등의 명품 브랜드를 제치고 나이키가 6년 연속

1위를 차지했다. 오늘날 전 세계 스포츠 용품 시장에서 나이키가 독보적인 1위 기업이라는 명성을 쌓을 수 있었던 비결은 무엇이었을까?

첫 번째는 브랜드에 스토리를 입히는 전략 덕분이었다. 최고의 농구선수가 신는 최고의 운동화를 따라 신으면서 자신도 조던만큼 농구를 잘할 수 있다는 희망을 심어준 것이다. 여기서 더 나아가 이 운동화를 사는 소비자 역시 최고를 지향하는 존재라는 마인드를 불어넣었다. 나이키는 사업 초기부터 운동선수들의 니즈를 정확히 파악해 최고의 경기 성과를 끌어낼 수 있는 혁신적인 신발을 개발하는 데 모든 역량을 집중하며 선수들과 신뢰를 구축했다. 이를 통해 세계 최고의 운동선수들과 함께하는 기업이라는 브랜드 정체성을 만들어갔다. 'Just Do It'이라는 슬로건 역시 스포츠계의 수많은 전설과 어우러져 지구촌 소비자에게 꿈과 희망을 심어주는 데 성공했다. 흔해 빠진 운동화를 통해 도전과 열정을 상징하는 브랜드로 만들어나간 것이다.

두 번째는 '성공 신화의 확산'이다. 나이키는 앞서 성공했던 전략을 다른 스포츠 시장에 진출할 때도 적용해 효과적으로 확장하면서 경쟁사와의 격차를 벌려갔다. 농구 시장에서 조던 마케팅의 성공 경험을 바탕으로 야구, 축구, 사이클링, 골프 시장에서도 같은 전략으로 성과를 거두었다. 진입 장벽이 가장 높다는 골프 시장에 진출할 때는 타이거 우즈Tiger Woods와 5년 전속 계약을 체결했다. 나이키는 1996년 타이거 우즈가 프로 선수로 데뷔할 때 첫 계약을 맺은 후 여러 번 계약을 갱신하며 인연을 이어왔다. 우즈의 성과와 함께 나이키는 골프화 시장 1위(2003), 골프 의류 시장 2위(2006)로 급부상했다.

세 번째, 나이키의 협업 전략도 성공적이었다. 나이키는 스포츠 스타뿐만 아니라 기업, 아티스트, 디자이너와의 협업을 통해 혁신적인 제품을 꾸준히 선보이고 있다. 2006년 애플의 IT 기술과 나이키의 운동화를 접목한 나이키플러스Nike+가 대표적이다. 나이키플러스는 운동화에 센서를 부착해 아이폰과 애플워치를 이용하여 사용자의 운동 거리, 운동 시간, 소모한 칼로리 등을 확인할 수 있도록 디자인되었다. 이를 통해 나이키는 단순한 신발 제조업체에서 디지털 스포츠 업체로 변화와 혁신을 꾀했다.

2012년에는 패션 브랜드 슈프림Supreme과 협업해 '에어포스 원 슈프림'을 출시했다. 나이키는 피규어 제작업체인 메디콤 토이MEDICOM TOY와도 손잡고 '나이키 X 베어브릭 루나 포스 원'을 선보였다. 이 외에도 나이키는 힙합 스타 칸예 웨스트Kanye West, 사카이의 디자이너 아베 치토세Abe Chitose, 한국의 지드래곤 등과 협업한 제품을 잇달아 선보이며 대중의 관심을 끌어모으고 있다.

숙박 업계를 뒤엎은 숙박 공유 플랫폼

에어비앤비의 모멘트 2009년

에어비앤비는 객실 하나 없이 세계적인 호텔 체인 힐튼의 시가총액을 뛰어넘은 숙박 공유 플랫폼이다. 하지만 10년 전까지만 해도 투자자들이 외면하고 자금난에 허덕이던 시절이 있었는데······. 호텔이 장악하고 있던 기존 숙박업의 틀을 깨고 숙박 공유 플랫폼의 선두주자로 거듭났던 그해, 창조적 파괴를 이루어낸 에어비앤비의 모멘트를 살펴본다.

실리콘밸리 신화가 된 공유 숙박 서비스의 탄생

2008년에 시작된 에어비앤비 서비스는 무일푼에서 백만장자가 된 청년들이 이룬 실리콘밸리의 전형적인 신화다. 열정과 감각만 있던 가난한 두 젊은 이가 어떻게 해서 5년 만에 힐튼과 메리어트를 위협하는 숙박 업계의 대부가 되었을까?

에어비앤비의 창업자 조 게비아Joe Gebbia와 브라이언 체스키Brian Chesky는 미국의 유명 미술대학인 로드아일랜드 디자인 스쿨RISD에서 만난 1981년생 동갑내기 친구다. 졸업 후 조 게비아는 출판사에서 디자이너로 일했고, 브라이언 체스키는 로스앤젤레스에 있는 작은 회사에서 산업디자이너로 근무하며 마텔과 ESPN 같은 회사로부터 일감을 의뢰받아 작업했다. 체스키는 디자이너라는 직업에 만족감을 느끼지 못했고 자기가 진정으로 원하는 일이 아니라는 사실을 깨달았다. 게비아 역시 항상 창업에 대한 꿈을 품고 있었다. 이들은 각자 다니던 회사를 그만두고 오로지 창업을 꿈꾸며 샌프란시스코에서 함께 살게 되었는데, 직업도 제대로 없는 상태에서 샌프란시스코의 높은 월세를 감당하기란 쉽지 않았다.

브라이언 체스키는 조 게비아가 살고 있는 샌프란시스코의 방 세 개짜리 아파트로 들어가기로 했다. 그 집에서 게비아는 원래 룸메이트 두 명과 함께 살고 있었는데 집주인이 월세를 올리는 바람에 그 둘이 갑자기 이사를 나가버렸고, 체스키에게 샌프란시스코로 와서 같이 살자고 부탁했던 것이다. 체스키가 샌프란시스코에 도착하자마자 이들은 사업을 구상하기보다는 월세를 어떻게 충당해야 할지부터 고민해야 했다.

2007년 10월, 샌프란시스코에서는 미국 산업디자인협회의 연례 컨퍼런스가 열릴 예정이었다. 호텔은 예약이 꽉 찼고 컨퍼런스를 찾아온 많은 디자이너들이 방을 구하지 못해 발을 동동 구르고 있었다. 월세 낼 돈이 부족했던 조 게비아에게 한 가지 아이디어가 떠올랐다. "여행객들에게 우리 방을 빌려주고 아침 식사를 제공하는 대가로 돈을 받으면 어떨까?" 그들은 곧바로 공기 주입식 에어 매트리스 세 개를 설치해놓고 손님들을 모았다. 이 컨퍼런스를 계기로 이들은 침대를 빌려주고 아침 식사를 제공하는 서비스를 시험해보았다.

컨퍼런스 참가자들 가운데 저렴한 숙소를 찾고 있던 사람들이 체스키와 게비아의 첫 손님이었고, 이들은 투숙객을 데리고 다니며 샌프란시스코의 유명 식당과 관광지까지 구경시켜주었다. 투숙객들은 이 시스템에 열렬한 호응을 보냈다. 호텔보다 저렴하게 숙식을 해결하면서 샌프란시스코의 문화도 느낄 수 있어서 좋았다는 찬사가 이어졌다. 그렇게 체스키와 게비아는 일주일 만에 1,000달러의 돈을 벌어 아파트 월세를 해결했다.

두 사람은 이 경험을 통해 침대를 빌려준다는 아이디어가 사업 아이템이 될 수 있을 거라는 가능성을 엿보았다. 이들은 친구이자 하버드대학교를 졸업한 컴퓨터 엔지니어 네이선 블레차르지크Nathan Blecharczyk를 끌어들여 프로그램 구축을 부탁했다. 방을 빌려주기를 원하는 사람(호스트)과 방을 구하는 관광객(게스트)을 연결해주는 것이 사업의 핵심이었다. 회사의 이름은 아침 식사를 제공하는 숙박 시설인 베드 앤 브렉퍼스트bed & breakfast, B&B에서 단어 하나를 살짝 추가한 '에어베드 앤 브렉퍼스트air bed & breakfast' 였다. 2008년 8월, 이들은 숙박 공유 서비스를 제공하는 회사를 설립하고 본격적인 사업을 시작했다.

시리얼로 근근이 버티던 나날

사업이 처음부터 순조롭게 풀린 것은 아니었다. 사업을 시작한 첫 달의 서비스 이용자는 단 세 명뿐이었다. 이들은 위기의식을 느끼고 예전 샌프란시스코 디자인 컨퍼런스와 같은 '빅 이벤트'를 찾아나섰다. 이들의 레이더망에 포착된 행사가 있었으니, 그해 여름에 열릴 민주당 전당 대회였다. 모든 언론이 민주당 전당 대회를 주시하고 있었고 2만7,000석 전 좌석이 일찍 매진된 상황이었다. 체스키와 게비아는 여러 언론사와 기자들에게 그들의 회사와 공유 숙박 서비스를 홍보하는 이메일을 보냈다. 놀랍게도 전국의 유명 블로그와 언론사에서 이 회사를 다루며 독특한 방식으로 지역 사회에 이바지한다는 긍정적인 평가를 내놓았다. 가정집을 공유하는 것은 기존 자원을 활용해 추가적인 호텔 건설 비용을 줄일 수 있고, 도시에 더 많은 관광객을 유치할 수 있는 좋은 아이디어라는 평가도 있었다.

그러나 여기까지였다. 매출은 오르지 않았고 투자자들은 '공유 숙박'이라는 낯선 사업 모델에 지갑을 열지 않았다(특히 당시 벤처 투자자들은 '에어 베드 앤 브렉퍼스트'라는 이름을 굉장히 싫어하며 투자를 꺼렸는데, 우리말로 하면 '간이 침대와 아침밥' 같은 이름이 된다). 2008년 창업 초기에 체스키는 투자를 유치하기 위해 일곱 개의 유명 벤처 캐피탈에 간곡한 이메일을 보냈지만 그중 다섯 곳은 거절했고, 두 곳은 아예 답변조차 주지 않았다. 결국 눈에 띄는 실적을 올리지 못한 채 빚만 점점 늘어갔다.

이들은 포기하지 않고 전공인 디자인을 살려 뜬금없게도 시리얼 박스를 만들어 판매하기 시작했다. 2008년 당시 미국 대통령 선거에서 민주당의 버락 오바마와 공화당의 존 매케인 후보가 치열하게 맞붙은 상황을 이용해, 시리얼 박스에 오바마와 매케인의 캐리커처를 그려넣어 비싼 가격에 판매한 것이다. 이들은 5달러짜리 시리얼을 무려 40달러에 팔았다. 그런데도 시리얼은 불티나게 팔렸고, 선거 열풍에 힘입어 언론까지 주목하면서 CNN 등의 주요 매체가 앞다투어 이 시리얼을 보도했다. 그렇게 1년간 시

에어비앤비의 창업자들은 초기에 운영 자금을 마련하기 위해 2008년 미국 대통령 선거 후보자들의 캐리커 처를 넣은 시리얼을 팔아 주목을 받았다.

리얼을 판매한 수입으로 회사는 겨우 유지될 수 있었다.

시리얼 박스까지 만들어내는 끈질긴 노력은 실리콘밸리의 벤처 육성 기관인 '와이 콤비네이터Y Combinator'에 입성하는 기회로 이어졌다. 와이 콤 비네이터는 미국 최고의 스타트업 창업 기관으로 여기에 선발되면 엄청난 지원을 받을 수 있기 때문에 벤처계의 '키다리 아저씨'라고도 불린다. 게비 아와 체스키, 블레차르지크는 와이 콤비네이터와의 미팅 때 시리얼 박스를 내밀었다. 와이 콤비네이터의 대표 폴 그레이엄Paul Graham은 이들이 가져온 시리얼 박스를 보고 "당신들은 바퀴벌레 같은 생존력을 가졌군요"라고 하 며, 이런 끈기라면 쉽게 망하지 않을 거라고 판단해 투자를 결정했다. 폴 그 레이엄은 "이 서비스를 그럭저럭 괜찮다고 여기는 고객이 100만 명 있는 것 보다, 이 서비스를 사랑하는 100명의 고객을 모으는 게 훨씬 중요하다"는 조언을 건넸다. 그레이엄의 조언은 이 창업자들에게 큰 도움이 되었고, 훗날 에어비앤비를 운영하는 데 이를 원칙으로 삼았다.

성장의 속도를 올리다

이들은 와이 콤비네이터로부터 초기 지원금으로 2만 달러를 투자받아 사업에 대한 전반적인 지식과 운영 노하우, 인맥에 대한 것들을 배우며 다시 정비해갔다. 그리고 이 서비스를 사랑하는 100명의 고객이 훨씬 중요하다는 조언에 따라 그들을 직접 만나 그들의 목소리를 듣는 데 집중했다.

이를 위해 창업자들은 곧바로 뉴욕으로 날아갔다. 뉴욕에는 호스트가 많이 있어서 그들에게서 실질적인 이야기를 들을 수 있었다. 호스트의 집에서 머무르며 이야기를 나눈 결과, 이들은 중요한 포인트를 발견하게 되었다. 바로 사진이었다. 호스트들은 자신의 집 사진을 웹사이트에 올려야 했는데 그 방법을 잘 모르거나 어려워하는 경우가 많았다. 또 집을 직접 촬영해 웹사이트에 사진을 올리더라도 사진에 담긴 집의 모습이 그다지 매력적으로 보이지 않았다. 이러한 문제를 알게 된 창업자들은 사진의 질을 개선하기 위해 직접 나서서 호스트의 공간을 촬영해주었다. 밝고 환하게, 누구나 가보고 싶은 마음이 들도록 감각적으로 사진을 찍어서 사이트에 올렸더니 반응이 바로 나타났다. 예약 건수가 증가했고 수수료가 입금되기 시작하면서 초기 목표였던 일주일 매출 1,000달러를 금방 달성했다.

창업자들이 직접 서비스를 이용해보고 고객들을 만나면서 얻은 경험은 그들의 서비스를 재정비하는 데 큰 도움이 되었다. 초기 비즈니스 모델에서 몇 가지 개선해야 할 부분도 발견했다. 이들은 일반 침대가 아닌 '에어매트리스'만 빌려줘야 한다는 규칙을 없애고 아침 식사를 제공해야 한다는 조건도 삭제했다. 여기에 집 전체를 임대할 수 있다는 옵션도 추가했다. 창업자들은 브랜딩 방식을 개선하고 시장 잠재력을 확대해야 한다는 생각에 기존의 회사명을 바꾸기로 했다. 그리하여 '에어베드 앤 브렉퍼스트'에서 '베드'를 떼어버리고 '에어비앤비Airbnb'라는 간결하고 새로운 이름을 달고 서 다시 출발했다.

급성장을 기록한 에어비앤비의 2009년

이처럼 에어비앤비의 독특한 정체성이 확립된 해가 바로 2009년이었고, 그해 4월 세쿼이아 캐피탈Sequoia Capital로부터 58만 5,000달러(약 6억 7,000만 원)의 첫 투자를 받음으로써 에어비앤비는 날개를 달게 되었다. 세쿼이아 캐피탈은 구글과 애플 등 실리콘밸리 기업에 투자해온 미국의 유명 투자 회사다. 이때를 기점으로 에어비앤비는 드디어 불안정한 상황에서 벗어나 새로운 전환점을 맞이했다.

아이러니하게도 당시 미국에 불어닥친 글로벌 금융 위기는 에어비앤비에겐 위기가 아닌 기회로 다가왔다. 부동산 가격이 폭락하고 일자리를 잃은 사람들이 넘쳐나는 가운데, 특히 주택을 담보로 금융권에서 돈을 빌려 집을 구매한 사람들이 길거리로 내몰리는 사태가 벌어졌다. 이때 에어비앤비의 사업 모델은 이 같은 사회적 상황과 잘 맞물려 돌아갔다. 집을 가지고는 있지만 그것을 유지할 경제적 기반이 약하고 마땅한 돈벌이가 없는 사람들에게 에어비앤비 운영은 좋은 기회가 되었기 때문이다. 집 한 채만 있으면 특별한 기술이나 노동이 없이도 얼마든지 돈을 벌 수 있고, 이를 바탕으로 자신의 집을 지켜낼 수 있으니 호스트 입장에서는 마다할 이유가 없었다. 자연히 에어비앤비에는 집을 등록하고 빈방을 빌려주겠다는 집주인이 급격하게 늘어났다. 게스트 입장에서도 숙박비를 줄이기 위해 보다 저렴한 숙소를 찾다보니 호텔보다 싼 에어비앤비에 수요가 대거 몰렸다. 전 세계를 수렁에 빠뜨렸던 금융 위기는 오히려 에어비앤비를 큰 폭으로 성장시키는 중요한 계기가 되었다.

이렇게 호스트의 범위가 미국 전역으로 확대되고 게스트 사용자도 늘어나면서 에어비앤비는 유례없는 급성장을 거쳐 실리콘밸리의 절대 강자로 도약할 수 있었다. 2009년 8월에는 하루 20~30건이던 예약 건수가 70건까지 늘었고 일주일 매출은 1,000달러에서 1만 달러로 늘었다. 누적 게스트 수는 2만1,000명으로 집계되었는데, 이듬해인 2010년에는 16만 명으로 불어났다. 1년 동안 여덟 배 성장한 수치였다.

에어비앤비는 호스트와 게스트가 함께 사용할 수 있는 완벽한 플랫폼을 구축했다. 양쪽에서 수수료를 받는 수익 구조로 집을 제공하는 호스트에게는 3퍼센트의 수수료를 받고, 이를 이용하는 게스트에게는 6~12퍼센트의 수수료를 받아 쏠쏠하게 기업을 키워나갔다. 이후 시스템을 더 탄탄하게 만들어 사용자 사이의 대금 지불 시스템을 보강하고, 게스트와 호스트 간의 매칭 메커니즘을 구축해 예약률을 높였다. 게스트에게 원하는 날짜와 장소에 맞춰 취향과 여행 스타일까지 고려한 숙소를 선별해서 보여줌으로써 서로의 불만을 줄일 수 있었다. 호스트들 사이의 경쟁도 치열해져서 게스트를 한 명이라도 더 확보하기 위해 서비스의 질이 나날이 높아졌다. 방갈로, 요트, 고성古城과 이글루 등 특이하고 독창적인 숙소가 등장한 것도 이때부터다.

여행 업계의 변종이자 다크호스로 떠오른 에어비앤비는 2010년 벤처투자사로부터 720만 달러(약 82억 원)를 연이어 투자받아 글로벌 시장에 본격적으로 뻗어나갔다. 유럽과 아시아, 태평양, 오세아니아, 남아메리카까지 세계 곳곳의 중심 도시에 에어비앤비의 해외 지사를 설립하고, 190개 나

에어비앤비에서는 이글루나 트리하우스 등 다양하고 독창적인 숙소를 빌릴 수 있다. 이를 통해 사용자는 숙박 시설뿐만 아니라 그곳의 고유한 문화까지 경험할 수 있다. ⓒAirbnb

라에서 수백만 건 이상의 거래 물량이 올라오는 세계적인 공유 숙박 서비스로 성장했다. 기존의 호텔 체인을 위협하며 파죽지세로 몸을 불린 에어비앤비는 2013년 매출이 전년 대비 두 배 이상 늘어난 2억5000만 달러(약 2870억 원), 시가총액 100억 달러(약 11조5000억 원)를 찍으며 화제에 올랐다. 이는 전통 있는 호텔 체인인 하얏트의 시가총액을 넘어선 액수였다. 창업 초기 돈이 없어 시리얼 박스를 만들던 업체가 6년 만에 '황금알을 낳는 거위'가 된 것이다. 2016년에는 기업 가치가 300억 달러를 돌파해 호텔 업계 세계 1, 2위인 힐튼과 메리어트를 뛰어넘었다.

위기 상황에서 드러난 기업의 대처 능력

성공 궤도에 안착했다고 여기던 즈음, 에어비앤비의 잠재적인 문제점들이 하나둘씩 수면 위로 드러났다. 에어비앤비 서비스에서 가장 중요한 것은 이용자 간의 신뢰였다. 하지만 상호 신뢰를 무너뜨리는 불미스러운 사건이 벌어지고 말았다. 2011년 여름에 발생한 'EJ 사건'으로 인해 에어비앤비는 창사 이래 첫 위기를 맞았다. 이 사건은 EJ라는 아이디를 쓰는 호스트가 출장을 간 동안 자신의 집을 게스트에게 빌려주었다가 엄청난 피해를 입고 이 사실을 자신의 블로그에 올리면서 세간에 알려지게 되었다. 게스트는 이 집의 가구와 집기들을 모두 부수고 온 집을 엉망으로 만들었으며 심지어 컴퓨터와 카메라, 숨겨둔 패물까지 모조리 훔쳐갔다. 이후 언론에까지 보도되면서 이 사건은 전국적으로 이슈가 되었고 에어비앤비의 사업 모델에 대한 우려가 커져갔다.

더 큰 문제는 사건 이후 에어비앤비의 대응이었다. 처음 발생한 불미스러운 사건인 데다 대처 방안도 제대로 갖추지 않았던 탓에 이들은 해당 사건에 미온적인 태도로 대응했다. 심지어 피해자에게 블로그에 올린 글을 삭제해달라고 요청하는 바람에 더 큰 비난 여론을 불러일으켰다.

결국 사건 발생 후 한 달 만에 CEO인 브라이언 체스키가 직접 나서서 사과하고 부족한 부분을 개선하기로 약속했다. 그는 에어비앤비가 시장 확장에 집중하느라 서비스에 소홀했다고 반성하면서, 각 호스트들이 책임보험에 가입하고 CCTV 등 보안 시스템을 의무화하는 한편, 24시간 고객 지원 핫라인을 개설해 게스트가 안심하고 신속하게 고객 서비스를 이용할 수 있게 하는 방안을 내놓았다.

이런 노력에도 불구하고 사건 사고를 아예 막을 수는 없었다. 그래서 에어비앤비는 미연의 사고를 방지하기 위해 시스템을 보완했다. '커뮤니티 방어팀'을 만들어 사전에 의심스러운 행동을 잡아내는 작업을 하고, '제품 팀'에서는 범죄를 저지를 가능성이 높은 예약 건을 미리 감지하기 위해 행동 모델을 구축했다. 그 외에도 리뷰 시스템을 도입해 회원들이 적극적으로 신뢰를 쌓고 평점을 관리하게 했다. '슈퍼 호스트'도 이와 연장선상에 있는 제도다. 평점을 잘 쌓고 응답률이 높으면서 예약 취소율이 낮을 때 이 등급을 받을 수 있으며, 그에 따른 혜택도 주어진다.

브라이언 체스키는 "어떠한 숙소도 통제할 수 없다"고 언급하면서 자신들의 서비스가 완벽하지 않다는 사실을 인정한다. 그럼에도 에어비앤비는 "신뢰도가 높은 커뮤니티이고, 사건이 발생하면 회사는 상황을 수습하기 위해 정해진 규정 이상으로 노력한다"고 주장한다. 2014년 에어비앤비를 이용한 게스트 수는 약 4000만 명인데, 이중 1,000달러 이상의 피해 금액이 발생한 사건은 0.002퍼센트였다. 이들의 목표는 이 피해 발생률을 소수점 세 자리까지 0이 되도록 만드는 것이라고 한다.

코로나 직격탄을 맞은 에어비앤비, 가장 불운한 기업?

2020년 전 세계를 강타한 코로나 바이러스는 한순간에 에어비앤비를 격추시켰다. 미국과 유럽 등 전 세계 주요 도시의 매출이 절반 이하로 떨어졌고, 특히 코로나 문제가 본격적으로 불거져 팬데믹을 선언한 2020년 3월에는 예약 취소율이 80퍼센트까지 치솟았다. 기업 가치는 2018년 400억 달러(44조 원)에서 180억 달러(20조 원)로 반토막이 났다. 에어비앤비는 창사 이래 처음으로 대규모 인원 감축을 단행해 전체 직원의 25퍼센트인 1,900명가량을 해고했다. 호텔과 대중교통 부문, 럭셔리 숙박 등 야심차게 추진하던 신규 사업도 모두 중단되었다.

상황이 이러하자 운영이 어려워진 호스트들의 폐업이 속출했다. 그러나 공유 숙박이라는 수익 모델 자체가 호스트가 없으면 존재가 불가능한 구조이다 보니 에어비앤비는 호스트들의 부도를 막기 위해 긴급 자금을 대줄 수밖에 없었다. 두 차례에 걸쳐 사모펀드로부터 대출을 받았지만 10퍼센트라는 살인적인 이자로 돈을 빌려 수익성에 빨간불이 켜졌다.

코로나로 인한 '비대면', '사회적 거리두기' 조치는 그동안 에어비앤비가 추구하던 '공유'와는 완전히 대치되는 개념이었다. 이러한 위기는 에어비앤비뿐만 아니라 승차 공유 서비스인 우버Uber와 공유 오피스 업체인 위워크Wework에게도 찾아왔다. 공유경제의 대표 주자인 이 세 기업은 한때 세상을 바꿀 아이디어라 불리며 자본주의의 대안으로 부상했지만, 팬데믹으로 인해 점점 설 자리를 잃어갔다.

하지만 에어비앤비의 위기는 그리 길지 않았다는 평가를 받는다. 에어비앤비는 몇 년 전부터 2020년에 기업공개IPO를 진행하겠다고 공공연히 말해왔는데, 준비하던 와중에 코로나로 타격을 입으면서 한 차례 연기 후 그해 12월에 미국 나스닥에 상장했다. 상장 첫날 시가총액은 100조 원을 돌파하며 크게 주목받았다. 이는 하얏트, 메리어트, 힐튼 등 기존 글로벌 호텔 체인의 시가총액을 모두 합한 것보다 큰 액수였다.

  에어비앤비는 코로나 사태 이후 변화된 여행 트렌드를 빠르게 파악하고 대처해갔다. 비행기를 타고 해외로 나가는 장거리 여행 대신 가까운 곳으로 떠나는 단거리 여행이 크게 늘어나자 '여행은 가까운 곳에서'라는 콘셉트로 자국 내 여행을 홍보하는 마케팅을 강화했다. 또한 코로나 시대에 재택근무가 일상화되면서, 집에서 멀지 않은 곳에 장기간 집을 빌려 일하는 '워케이션(일work과 휴가vacation의 합성어)' 트렌드에 맞춰 장기 숙박 프로그램을 개발했다. 이처럼 틈새를 발 빠르게 파고든 덕분에 에어비앤비는 "코로나 중환자실에 있던 공유경제 대표 3사(우버, 위워크, 에어비앤비) 중에서 에어비앤비만 산소 호흡기를 떼고 살아났다"는 업계의 반응도 있었다. 코로나 직격탄에 망할 수도 있다는 우려를 딛고 에어비앤비는 또 한 차례 위기를 벗어났다. 이처럼 위기 때마다 에어비앤비가 보여준 바퀴벌레 같은 생존력은 이들을 성장시킨 원동력이라 할 수 있을 것이다.

도전을 즐기는
세계 1위
자전거 기업

자이언트의 모멘트
1987년

OEM 업체로 시작해 세계 자전거 업계 매출 1위로 거듭난 대만의 자전거 기업 자이언트. 자이언트는 OEM에 안주하지 않고 자체 브랜드를 만들어 세계 최초 탄소섬유 자전거를 개발하는 등 끊임없이 도전하는 행보를 보여주었다. 세계적인 자전거 브랜드로 우뚝 설 수 있었던 자이언트의 힘을 창업자 킹 리우의 발자취와 함께 살펴본다.

태풍이 탄생시킨 자전거 회사

대만 브랜드인 자이언트는 50개 국가에 1만2,000여 개 매장을 보유하고 연매출 2조2000억 원을 올리는 글로벌 자전거 기업이다. 미국, 이탈리아, 스위스 등의 고급 자전거 브랜드 제품들 중에서도 자이언트의 공장에서 생산되는 경우가 많다. 생산량 자체로 보면 중국이나 인도 업체보다 적지만 자이언트는 중·고가 자전거를 만들기 때문에 매출액으로 따지면 자이언트가 세계 1위를 차지하고 있다.

자이언트는 원래 다른 업체로부터 수주를 받아 주문자의 상표를 달고 상품을 제작하는 OEM 방식으로 운영되던 작은 회사였다. 그러나 지금은 자체 브랜드를 개발하고 계속 발전해서 세계 최고의 자전거 브랜드로 우뚝 올라섰다. 이름 그대로 자전거 업계의 '거인'이 된 것이다.

자이언트 자전거의 창업자는 대만 출신의 1934년생 킹 리우King Liu, 본명은 류진뱌오劉金標다. 그는 원래 자전거에 관심도 취미도 없는 사업가였다. 킹 리우의 아버지는 여러 사업을 벌였는데, 한 가지를 꾸준히 하는 게 아니라 돈이 된다면 이것저것 다 해보는 식으로 사업을 운영했다. 그 역시 아버지처럼 밀가루 공장이나 석회 공장에서 일하기도 하고 목재업, 자동차 운송업, 물고기 사료 수입 등 다양한 사업을 벌였다 접기를 반복했다. 이후 장어 양식장을 차린 것이 성공해서 큰돈을 벌었으나 1969년 대만 전역을 강타한 태풍으로 장어 양식장이 하루아침에 날아가면서 우리 돈 30억 원이 넘는 피해를 입게 되었다.

절망하고 있던 와중에 한 친구로부터 자전거 사업이 유망하다는 이야기를 듣고 킹 리우는 다시 사업을 구상하기 시작했다. 위기는 기회였다. 당시 미국 등지에서 자전거 산업이 한창 성황을 이루고 있어서 아시아에서 자전거를 생산해줄 회사의 수요가 커지고 있었던 것이다. 리우는 힘겹게

268

자이언트를 설립한 킹 리우 회장과 토니 로 부사장. ⓒGiant Bicycles

투자자들을 모아 1972년 서른여덟 살 때 자이언트를 설립하고 자전거 생산 공장을 만들었다. 그리고 이듬해 무역회사를 운영하던 지인인 토니 로Tony Lo가 부사장으로 입사하면서, 기술 개발은 리우 회장이 맡고 영업은 토니 로가 맡는 '2인 체제'가 시작되었다. 업계에서 보기 드문 두 사람의 바람직한 동업 신화는 이때부터 쓰여졌다.

부품 규격 통일과 자체 브랜드 개발로 승부수를 걸다

처음 리우가 서른여덟 명의 직원들과 함께 시작한 이 회사는 단순히 이윤 추구만을 위해 자전거를 위탁 생산하는 OEM 업체였다. 자전거 산업에 대해 잘 알아보지 않고 급하게 뛰어든 탓에 비즈니스는 곧바로 난관에 부딪혔다. 당시 대만의 부품 생산 업체들 사이에는 통일된 규격이 없었는데, 그러다 보니 각 업체가 제조한 휠과 타이어, 볼트와 너트가 서로 맞지 않는 경우가 허다했다. 당연히 출고되는 자전거마다 품질이 형편없었고 외국의 고객들에게서 항의가 빗발쳤다.

이대로는 회사가 오래가지 못할 것을 직감한 리우는 각 업체들 간의 규격부터 통일해야겠다고 결심했다. 리우는 동료들과 함께 협력 업체들을 찾아다니며 당시 자전거 제조업계의 선두였던 일본의 공업 규격을 기반으로 생산해달라고 일일이 설득했다. 이렇게 각개격파로 업체 설득에만 무려 4년이라는 시간이 걸렸다. 긴 노력 끝에 각 업체의 생산 단위를 세계 공통 규격에 맞추고 '대만 공업 규격'을 만들고 나서야 품질이 빠르게 향상하기 시작했다. 창립 7년 만인 1979년 리우의 회사는 연간 35만 대의 자전거를 생산하는 업체로 성장했다.

창업 초기 자이언트는 철저히 유럽과 미국 지역의 OEM 수주에만 의존했다. 그중 미국의 유명 자전거 브랜드 슈윈Schwinn은 자이언트의 가장 큰 거래 업체로, 전체 생산량의 75퍼센트를 차지했다. 1980년대 초에는 연간 60만 대를 생산하며 자전거 생산 업체로 완전히 자리를 잡았다. 그러나 실적은 좋았지만 자전거 시장에서의 발언권은 제한적이었고, 리우는 '만약 거래처들이 하루아침에 거래를 끊는다면?'이라는 생각에 불안감을 안고 있었다. 그리하여 1981년에 자체 브랜드인 '자이언트'를 탄생시키고 독자적으로 키워나가기 시작했다.

킹 리우는 자체 브랜드를 만드는 것에 대해 이렇게 말한 바 있다. "자전거를 탈 때 넘어지지 않기 위해서 계속 페달을 밟는 것은 '생존'이고, 속도를 내고 상대보다 앞서려고 체력을 쓰는 건 '발전'이다." OEM으로 돈을 버는 것은 생존이지만 발전을 위해서는 자체 브랜드를 만들어야 한다고 생각했던 것이다. 그리고 무엇보다 거래처가 끊길 수 있다는 불안감 때문에 미래 대비해놓아야만 했다. 그의 예상은 적중하여 얼마 안 있어 가장 큰 거래 업체인 슈윈이 생산비가 싼 중국 업체와 일하겠다며 거래를 중단했다. 그러나 다행히도 자이언트는 이미 자체 브랜드로 영역을 확장해놓은 상태라 외부 요인에도 흔들림 없이 회사를 유지해나갈 수 있었다.

또한 킹 리우는 대만을 '자전거의 나라'로 만드는 것을 목표로 끊임없이 도전했다. 자전거 인프라를 늘리기 위해 자전거 대여소와 애프터서비스 등을 자이언트가 제공하겠다며 정부 관계자를 설득했고, 자이언트의 계속적인 노력으로 대만의 지방 정부들은 전국 곳곳에 자전거 길을 건설하기에 이르렀다. 대만 내에서 자전거에 대한 사람들의 인식이 점점 높아졌고, 관련 인프라가 자리를 잡기 시작했다. 열악했던 대만의 자전거 문화가 새롭게 바뀌어간 것이다. 내수 시장에서 확고히 자리를 잡은 자이언트는 1986년 네덜란드를 시작으로 미국, 일본에 차례로 지사를 세우며 해외 시장에도 진출했다.

자이언트의 모멘트, 세계 최초 카본 프레임 개발

당시만 해도 스포츠 레저용 자전거 시장은 미국과 유럽이 주도하고 있었다. 자이언트는 오랜 OEM 경험에서 얻은 노하우를 바탕으로 품질 대비 저렴한 가격으로 승부를 보려 했지만 세계 시장의 문턱은 높았다. 특히 프리미엄 자전거 시장은 꿈쩍도 하지 않았고, 저가 자전거 시장은 중국의 돌풍이 거세게 밀려오고 있었다.

1980년대 후반은 전 세계적으로 사이클링이 인기를 얻었던 때였다. 각 나라의 자전거 메이커들은 알루미늄 합금의 일종인 듀랄루민이나 티타늄 등 다양한 소재를 활용해 자전거를 만들었다. 자이언트는 그 시절 머리카락보다 얇고 가벼운 카본, 즉 탄소섬유에 주목해 자전거 생산 방식을 바꿀 새로운 혁신 기술 개발에 투자를 쏟아부었다.

탄소섬유는 유기섬유에 높은 열을 가해 탄화하여 만드는 섬유인데, 가

열 과정에서 산소, 질소, 수소 등의 분자가 빠져나가기 때문에 중량이 줄어들어 매우 가벼워지는 한편, 탄성과 강도는 매우 높다. 가볍고 강도가 높으면서도 진동을 흡수하는 능력까지 있어 자전거 프레임으로는 완벽한 소재였다. 이전에 유럽에서 수공으로 만든 카본 프레임을 자전거에 사용하긴 했지만 가격이 엄청나게 비싸 상품화하지는 못했다. 일본 최대의 탄소섬유 생산 업체 도레이Toray에서도 카본 자전거 프레임 개발에 나섰다가 실패로 끝난 적이 있었다. 소재 개발은 가능했지만 자전거 제조 기술은 부족했기 때문이었다.

이에 리우 회장은 카본 프레임 자전거를 만들겠다는 일념으로 세계 곳곳을 돌아다니며 재료와 장비를 모았다. 4년간의 연구 끝에 드디어 1987년, 자이언트는 세계 최초로 초경량 소재인 카본, 즉 탄소섬유로 자전거 프레

카본 프레임을 장착해 출시한 자전거 카덱스 980C. 자이언트는 1987년에 세계 최초로 초경량 소재인 탄소섬유로 자전거 프레임을 만들어 상용화하는 데 성공했다. ⓒ Forza Bikes

임을 상용화하는 데 성공했다. 자이언트가 카본 프레임을 만들어냈다는 소식이 알려지자 전 세계의 자전거 업체들이 자이언트를 주목하게 되었다.

첨단 소재인 카본으로 만든 자전거는 튼튼하면서도 무게는 적게 나가고 충격 흡수력이 뛰어나다는 장점 때문에 지금도 고급 자전거 프레임의 가장 이상적인 소재로 꼽힌다. 꿈의 소재였지만 아무도 성공하지 못했던 카본을 이용한 대량생산은 자이언트에게 날개를 달아주었다. 브랜드 가치는 올라갔고, 인지도와 매출도 껑충 뛰었다. 자이언트는 드디어 프리미엄 자전거 시장의 신흥 강자로 자리를 잡았다.

'물속 오리' 전략으로 시장을 견인하다

탄소섬유가 가볍고 튼튼하며 충격 흡수력이 뛰어나다는 장점은 어느 정도 알려진 사실이었다. 그러나 이와 같은 복합 신소재는 당시 우주항공 산업에서만 제한적으로 활용되었기 때문에 이 소재를 자전거 생산에 도입하는 건 불가능하다고 모두들 입을 모았다. 자전거 업계 종사자들은 탄소섬유에 관해 잘 몰랐고, 반대로 우주항공 업계는 자전거 산업에 전혀 관심이 없었다. 즉 탄소섬유를 자전거에 활용하는 것은 쉽게 생각할 수 없는 영역이었다. 그런 상황에서 리우 회장은 탄소섬유가 자전거 생산에 필요한 신소재라고 어떻게 확신했을까? 이에 대해 그는 "봄이 와 강물이 따뜻해지면 오리가 먼저 안다春江水暖鴨先知"라는, 중국의 시인 소식蘇軾의 시구를 인용해 '물속 오리' 전략을 설명했다.

자전거 프레임의 재질은 티타늄에서 알루미늄 합금으로 변천해왔는데, 산업 구조를 선진화하려면 여기서 한 단계 더 업그레이드해야 할 필요가 있었다. 우리는 그 대안으로 탄소섬유라는 신소재를 찾은 것이다. 물가에서 딴청을 하는 오리보다 물에 들어가 있는 오리가 계절의 변화를 먼저 아는 법이다. 산업의 동향을 파악하는 것도 마찬가지다. 자이언트는 연못의 가장 깊은 곳에서 헤엄치는 오리처럼 끊임없이 물속과 주변을 살폈다. 어떻게 소비자의 니즈를 충족시키고 확장할지, 어떻게 하면 자전거 애호가들에게 더 큰 즐거움을 줄 수 있을지를 늘 생각했다. (킹 리우, 여우쯔옌, 오승윤 옮김,『자전거 타는 CEO』, 센시오, 2017)

자이언트의 카본 프레임 상용화로 인한 가장 큰 변화는 이를 기점으로 고품질이면서도 합리적인 가격대의 자전거가 비로소 시장에 공급되었다는 것이다. 카본 프레임 특유의 높은 강성과 부드럽게 진동을 흡수하는 승차감은 그동안 엄청난 고가의 프리미엄 자전거에서나 가능했던 일이었다. 그러나 자이언트가 카본 프레임 자전거의 대량생산에 성공하면서 일반 구매자들도 저렴한 가격으로 고품격의 승차감을 누릴 수 있게 되었다. 이는 프리미엄급 자전거의 대중화는 물론 자전거 시장 자체를 확장시키는 계기가 되었다.

한편 자이언트는 첫 번째로 생산한 카본 프레임 자전거를 미국에 1,000대 정도 수출했는데, 출고 후 제품에서 문제가 발견된 일이 있었다. 리우 회장은 이 자전거들을 전량 리콜하는 조치를 취했다. 그리고 회수된 자전거의 결함을 고쳐서 되팔지 않았다. 그 대신 직원들을 불러모은 다음 굴착기로 큰 구덩이를 파고 거기에 자전거를 모두 던져 넣었다. 1,000만 위안 (약 17억 원) 이상 나가는 자전거들이 모조리 땅에 묻혔다.

이렇게 극단적인 조치를 한 것에 대해 리우 회장은 "제품의 품질이 기업의 생명과 같음을 직원들에게 눈으로 보여주고 싶었다"라고 말했다. 아주 작은 문제 하나라도 절대로 용납해서는 안 된다는 교훈을 말하기 위해 값비싼 수업료를 치른 셈이다. 완벽한 카본 프레임 개발에 리우 회장이 얼마나 공을 들였는지, 그리고 이를 바탕으로 자전거 품질 개선에 어느 정도 사활을 걸었는지를 잘 보여주는 일화다.

너무 빨라서 출전 자격을 박탈당한 자전거?

자이언트는 여기서 멈추지 않고 더 가볍고 더 뛰어난 자전거를 만들기 위해 계속해서 노력했다. 1994년에는 당대 최고의 자전거 디자이너라 불리던 마이크 버로스Mike Burrows를 영입했다. 1992년 바르셀로나 올림픽에서 영국 선수 크리스 보드맨Chris Boardman이 사이클 개인 추발 종목 금메달을 따고 월드 레코드를 기록했는데, 그가 탔던 자전거를 디자인한 사람이 바로 마이크 버로스였다.

버로스는 더욱 가볍고 튼튼한 자전거를 만들기 위해 기존의 카본 산악자전거MTB 프레임에 로드바이크의 부품을 장착했다. 그리고 프레임에서 핸들과 시트를 잇는 탑튜브toptube 부분을 뒤쪽으로 기울여서 만들었다.

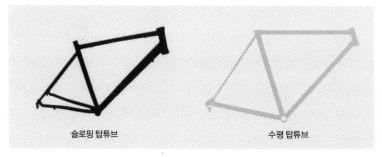

슬로핑 탑튜브   수평 탑튜브

자전거 프레임의 탑튜브 형태 비교. 슬로핑 탑튜브 프레임은 무게 중심을 낮춰 안정감과 강성을 높일 수 있다.

즉 그동안 만들어오던 수평 탑튜브 대신, 무게 중심을 엉덩이 쪽으로 더 낮춰서 기울어지게 만든 '슬로핑 탑튜브sloping toptube'를 세계 최초로 선보였던 것이다.

슬로핑 탑튜브 덕분에 자전거의 두 바퀴를 잇는 지지대의 길이를 줄임으로써 자전거 프레임은 콤팩트해지고, 무게 중심이 낮아지면서 안정감과 강성이 높아졌다. 특히 기존의 자전거 프레임은 신체 사이즈별로 자전거 크기를 세분화해야 했는데, 이 슬로핑 탑튜브 방식은 한 가지 크기로 여러 스펙트럼의 신체 사이즈를 커버한다는 장점이 있었다. 이로 인해 생산 과정과 비용이 절감되어 대량생산이 용이해지고 생산 속도가 줄었으며, 제품 단가와 공급 비용까지 낮출 수 있었다. 일반인의 눈에는 별 차이가 없는 변화였지만 이는 자전거 역사에 한 획을 그은 혁신으로, 훗날 대부분의 자전거 회사들이 자이언트에서 개발한 슬로핑 탑튜브 디자인을 적용하게 되었다.

1998년, 자이언트는 버로스와 함께 프로토타입 개발을 거듭한 끝에 드디어 슬로핑 탑튜브를 장착한 레이싱 바이크를 양산했다. 토탈 콤팩트 로드Total Compact Road라는 뜻의 세계 최초 슬로핑 프레임 자전거 TCR이 이때 탄생한 것이다. 자이언트의 혁신 기술이 적용된 이 자전거는 압도적인 기록 경신으로 이어졌다.

자이언트가 후원하던 스페인의 사이클 팀 온세ONCE가 TCR 자전거로 각종 대회를 석권하자 이를 견제하던 다른 팀들이 "이 이상한 모양의 자전거는 과도하게 빨라서 금지시켜야 한다"고 항의했다. 이에 국제자전거연맹UCI은 "자이언트의 자전거는 다른 자전거에 비해 너무 빨라서 레이스에 출전하는 것은 불공평하다"며 출전 자격을 박탈했다. 결국 자이언트는 오랫동안 연맹을 설득하고 협상한 끝에 다시 레이스에 출전할 수 있었고, 이

슬로핑 탑튜브 프레임을 장착한 레이싱 바이크TCR 모델.

후 많은 브랜드들이 자이언트를 따라 슬로핑 프레임의 자전거를 출시하게 되었다. 오늘날에는 레이스에 출전하는 대부분의 자전거들이 슬로핑 탑튜브 프레임을 적용하고 있다.

유바이크, 공유 자전거의 모범 답안이 되다

자이언트가 공들인 또 하나의 사업이 있다. 바로 공유 자전거 '유바이크 U-Bike'다. 유럽에서 처음 시작된 공유 자전거는 저렴한 가격으로 편리하게 이용할 수 있으면서 교통 체증이나 대기오염 문제를 해결하는 데 도움이 되어 세계 여러 나라에서 운영하고 있다. 그중 대만은 공유 자전거 시스템이 가장 바람직하게 발달한 나라로 알려져 있다. 자이언트는 대만 정부와 손을 잡고 유바이크라는 공유 자전거 모델을 개발했다.

리우 회장은 파리에서 공유 자전거 시스템 벨리브Velib를 보고 깊은 인상을 받아 공유 자전거 사업에 뛰어들었다. 그는 벨리브를 단순히 타보는 것에 그치지 않고 이 자전거를 아예 호텔방으로 가져와 직접 만져보고 연구하고 분석했다. 그리고 대만에도 프랑스와 같은 공유 자전거 시스템을 구축하기로 결심한 뒤 2015년 공유 자전거 전용 모델을 개발해 대만 전역에 무료로 배치했다.

공유 자전거가 성공하려면 세 가지 요소가 톱니바퀴처럼 잘 맞물려 돌아가야 한다. 첫째는 적절한 수요와 공급이고, 둘째는 뛰어난 내구성, 셋째는 사용자의 시민 의식이다. 대만에는 그간 자이언트의 노력으로 자전거 전용 도로 등의 인프라가 잘 형성되어 있었기 때문에 이 세 가지 조건을 쉽

자이언트가 대만 정부와 손을 잡고 개발한 공유 자전거 유바이크.

게 충족시킬 수 있었다. 유바이크는 사람들의 생활에 빠르게 안착했다. 자이언트는 유바이크의 서비스 시스템을 통합해 스마트화하는 데에도 자금을 아끼지 않았으며, 유바이크와 지하철 교통 시스템을 연계하고, 교통카드 등으로 유바이크를 편리하게 이용할 수 있게 했다.

유바이크는 서비스를 시작한 지 2년 만에 하루 평균 회전율이 12회, 한 해 평균 이용자 수가 3000만 명에 달하며 언론에서도 '최고급 국민 차'라고 평가했다. 어플리케이션과 QR 코드를 통해 누구나 간편하게 유바이크를 이용할 수 있고, 이용 요금도 30분에 우리 돈 400원 정도로 매우 저렴해 관광객들에게도 전폭적인 지지를 받고 있다. 특히 에너지 절약 및 탄소 배출 저감이라는 세계적 흐름에도 부합해, 공유 자전거를 통한 차량 감소 효과로 도시 경관 자체가 친환경적으로 변모했다. 공유 자전거로 앞서갔던 프랑스와 중국 등에서 이제 역으로 대만의 유바이크 성공 사례를 보러 올 정도로 바람직하게 발전했다.

전 세계 자전거의 절반은 자이언트, 도전은 계속된다

대만의 금속 가공 기술은 오히려 한국보다 월등히 뛰어난 수준을 갖춘 것으로 알려져 있다. 대만은 영원한 숙적 중국을 상대해야 했으므로 나라에서 정책적으로 기계 기술을 키워왔다. 우리가 타고 있는 외국 브랜드 자전거의 절반이 대만에서 생산한 제품이다. 전 세계 자전거 프레임의 61퍼센트를 대만에서 만드는데 자이언트가 대만 생산 자전거 프레임의 90퍼센트를 차지하기 때문에, 쉽게 말해 전 세계 자전거의 절반은 자이언트가 원산지인 셈이다.

그래서 자이언트는 세계 시장 점유율 10퍼센트로 부동의 1위를 달리고 있다. 중국 대륙에만 다섯 개의 공장이 있고 대만과 네덜란드에도 공장이 돌아가고 있다. 2019년 7월에는 헝가리에 공장을 건설해 동유럽 시장으로도 눈을 돌렸다. 전 세계 곳곳에 매장만 1만5,000개, 연간 매출은 2조 원이 넘는다. 기술의 중요성을 깨닫고 수십 년간 끊임없이 다양한 제품들을 개발해온 결과다.

최근의 코로나 사태도 자이언트에게는 행운으로 작용했다. 블룸버그 통신에 따르면 자이언트의 2020년 2분기 매출은 전년 동기 대비 28퍼센트 증가한 6억5894만 달러(약 7300억 원)로 사상 최대치를 기록했다. 자이언트는 원래 미국과 유럽 수출용 상품을 대만에서 생산하다가 중국 공장으로 생산 라인을 옮겼는데, 2018년 트럼프 미국 전 대통령이 중국과의 무역전쟁을 벌인 뒤 중국산 품목에 관세 폭탄을 퍼붓자 중국에 있던 미국 판매용 자전거 생산 라인을 다시 대만으로 옮긴 바 있었다. 그러던 중 코로나 팬데믹의 영향으로 자전거 수요가 급증하자 자이언트는 엄청난 관세 비용을 감수하더라도 다시 중국 공장을 가동시켜 공급을 늘리기로 했다. 관세보다 공장을 풀가동시켜 생산량을 최대한 뽑아내는 것이 우선일 정도로 자이언트의 인기가 더 높아진 것이다.

자이언트가 이처럼 성공 스토리를 써나갈 수 있었던 것은 리우 회장의 남다른 도전 정신 덕분이었다. 그의 도전에 나이는 아무런 문제가 되지 않았다. 그는 '자전거의 대부'답게 2007년 일흔세 살 고령의 나이에 자전거를 타고 대만의 도로를 따라 15일간 927킬로미터를 달리는 데 성공했다. 2009년에는 20일 동안 중국의 1,668킬로미터의 길을 자전거로 달렸다. 이를 계기로 대만에는 사이클링이 취미 활동으로 유행했고, 이에 리우는 '자이언트 어드벤처'라는 자전거 여행사를 만들어 대만은 물론 중국, 일본, 프랑스 등에서 자전거 여행 문화를 확산시키는 데 주력했다.

2016년 킹 리우 회장과 토니 로 CEO는 자이언트를 이끈 지 44년 만에 나란히 은퇴를 선언했다. 작은 OEM 회사에서 출발해 글로벌 자전거 왕국을 일구고 경영에서 물러난 리우 회장은 자신의 경영 철학을 담은 명언을 많이 남겼다. "사업은 자전거와 같아서 페달을 밟으면 나아가지만 밟지 않으면 넘어진다"라는, 끊임없는 진취성과 도전 정신을 강조한 그의 말은 경영자들 사이에서 두고두고 회자되고 있다.

죽은 종이 매체 시대에 탄생한 매거진

모노클의 모멘트 2007년

디지털에 밀려 종이 매체의 위기가 고조되던 2007년, 이때 혜성처럼 등장한 《모노클》 매거진은 이제 오프라인 잡지의 롤모델로 자리 잡았다. 이 잡지가 탄탄한 마니아층을 형성하고, 또 광고주들이 앞다투어 광고를 싣고 싶어 하게 만든 비결은 무엇일까? 가장 아날로그적인 방법으로 혁신을 담아내는 《모노클》에 대해 알아본다.

변화하는 매거진 시장, 그 속의 작은 움직임

영국 출신의 뮤지션 퀸Queen과 버글스Buggles는 각각 사양길로 접어든 라디오 시대를 아쉬워하는 노래를 불렀다. 1984년 퀸은 〈라디오 가가Radio Ga Ga〉라는 노래를, 그리고 이보다 조금 앞서 1979년에 버글스는 〈비디오 킬 더 라디오 스타Video Killed The Radio Star〉라는 노래를 발표해 큰 인기를 얻으며 한 시대를 풍미했다. 두 밴드가 부른 노래처럼, 새로운 매체가 등장하면 과거의 매체는 자리를 양보하고 물러나게 된다. 힘을 잃어가는 매체에 대한 향수와 아쉬움은 있겠지만 미디어 시장에서의 세대교체는 언제나 빠른 속도로 진행되어왔다.

미디어는 또다시 급변하는 시대를 맞이해 이제는 아날로그가 디지털로 인해 설 자리를 잃어가는 상황이 되었다. 종이 신문보다 인터넷 뉴스를 읽는 사람들이 훨씬 많아졌고, 오랫동안 대중의 사랑을 받아온 잡지들도 경영난을 겪다가 폐산하는 경우가 잦다. 신문과 잡지, 종이 책 같은 인쇄 매체는 이제 '죽은 매체'라고 하며 존폐 위기를 논하는 사람들이 많다. 이러한 변화에 발맞춰 세계 유수의 미디어 기업들이 디지털 퍼스트를 외치며 디지털 콘텐츠들을 만들어내고 있다.

그런데 시대를 거꾸로 되돌리며 아날로그 감성으로 돌아가려는 미디어가 있다. 디지털 미디어 시대에 종이 잡지를 창간해 승부를 걸었던《모노클》이다.《모노클》은 영국에서 탄생한 잡지로, 쉽게 말해 경제지와 패션지를 조합한 듯한 분위기를 풍긴다. 국제 정세부터 비즈니스, 문화, 디자인, 라이프스타일 등 경계 없이 다양한 주제를 다루며 여름과 겨울 통합본을 포함해 1년에 10호를 발행하고 있다.

《모노클》은 창간 이후 오늘날까지 탄탄한 구독자 층을 확보하며 종이 매체로서는 드물게 건재함을 자랑한다.《모노클》이 세간의 주목을 받는 이유는 세련된 감수성과 트렌드를 이끄는 매력적인 콘텐츠 덕분이기도 하지만, 무엇보다도 종이 책을 고집해서 꾸준히 성과를 내고 있다는 점 때문에 화제를 모았다. 디지털 미디어 시대와는 다른 길을 걷고 있지만 오히려 승승장구하고 있는 것이다. 도대체 이들은 왜 흐르는 강물을 거슬러 오르는 연어처럼 시대 흐름에 도전하는 걸까?

등장이 곧 모멘트, 모노클의 탄생

《모노클》은 2007년 3월호를 창간호로 내놓으며 미디어 시장에 등장했다. 창간 당시인 2007년은 미디어 분야에서 디지털 시대가 본격화되면서 인터넷 언론이 우후죽순으로 생겨났고, 기존에 종이 책으로 발행되던 잡지들의 위기가 감지되던 때였다. 대표적으로 미국의 시사 주간지 《뉴스위크》는 2007년 이후부터 흔들리기 시작했다. 1933년에 창간된 《뉴스위크》는 경쟁 잡지인 《타임》과 함께 미국 양대 시사 주간지로 꼽혔지만, 이때부터 광고 수입과 구독자 수의 감소로 계속 적자를 이어갔다. 결국 2012년 12월 31일자를 끝으로 종이판의 발행을 중단하기로 결정하면서 미디어 시장에 큰 충격을 주었다. 이후 2014년 3월에 다시 종이판 발행을 시작했지만 영향력은 이미 사라진 뒤였다.

이처럼 종이판 시대의 마감과 온라인 전환은 인쇄 매체의 위기가 현실화하고 있다는 상징적인 의미로 받아들여졌다. 언론사들은 생존을 위해 앞다투어 디지털 퍼스트를 외치며 온라인 강화에 나섰다. 바로 이런 시기에 《모노클》은 종이 잡지를 내놓으며 미디어 시장에 뛰어든 것이다.

《모노클》을 탄생시킨 인물은 캐나다 출신의 저널리스트 타일러 브륄레Tyler Brûlé다. 그는 《모노클》을 창업하기 전부터 이미 매거진계에서 '미다스의 손'으로 불렸다. 영국 BBC와《가디언》등에서 저널리스트로 일했던 그는 1994년 아프가니스탄에서 취재 도중 총상을 입고 기자를 그만두었다. 그리고 2년 후 1996년에 디자인·패션 매거진《월페이퍼Wallpaper》를 창간했다.《월페이퍼》는 독특한 타이포그래픽과 디자인으로 스타일의 바이블이라 불릴 정도로 미디어 업계에 큰 반향을 일으켰고, 발행인에 대한 관심도 쏟아졌다.《월페이퍼》창간 당시 그의 나이는 스물여덟 살이었다.

1990년대에 세련된 라이프스타일을 지향하는 이들에게《월페이퍼》는 힙스터의 잡지로 여겨졌다. 창간 이듬해인 1997년에《월페이퍼》는 당시 세계 1위의 매거진 그룹인 타임그룹에 160만 달러(약 18억 원)에 매각되어 화제가 되었다. 브륄레는 2002년까지《월페이퍼》의 편집장으로 일한 뒤, 5년 후에《모노클》을 창간했다.

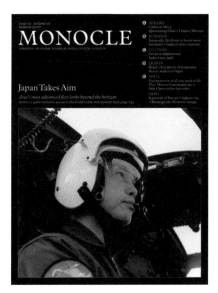

2007년 3월에 발간한《모노클》창간호.

모노클의 탄생 배경과 성공 비결

'모노클'이라는 제호는 옛날 영국 신사나 탐정이 착용했을 법한 렌즈가 하나만 있는 안경을 뜻한다. 창간 당시 투자금은 300만 파운드(약 56억 원)였고, 직원은 아홉 명으로 시작했다. 잡지의 콘셉트에 대한 아이디어는 공항에서 얻었다고 한다. 브륄레는 공항 서점에서 《이코노미스트》와 《GQ》를 놓고 고민하는 손님을 보고 문득 '이 두 잡지의 특징을 합쳐서 잡지를 만들면 어떨까?' 하는 생각이 떠올랐고, 이 아이디어를 구체화해서 내놓은 것이 《모노클》이었다.

처음에는 경제 주간지와 패션 잡지를 합친다는 아이디어에 반대하는 사람들이 많았다. 서로 전혀 다른 관심 분야의 카테고리를 하나로 묶는 것은 실패의 지름길이라는 비판이 이어졌다. 시사와 경제에 관심이 많아 《이코노미스트》를 읽는 사람은 《GQ》를 보지 않을 것이고, 반대로 패션과 스타일에 관심이 많아 《GQ》를 읽는 사람은 《이코노미스트》에 관심을 두지 않을 거라는 얘기였다.

그럼에도 불구하고 《모노클》은 이 두 잡지의 콘셉트를 융합했다. 구성은 알파벳 첫 글자를 따 A부터 F까지 크게 여섯 개의 카테고리로 나누었는데, A는 국제 정세Affairs를, B는 비즈니스와 경제Business, C는 문화Culture, D는 디자인Design, E는 엔터테인먼트Entertainment, F는 패션Fashion을 다룬다. 한 가지 특정 주제만을 다루지 않고 이처럼 다양한 주제를 아우름으로써 《모노클》은 다른 잡지들과 확실히 구별되는 특징을 가질 수 있었다.

또 한 가지 특징은 타깃 독자를 아주 디테일하게 설정했다는 점이다. "평균 연봉 3억 원 이상, 1년에 해외 출장을 열 번 이상 가며 MBA를 졸업하고 도시에 거주하는 금융, 정부 기관, 디자인, 관광 산업의 CEO" 같은 부류가 《모노클》이 대상으로 하는 독자다. 기존의 많은 잡지들이 최대한 많은 독자들을 끌어들이기 위해 넓은 독자층을 설정하는 것과는 전혀 다른 노선이다. 《모노클》이 이처럼 디테일하게 타깃 독자층을 설정한 것은 이들이 대상으로 삼은 독자에게만 양질의 정보를 제공하겠다는 의미다. 즉 모두를 만족시키기보다 타깃 독자층에 집중한다는 전략인데, 이를 통해 《모노클》은 탄탄한 충성 독자층을 확보할 수 있었다. 타일러 브륄레는 한국 언론사와의 인터뷰에서 《모노클》의 창간 배경에 관해 이렇게 언급했다.

"2000년대 중반 매거진이 많아졌다. 하지만 대부분 열등한 제품을 제공했다. 나는 여기서 사업의 기회를 봤다. 기존 매거진과 반대로 하면 승산이 있을 것 같았다. 생동감 있게 콘텐츠를 전달하는 디지털과 싸워 이기려면 종이 매체를 통한 경험의 질을 높여야 한다. 따라서 기존 매거진보다는 오히려 '책에 가까운bookish' 매체를 만들기로 했다. 넘겨 읽는 손맛이 느껴지고, 재미있고, 수집할 만한 가치가 있는 매체 말이다. 또 미디어의 성격이 달라진다는 점에도 주목했다. 사람들은 외출할 때 안경이나 신발, 가방에는 신경 쓰지만 매거진이나 신문은 대수롭지 않게 여긴다. 하지만 미디어는 소비자가 정보를 전달받는 수단에서 더 나아가 소비자가 자신을 표현하는 수단이 되고 있다. 명품 브랜드처럼, 당신이 읽는 미디어가 당신을 나타낼 수 있다는 뜻이다."(「年35% 성장하는 英매거진 '모노클' 대표 타일러 브륄레 인터뷰」, 《DBR》, 2011년 6월 1일)

이처럼 《모노클》의 전략은 대부분 비슷한 잡지들 사이에서 '반대로 하는 것'이었고, 그 결과는 서서히 성공으로 드러났다. 수많은 잡지사들이 문을 닫는 상황에서 《모노클》은 꾸준한 판매 증가율을 보였다. 창간한 지 4년이 안 되어 흑자로 돌아선 뒤, 지금은 월 평균 8만 부 이상의 발행 부수를 기록하며 정기 구독자 수는 2만4,000명에 이른다. 영국에 본사를 두고 있지만 미국, 캐나다, 독일, 프랑스, 홍콩, 싱가포르 등 전 세계 주요 국가에서 판매가 활발하게 이어져 영국 매체가 아닌 글로벌 매거진으로 알려져 있다.

《모노클》은 양질의 콘텐츠 생산을 위해 뉴욕, 파리, 밀라노, 도쿄, 방콕 등 세계 각지에 30~40여 명의 특파원을 두고 있다. 영국의 공영 방송국인 채널4보다 더 많은 특파원을 보유하고 있는데, 이는 세계 각지에서 직접 발로 뛰어 취재한 오리지널 콘텐츠를 만들기 위해서다. 이들의 목표는 "구글에서 찾을 수 없는 정보를 제공하는 것"이라고 한다.

모노클이 한국의 대통령을 인터뷰하는 방식

《모노클》은 한국어판을 발행하지 않음에도 불구하고 국내에서 꽤 높은 인지도를 갖고 있다. 한국에서 《모노클》이 알려지게 된 계기는 2018년 3월에 발간된 한국 특집호였다. 이 특집호의 표지에는 '한국'이라는 큰 글자와 태극기가 들어 있고 한국인의 특징을 나타내는 요소들을 경쾌한 일러스트레이션으로 표현해 표지를 장식했다. 특히 한국 대통령과의 좌담은 '반드시 읽어야 할must-read' 기사라는 하얀 딱지를 붙였다. 이 특집호에는 문재인 대통령과 김정숙 여사의 인터뷰를 포함해 한국의 문화, 예술, 음식 등을 소개하는 기사가 60여 페이지에 걸쳐 수록되어 있다.

《모노클》이 한국의 대통령 내외를 취재하는 방식은 이전의 외신 인터뷰 기사와는 달랐다. 대통령과의 인터뷰는 주로 BBC, CNN, 《뉴욕타임스》 같은 레거시 미디어와 진행하는 게 관례였는데 《모노클》은 이런 정통 주류 미디어가 아니었다. 그리고 기존의 레거시 미디어는 보통 정치, 경제, 특히 남북 관계나 북한 핵 문제에 초점을 맞춰 인터뷰를 진행했지만 《모노

2018년 3월에 발간된 한국 특집호 표지.

클》은 조금 다른 접근 방식을 보여주었다.

기사는 아침부터 분주하게 움직이는 청와대 여민관 분위기, 직원 식당을 종종 찾는 대통령의 모습, 참모들과 함께하는 아침 티타임 회의와 문재인 대통령이 정치에 이끌리게 된 계기 등을 다루었다. 또한 "우리는 촛불혁명을 통해 깨어 있는 시민들의 힘을 확인했다. 그러한 시민들의 역량을 정치권이 거스르지 못할 것으로 확인한다"라는 문 대통령의 진지한 말도 전하는 한편, 반려동물을 사랑하며 연차를 다 쓰는 것이 목표인 소탈한 대통령이라는 가벼운 내용까지 다루었다. 레거시 미디어가 '사건'에 관심을 가졌다면, 《모노클》은 사건이 아닌 '사람'에 초점을 맞춘 것이다.

모노클의 차별화 전략

창간 때부터 기존 잡지와 다른 노선을 걸어온《모노클》은 브랜드 이미지를 구축하는 데에도 자기 색이 확실한 독자적인 방식을 고수했다. 세계 유수의 미디어 기업들이 디지털 퍼스트를 외치며 혁신을 꾀할 때《모노클》은 서두르지 않았다. 디지털 콘텐츠가 범람하는 시대에도《모노클》은 프린트 퍼스트Print First 전략을 유지하며 종이 잡지에 중심을 두고 콘텐츠를 만들어 왔다.

2010년대 들어《모노클》은 본격적으로 자리를 잡았고, 2010년부터 2013년까지 발행 부수가 20퍼센트 증가했다. 2013년에는 『더 나은 삶을 위한 모노클 가이드The Monocle Guide to Better Living』를 출간하면서 단행본 사업에도 뛰어들었다. 2015년부터는 '모노클 트래블 가이드Monocle Travel Guides' 시리즈를 출간하기 시작해 지금까지 39개 도시를 다룬 여행서를 내놓았다.

《모노클》은 단행본을 출간하면서 종이 매체 콘텐츠를 강화하고 있다.

2017년 8월부터 여름과 겨울에 주간 신문을 발행하고, 경제경영서와 요리, 인테리어 등에 관한 실용서도 출간하면서 종이 매체의 콘텐츠를 강화했다.

또 한 가지 특기할 만한 점은, 《모노클》은 소셜 미디어 운영에 크게 신경을 쓰지 않는다는 것이다. 대부분의 매체가 인스타그램, 페이스북 등 SNS 활동에 힘을 쏟는 것과 달리 《모노클》은 이메일 뉴스레터 외에 독자와의 소통을 위한 소셜 미디어 활동을 하지 않는다. 2016년 CNN과 《뉴욕 타임스》 등 레거시 미디어들이 서둘러 인공지능 챗봇을 도입하며 하이테크 기술을 자랑할 때도, 《모노클》은 고유 방식으로 독자와의 유대를 키우는 데 집중했다.

이런 방식이 가능했던 데에는 이유가 있다. 바로 정기 구독자 수가 뒷받침해주었기 때문이다. 많은 미디어들이 새로운 독자층을 끌어모으기 위해 SNS를 적극적으로 사용하지만 《모노클》은 양질의 독자를 유지하는 것을 우선순위로 생각한다. 명품 브랜드의 고급화 전략처럼 《모노클》이라는 브랜드를 잘 알고 사랑하는 충성 독자층 위주로 전략을 펼치는 것이다.

《모노클》은 해외에서 국제 배송을 통해 정기 구독하는 독자들이 매년 늘어나고 있는 추세다. 그럼에도 연간 구독 할인 같은 대부분의 잡지들이 쓰는 전략을 따라 하지 않는다. 오히려 1년 정기 구독 가격이 더 비싸다. 2021년 기준 낱권 가격은 14파운드(약 2만 원)이지만 1년 정기 구독(연 10권)을 하게 되면 매달 매거진을 구입하는 것보다 더 비싼 160파운드(약 24만 원)를 내야 한다. 대신 1년 정기 구독을 하면 해외 배송료를 내지 않아도 된다. 전 세계 어디에서 구독해도 1년에 160파운드이며, 구독 신청서에는 배송료에 관한 조항 자체가 없다. 《모노클》은 글로벌 매거진을 지향하므로, 사는 지역이 다르다고 해서 돈을 더 내게 하는 건 불공평하다는 것이 그 이유라고 한다.

정기 구독 독자에게 배송료 혜택만 주는 것은 아니다. 1년 정기 구독을 신청하면 매거진뿐 아니라 에코백을 선물로 주고, 웹사이트에서 온라인으로 모든 기사를 볼 수 있으며,《모노클》에서 개최하는 비즈니스 클럽과 정기적인 이벤트에 초대받을 수 있다.《모노클》에 대한 강한 심리적 소속감을 느끼도록 하면서《모노클》독자임을 '인증'하고 대우받는 느낌을 주는 전략이다.

모노클의 영역 확장, 실험은 계속된다

디지털 시대를 살아가는 사람에게《모노클》은 아날로그 감성을 가져다준다. 앞서 타일러 브륄레가《모노클》의 창간 배경을 설명하면서 "내가 읽는 미디어가 나를 나타낼 수 있다"는 점을 언급했듯이,《모노클》을 읽는다는 것은 남들과 나를 차별화해준다는 느낌을 주도록 브랜드 이미지를 만들어왔다. 콘텐츠와 스타일에서 기존 매거진이나 디지털 미디어와 지속적으로 차별화했고, 이런 차별화는 오프라인에서《모노클》만의 아날로그 감성을 드러내며 강점을 부각시켰다.

이렇게 구축한 브랜드 파워를 바탕으로《모노클》은 매거진에서 멈추지 않고 다양한 영역으로 시장을 넓혔다. 기업이나 도시와의 협업을 통해 오프라인 매장과 카페, 굿즈 등을 만들어내고 있으며 특히 런던, 도쿄, 홍콩 등지에 '모노클 숍'을 열어 매거진을 포함해《모노클》과 관련된 다양한 상품들을 판매하고 있다. 이들이 운영하는 편집 숍과 카페는 브랜딩 전략의 일환으로서 독자들에게 매거진을 넘어서는 브랜드 경험을 제공한다.

디지털보다는 아날로그를, 온라인보다는 오프라인을 우선으로 공략해왔지만《모노클》이 디지털과 완전히 관계를 맺지 않는 것은 아니었다.

《모노클》은 독특하게도 아날로그식의 디지털 콘텐츠로 영역을 확장했다. 2011년부터 이들은 온라인 라디오 서비스인 '모노클 24'라는 라디오 방송국을 운영하고 있다. 24시간 동안 라디오 방송을 송출하기 때문에 붙인 이름으로 외교, 도시, 비즈니스, 문화, 디자인 등 여러 장르의 콘텐츠를 다룬다. 아날로그 감수성을 담은 이 온라인 라디오 채널은 월간 청취자 수가 100만 명이 넘는다.

종이 매체에 집중하는 《모노클》이 왜 라디오 방송을 하는 걸까? 이들은 독자들이 자동차로 이동하는 동안 즐길 만한 콘텐츠가 없다는 점에 착안해서 라디오 서비스를 시작했다고 한다. 이동 중인 공간에서 시각적 콘텐츠를 즐기는 것이 힘드니 귀로 들을 수 있는 '오디오 콘텐츠'에 대한 니즈를 발견했던 것이다. 이는 《모노클》의 독자들이 언제 어디서나 그들이 만든 고급 콘텐츠를 소비할 수 있도록 고안해낸 방법이기도 하다.

'삶의 질'을 고민하는 매체

《모노클》은 매거진을 라이프스타일의 플랫폼으로 만들어가고 있다. 스스로를 '삶의 질을 고민하는 매체'라고 정의하는 《모노클》은 매년 '삶의 질 컨퍼런스The Monocle Quality of Life Conference'라는 행사를 개최한다. 한 도시에서 강연과 토론회를 열고 로컬 커뮤니티와 기업가를 만나 대화를 나누며 현지 문화와 음식을 즐기는 프로그램이다. 2015년 리스본에서 첫 번째 컨퍼런스를 개최한 이후로 빈, 베를린, 취리히, 마드리드 등 세계 여러 국가의 매력적인 도시에서 컨퍼런스를 열었다. 도시라는 키워드를 내걸고 있지만, '더 나은 삶이란 무엇인가'라는 큰 주제를 바탕으로 정치·경제·사회 등 다양한 분야의 수준 높은 콘텐츠를 제공한다.

삶의 질과 관련해서《모노클》은 매년 '살기 좋은 도시'를 선정해 발표한다. 초기에는 세계 여러 도시를 국제 항공편 이용 가능성, 자전거 통근 환경, 좋은 점심 장소, 공공 도서관 등의 인프라를 기준으로 평가했다. 이를 소프트웨어적으로 해석하자면 여행하는 즐거움, 운동하는 즐거움, 먹는 즐거움, 읽는 즐거움을 따져 점수를 매기는 것이다. 최근에는 생활비, 커피 값과 같은 스물두 가지의 새로운 기준을 더했다.

이들이 좋은 도시를 선정하는 기준은 단지 도시 인프라만 해당하는 것이 아니다. 생활비, 커피 값과 같은 것을 비롯해 자전거 출퇴근 비율이나 괜찮은 점심을 먹는 데 드는 비용, 나이트클럽이 문을 닫는 시간, 예술가의 주거 비용 같은 것이 포함되는가 하면, 소규모 브랜드와 독립서점 같은 작은 가게들의 수도 포함된다. 이를테면 대형 프랜차이즈의 수가 많으면 감점하고 작은 독립서점이 많으면 점수를 준다. 소규모 사업을 얼마나 신속하고 간편하게 열 수 있는지도 역시 중요한 기준이다. 도시의 인프라보다는 거주자의 라이프스타일과 경험의 질에 방점을 둔 것이다.

오늘날까지 계속 탄탄하게 이어져온《모노클》의 역사를 보면, 시대와 다른 길을 걸어도 오히려 성공하는 브랜드의 자신감을 엿볼 수 있다. 디지털 시대에 이들이 내놓은 종이 매체는 성공했고 그 성공은《모노클》이라는 브랜드를 낳았으며, 브랜드는 문화를 만들고 문화는 이들의 매체를 플랫폼으로 완성시키고 있다. 이것이 바로《모노클》의 탄생 자체가 곧 모멘트인 근거다.

참고문헌

1부 무한경쟁에 뛰어든 기술 중심의 거대 기업들, 이들은 어떻게 시장의 승자가 되었나

대한민국 대표 반도체 기업의 성장사 **삼성의 모멘트 1983년**

강기동, 『강기동과 한국 반도체 - 강기동 자서전』, 아모르문디, 2018.

권오현, 김상근 정리, 『초격차 - 넘볼 수 없는 차이를 만드는 격』, 쌤앤파커스, 2018.

이병철, 『호암자전 - 삼성 창업자 호암 이병철 자서전』, 나남출판, 2014.

정인성, 『반도체 제국의 미래 - 삼성전자, 인텔 그리고 새로운 승자들이 온다』,
　　이레미디어, 2019.

조일훈, 『이건희 개혁 20년, 또 다른 도전』, 김영사, 2013.

『삼성전자 40년사』, 삼성전자, 2010.

『담담여수淡淡如水 - 호암 탄생 100년 기념집』, 호암재단, 2010.

김현수, 염희진, 「한국기업 100년, 퀀텀점프의 순간들 - '이병철, 반도체 진출 도쿄선언' 최고
　　의 장면」, 《동아일보》, 2019년 12월 9일.

최원석, 「최원석의 디코드: 삼성의 메모리 1위도 위험할 수 있는 3가지 이유」,
　　《조선일보》, 2021.

스티브 잡스가 없는 애플의 잃어버린 10년 **애플의 모멘트 1997년**

린더 카니, 안진환 옮김, 『팀 쿡 - 애플의 새로운 미래를 설계하는 조용한 천재』,
　　다산북스, 2019.

브렌트 슐렌더, 릭 테트젤리, 안진환 옮김, 『비커밍 스티브 잡스』, 혜윰, 2017.

스콧 갤러웨이, 이경식 옮김, 『플랫폼 제국의 미래 - 구글, 아마존, 페이스북, 애플 그리고
　　새로운 승자』, 비즈니스북스, 2018.

애덤 라신스키, 임정욱 옮김, 『인사이드 애플 - 비밀 제국 애플 내부를 파헤치다』,
　　청림출판, 2012.

월터 아이작슨, 안진환 옮김, 『스티브 잡스』, 민음사, 2011.

윌리엄 사이먼, 제프리 영, 임재서 옮김, 『iCon 스티브 잡스』, 민음사, 2005.

켄 시걸, 김광수 옮김, 『미친듯이 심플 ─ 스티브 잡스, 불멸의 경영 무기』, 문학동네, 2014.

구본권, 「한겨레 아카이브 프로젝트 시간의 극장: 맥에서 아이폰까지, 우리의 오늘을 바꾼
　　궤적」, 《한겨레》, 2020년 6월 2일.

이철민, 「〈벅스 라이프〉를 또 성공시킨 스티브 잡스와 그의 삶」, 《씨네21》 182호, 1998년
　　12월 29일.

대한민국 자동차 1위 기업이 걸어온 길　현대자동차의 모멘트 1999년

심정택, 『현대자동차를 말한다 ─ 정몽구 회장은 딜레마를 어떻게 해결할까』,
　　알에이치코리아, 2015.

곽정수, 「현대차 ‘성공신화’를 톺아보다」, 《한겨레21》 제890호, 2011년 12월 19일.

염희진, 「美도 놀란 ‘10년간 10만마일 무상보증’… 품질경영으로 세계 질주」, 《동아일보》,
　　2019년 12월 24일.

채명석, 「옛날옛적 수출 5 ─ 산 넘고 물 건너 ‘포니 팔러 삼만리’」, 《서울와이어》, 2020년 9월 8일.

하늘길을 연 회사의 운명을 건 도박　보잉의 모멘트 1952년

사피 바칼, 이지연 옮김, 『룬샷 ─ 전쟁, 질병, 불황이 위기를 승리로 이끄는 설계의 힘』,
　　흐름출판, 2020.

존 매케인, 마크 솔터, 안혜원 옮김, 『고독한 리더를 위한 6가지 결단의 힘』, 살림Biz, 2009.

Russ Banham, *Higher: 100 Years of Boeing*, Chronicle Books, 2015.

〈항공우주의 시대〉보잉 창립 100주년 기념 다큐멘터리, 디스커버리 채널, 2016.

세계 자동차 업계 1위 기업의 성공 열쇠　토요타의 모멘트 1966년

가토 유지, 김한결 옮김, 『도요타, 다섯 번의 질문 ─ 궁극의 개선으로 미래를 선점한 도요타
　　의 특별한 대화법』, 예문아카이브, 2020.

노지 츠네요시, 김정환 옮김, 『THIS IS TOYOTA 도요타 이야기』, 청림출판, 2019.

미토 세쓰오, 김현영 옮김, 『오노 다이이치와 도요타 생산방식 ─ 도요타 생산방식의 창시자』,
　　미래사, 2004.

이우광, 『도요타 ─ 존경받는 국민기업이 되는 길』 살림지식총서 355, 살림, 2009.

안광호, 「신차와 역사 ─ 도요타 성공의 ‘일등공신’ 코롤라」, 《경향신문》, 2014년 3월 6일.

홍성욱, 「기술 속 사상 ─ 자동차 역사 바꾼 도요타의 미국 견학」, 《한겨레》, 2006년 9월 21일.

상업용 드론의 표준을 만든 기업 　DJI의 모멘트 2013년

이상우 외, 『드론은 산업의 미래를 어떻게 바꾸는가 – 탄생에서 미래까지, 가장 완벽한 드론 가이드북』, 한스미디어, 2015.

강일용, 「CEO열전: 프랭크 왕 – 하늘을 동경하던 소년, 중국 드론 제국 DJI 창업자로 거듭나」, 《IT동아》, 2018년 7월 19일.

성낙환 외, 「사업방식 차별화로 시장 흔드는 신흥 제조 기업들」, LG경제연구원, 2016년 3월.

B Media Company, 《매거진 B: DJI》 vol.71, B Media Company, 2018년 11월호.

Ryan Mac, "Bow To Your Billionaire Drone Overlord: Frank Wang's Quest To Put DJI Robots Into The Sky," *Forbes*, May 6, 2015.

2부 생활밀착형 제품으로 성공한 기업들, 이들은 어떻게 우리의 삶을 업그레이드했나

새 시대를 연 발명품 워크맨으로 전 세계를 접수하다 　소니의 모멘트 1980년

모리타 아키오, 김성기 옮김, 『나는 어떻게 미래를 지배했는가』, 황금가지, 2001.

엘프리다 뮐러-카인츠, 크리스티네 죄닝, 강희진 옮김, 『식관력은 어떻게 발휘되는가』, 타커스, 2014.

정혁, 『작지만 큰 기술, 일본 소부장의 비밀 – 왜 지금 기술을 중시하는 일본 기업에 주목하는가?』, 매일경제신문사, 2020.

전성원, 『누가 우리의 일상을 지배하는가 – 헨리 포드부터 마사 스튜어트까지 현대를 창조한 사람들』, 인물과사상사, 2012.

존 네이던, 『50년 세계 전자 시장을 지배한 SONY 4인의 CEO』, YBM시사영어사, 2001.

Akio Morita, *Made in Japan: Akio Morita and Sony*, Signet, 1986.

강진구, 「혁신을 촉진하는 이유 있는 고집」, LG경제연구원 보고서, 2015년 7월 8일.

김영우, 「걸어 다니며 음악 듣는 시대를 열다 – 워크맨」, 《IT동아》 2011년 11월 4일.

안하늘, 「'TV도 워크맨도 다 버리더니… '콘텐츠'로 창사 이래 최대실적, 소니의 부활」, 《한국일보》, 2021년 5월 2일.

〈레트로 테크: 소니 워크맨〉, 마르케스 브라운리Marques Brownlee의 유튜브 채널 MKBHD 영상 (https://www.youtube.com/watch?v=AjQ7CEeONb4)

〈1982년, 미국 시장을 침공한 일본 전자 제품〉, 내셔널지오그래픽 다큐멘터리 영상 (https://

www.youtube.com/watch?v=hwkFI3nww-o)

끈기와 집념이 탄생시킨 청소기 다이슨의 모멘트 1986년

가이 라즈, 이경남 옮김, 『어떻게 성공했나 – 평범한 창업가 200인이 따라간 비범한 성공
    경로』, 알에이치코리아, 2021.
권오상, 『엔지니어 히어로즈 – 꿈을 성공으로 이끈 창의적인 엔지니어 스토리』,
    청어람미디어, 2016.
장박원, 『리더의 말 – 최고 기업가 72인의 생각과 행동의 힘』, 프레너미, 2018.
제임스 다이슨, 박수찬 옮김, 『제임스 다이슨 자서전』, 미래사, 2017.
강일용, 「불편함에서 혁신을 찾다, 먼지봉투 없는 청소기 발명자 제임스 다이슨」, 《IT동아》,
    2017년 10월 10일.
김미리, 「5126번의 실패가 나를 만들었다」, 《조선일보》, 2019년 10월 5일.

16년 연속 성장 신화의 비밀 LG생활건강의 모멘트 2005년

차석용, 『CEO Message 2005~2020』, LG생활건강, 2021.
홍성태, 『그로잉 업 – LG생활건강의 멈춤 없는 성장의 원리』, 북스톤, 2019.
김현진, 「"일할 맛 나게 하는 'Cheerleader'가 내 본분" – 최고 성과 CEO 1위 차석용
    LG생활건강 대표 인터뷰」, 《하버드비즈니스리뷰》, 2015년 12월호.
황형규, 「LG생활건강의 턴어라운드 비결」, 《매일경제》, 2010년 11월 12일.
강민경, 「'차석용 매직' 15년, 단 한번의 뒷걸음질도 없었다」, 《인사이트 코리아》,
    2019년 8월 1일.

가구 DIY 시대를 연 세계 최대의 가구 기업 이케아의 모멘트 1956년

닛케이 디자인, 전선영 옮김, 『이케아 디자인』, 디자인하우스, 2015.
뤼디거 융블루트, 배인섭 옮김, 『이케아, 불편을 팔다 – 세계 최대 라이프스타일 기업의
    공습』, 미래의창, 2013.
삼성경제연구소, 『리더의 경영수업 – 특별한 리더들의 인생과 경영의 결정적 한 수』,
    삼성경제연구소, 2015.
엘렌 루이스, 이기홍 옮김, 『이케아, 그 신화와 진실』, 이마고, 2012.
오한아, 「이케아, 한 가구상의 선서」, 《슬로우뉴스》, 2017년 2월 16일.
채인택, 「이케아 제국의 창업자 故 잉그바르 캄프라드 – 볼품없는 학력에도 혁신경영 역사 쓰

다」,《중앙일보》, 2018년 2월 10일.

실패에서 찾은 혁신의 성장 동력 3M의 모멘트 1980년

라파엘 슈브리에, 손윤지 옮김, 『우연과 과학이 만난 놀라운 순간』, 북스힐, 2019.

제리 포라스, 짐 콜린스, 워튼포럼 옮김, 『성공하는 기업들의 8가지 습관』, 김영사, 2002.

짐 콜린스, 이무열 옮김, 『좋은 기업을 넘어 위대한 기업으로』, 김영사, 2021.

팀 하포드, 윤영삼 옮김, 『메시Messy − 혼돈에서 탄생하는 극적인 결과』,
　　위즈덤하우스, 2016.

윤진호, 「인류의 삶을 혁신하다… 3M의 '3가지 Magic'」,《매일경제》, 2015년 10월 2일.

윤태석, 「연구와 혁신DNA… "무엇을 개발할지 알 수 없는 회사"」,《한국일보》, 2019년
　　2월 23일.

3부 패션과 문화, 트렌드를 선도하는 기업들,
　　이들은 어떻게 라이프스타일을 변화시키는가

시대를 앞서간 세계 최대 OTT 기업 넷플릭스의 모멘트 2007년

로버트 킨슬, 마니 페이반, 신솔잎 옮김, 『유튜브 레볼루션 − 시간을 지배하는 압도적 플랫
　　폼』, 더퀘스트, 2018.

리드 헤이스팅스, 에린 마이어, 이경남 옮김, 『규칙 없음 − 넷플릭스, 지구상 가장 빠르고 유
　　연한 기업의 비밀』, 알에이치코리아, 2020.

마크 랜돌프, 이선주 옮김, 『절대 성공하지 못할 거야 − 공동 창업자 마크 랜돌프가 최초 공
　　개하는 넷플릭스 창업 이야기』, 덴스토리, 2020.

패티 맥코드, 허란, 추가영 옮김, 『파워풀 − 넷플릭스 성장의 비결』, 한국경제신문, 2020.

강일용, 「IT인물열전 − 동영상 스트리밍 제국 넷플릭스의 창립자, 리드 헤이스팅스」,
　　《IT동아》, 2016.

안소영, 「'OTT 공룡' 넷플릭스, 굿즈·게임 산업도 눈독」,《이코노미조선》, 2021년 7월 1일.

이민아, 「"공유하라, 솔직하라, 권한은 마음껏, 대신 책임져라"」,《이코노미조선》,
　　2019년 9월 22일.

넷플릭스 공동 창업자 마크 랜돌프의 인터뷰 영상 (https://www.youtube.com/watch?v=
　　eJdtzT11Li0)

장난감을 넘어 문화를 만드는 기업 레고의 모멘트 2004년

다니엘 립코위츠, 이정미 옮김, 『레고 북』, 디자인하우스, 2020.

데이비드 로버트슨, 빌 브린, 김태훈 옮김, 『레고 어떻게 무너진 블록을 다시 쌓았나』, 해냄, 2016.

존 베이치틀, 조 메노, 이현경 옮김, 『컬트 오브 레고』, 인사이트, 2013.

박세인, 「"다시 기본으로" 블록 조립·IT완구 위협 막아내다」, 《한국일보》, 2018년 4월 7일.

정해용, 「추억의 애니메이션과 제휴 "성인으로 고객 확대"」, 《이코노미조선》, 2018년 8월 6일.

황인혁, 「비틀거리던 레고, 텐센트와 손잡고 뛴다」, 《매일경제》, 2018년 1월 16일.

세계 1위 스포츠 브랜드의 성장기 나이키의 모멘트 1985년

정혁준, 『욕망을 자극하라 – 누구라도 사지 않을 수 없게 만드는 론칭 전략』, 알에이치코리아, 2015.

에이드리언 C. 오트, 노지양 옮김, 『왜 나이키는 운동화에 아이팟을 넣었을까』, 랜덤하우스코리아, 2011.

필 나이트, 안세민 옮김, 『슈독 – 나이키 창업자 필 나이트 자서전』, 사회평론, 2016.

김도환, 「브랜드 인사이드 – 농구 황제의 '신념'을 기반으로 한 신발」, 《주간경향》, 2020년 6월 15일, 1381호.

선우윤, 「나이키와 마이클 조던 사이에 대체 무슨 일이… 비하인드 스토리」, 《IT조선》, 2012년 5월 22일.

〈마이클 조던: 더 라스트 댄스〉, 넷플릭스 오리지널 다큐멘터리, 2020.

숙박업계를 뒤엎은 숙박 공유 플랫폼 에어비앤비의 모멘트 2009년

레이 갤러거, 유정식 옮김, 『에어비앤비 스토리 – 어떻게 가난한 세 청년은 세계 최고의 기업들을 무너뜨렸나?』, 다산북스, 2017.

조셉 미첼리, 김영정 옮김, 『에어비앤비, 브랜드 경험을 디자인하다』, 유엑스리뷰, 2020.

탈레스 S. 테이셰이라, 김인수 옮김, 『디커플링 – 넷플릭스, 아마존, 에어비앤비… 한순간에 시장을 점령한 신흥 기업들의 파괴 전략』, 인플루엔셜, 2019.

강일용, 「IT CEO 열전 – 에어비앤비 창업자 3인, 성공의 비결은 절실함… 운도 따랐다」, 《IT동아》, 2018년 1월 2일.

조산구, 「공유경제 시대가 온다 – 3. 블랙컨슈머가 사라진다」, 《동아일보》, 2011년 10월 19일.

허정연, 「코로나 시대, 에어비앤비의 위기 극복법」, 《중앙일보》, 2021년 2월 21일.

도전을 즐기는 세계 1위 자전거 기업 자이언트의 모멘트 1987년

이지훈, 『더 메시지 – 글로벌 거장들의 리더십 플레이북』, 세종, 2020.

킹 리우, 여우쯔엔, 오승윤 옮김, 『자전거 타는 CEO』, 센시오, 2017.

박상익, 「대만 자이언트 창업자 킹 리우·토니 로 CEO」, 《한국경제》, 2017년 7월 27일.

정현진, 「코로나 팬데믹 이후 '없어서 못판다'… 마스크 말고 자전거」, 《아시아경제》,
2020년 9월 8일.

Raymond Zhong, "Sorry, the World's Biggest Bike Maker Can't Help You Buy a Bike
Right Now," *The New York Times*, 17/08/2020.

죽은 종이 매체 시대에 탄생한 매거진 모노클의 모멘트 2007년

김유영, 「年35% 성장하는 英매거진 '모노클' 대표 타일러 브륄레 인터뷰」, 《DBR》, 2011년
6월 1일.

브랜드보이, 「모노클, GQ와 이코노미스트가 만나다」, 《ㅍㅍㅅㅅ》, 2018년 11월 12일.

생각노트, 「글로벌 매거진 '모노클'은 어떻게 종이 매체의 건재함을 알렸나」, 《ㅍㅍㅅㅅ》,
2017년 9월 15일.

퍼블리, 「모노클 편집장의 10가지 레슨」, 《퍼블리》, 2017년 4월 21일.

B Media Company, 《매거진 B: 모노클》 Vol.60, 2017년 10월 13일.

1회 _____ 1983   대한민국 대표 반도체 기업, **삼성**

2회 _____ 1980   새 시대를 연 위대한 발명품 워크맨, **소니**

3회 _____ 1997   잡스가 없는 사과의 잃어버린 10년, **애플**

4회 _____ 1986   끈기와 집념이 만든 국민청소기, **다이슨**

5회 _____ 1995   기술과 마케팅의 완벽한 하모니 김치냉장고, **딤채**

6회 _____ 2007   시대를 앞서간 세계 최대 OTT 기업, **넷플릭스**

7회 _____ 2020   10년 만의 적자 탈출(?) 코로나 수혜기업, **쿠팡**

8회 _____ 2005   16년간 연속성장의 비밀, **LG생활건강**

9회 _____ 2004   0.005mm 오차 없는 장난감 1위 기업, **레고**

10회 _____ 1952   하늘길을 연 회사의 운명을 건 도박, **보잉**

11회 _____ 1999   대한민국 자동차 1위 기업, **현대자동차**

12회 _____ 1985   세계 1위 스포츠 브랜드의 성장기, **나이키**

13회 _____ 2011   대한민국이 만든 일본 국민 메신저, **라인**

14회 _____ 1956   가구 DIY 시대를 연 세계 최대 가구 기업, **이케아**

15회 _____ 2013   상업용 드론의 표준을 만든 기업, **DJI**

16회 _____ 1980   실패에서 찾은 백년기업의 성장 동력, **3M**

17회 _____ 1966   세계 자동차 업계 1위 기업, **토요타**

18회 _____ 1973   세계 최대 결제 네트워크 기업, **비자**

19회 _____ 2009   숙박업을 뒤엎은 숙박 공유 플랫폼, **에어비앤비**

20회 _____ 1969   타협하지 않는 명품 시계 브랜드, **롤렉스**

21회 _____ 2014   금융기업을 위협하는 커피회사, **스타벅스**

22회 _____ 1995   윤리적 가치를 앞세운 천연화장품 기업, **러쉬**

23회 _____ 2002   닷컴버블도 이겨낸 이커머스 기업, **아마존**

24회 _____ 1987   도전을 즐기는 세계 1위 자전거 기업, **자이언트**

25회 _____ 2007   죽은 종이매체 시대에 탄생한 매거진, **모노클**

비즈니스 모멘트
기업 성장의 결정적 순간들

1판 1쇄 발행 2021년 10월 30일

지은이 EBR 제작진
오리지널 스토리 팩트스토리

펴낸이 김명중
콘텐츠기획센터장 류재호 | **북&렉처프로젝트팀장** 유규오
북팀 박혜숙 · 여운성 · 장효순 · 최재진 | **북매니저** 전상희 | **마케팅** 김효정 · 최은영
책임편집 신귀영 | **디자인** 민혜원 | **인쇄** 재능인쇄

펴낸곳 한국교육방송공사(EBS)
출판신고 2001년 1월 8일 제2017-000193호
주소 경기도 고양시 일산동구 한류월드로 281
대표전화 1588-1580 | **홈페이지** www.ebs.co.kr
전자우편 ebs_books@ebs.co.kr

ISBN 978-89-547-5990-8 04320
ISBN 978-89-547-5989-2 (세트)